Kohlhammer

 **Prof. Dr. phil. Meinolf Peters**, geb. 1952, ist Diplom-Psychologe, psychologischer Psychotherapeut, Gesprächspsychotherapeut und Psychoanalytiker. Er war Honorarprofessor an der Universität Marburg sowie langjährig in leitender Funktion in psychosomatischen Kliniken tätig. Er ist darüber hinaus Mitinhaber und Geschäftsführer des Instituts für Alterspsychotherapie und Angewandte Gerontologie sowie Mitherausgeber der Zeitschrift »Psychotherapie im Alter«. Zudem ist er in eigener Praxis in Marburg/Lahn niedergelassen.

Meinolf Peters

Ressourcenorientierte Psychodynamische Psychotherapie im Alter

Strukturbezogene und
mentalisierungsbasierte Ansätze

Verlag W. Kohlhammer

Dieses Werk einschließlich aller seiner Teile ist urheberrechtlich geschützt. Jede Verwendung außerhalb der engen Grenzen des Urheberrechts ist ohne Zustimmung des Verlags unzulässig und strafbar. Das gilt insbesondere für Vervielfältigungen, Übersetzungen, Mikroverfilmungen und für die Einspeicherung und Verarbeitung in elektronischen Systemen.

Pharmakologische Daten, d. h. u. a. Angaben von Medikamenten, ihren Dosierungen und Applikationen, verändern sich fortlaufend durch klinische Erfahrung, pharmakologische Forschung und Änderung von Produktionsverfahren. Verlag und Autoren haben große Sorgfalt darauf gelegt, dass alle in diesem Buch gemachten Angaben dem derzeitigen Wissensstand entsprechen. Da jedoch die Medizin als Wissenschaft ständig im Fluss ist, da menschliche Irrtümer und Druckfehler nie völlig auszuschließen sind, können Verlag und Autoren hierfür jedoch keine Gewähr und Haftung übernehmen. Jeder Benutzer ist daher dringend angehalten, die gemachten Angaben, insbesondere in Hinsicht auf Arzneimittelnamen, enthaltene Wirkstoffe, spezifische Anwendungsbereiche und Dosierungen anhand des Medikamentenbeipackzettels und der entsprechenden Fachinformationen zu überprüfen und in eigener Verantwortung im Bereich der Patientenversorgung zu handeln. Aufgrund der Auswahl häufig angewendeter Arzneimittel besteht kein Anspruch auf Vollständigkeit.

Die Wiedergabe von Warenbezeichnungen, Handelsnamen und sonstigen Kennzeichen in diesem Buch berechtigt nicht zu der Annahme, dass diese von jedermann frei benutzt werden dürfen. Vielmehr kann es sich auch dann um eingetragene Warenzeichen oder sonstige geschützte Kennzeichen handeln, wenn sie nicht eigens als solche gekennzeichnet sind.

Es konnten nicht alle Rechtsinhaber von Abbildungen ermittelt werden. Sollte dem Verlag gegenüber der Nachweis der Rechtsinhaberschaft geführt werden, wird das branchenübliche Honorar nachträglich gezahlt.

Dieses Werk enthält Hinweise/Links zu externen Websites Dritter, auf deren Inhalt der Verlag keinen Einfluss hat und die der Haftung der jeweiligen Seitenanbieter oder -betreiber unterliegen. Zum Zeitpunkt der Verlinkung wurden die externen Websites auf mögliche Rechtsverstöße überprüft und dabei keine Rechtsverletzung festgestellt. Ohne konkrete Hinweise auf eine solche Rechtsverletzung ist eine permanente inhaltliche Kontrolle der verlinkten Seiten nicht zumutbar. Sollten jedoch Rechtsverletzungen bekannt werden, werden die betroffenen externen Links soweit möglich unverzüglich entfernt.

1. Auflage 2026

Alle Rechte vorbehalten
© W. Kohlhammer GmbH, Stuttgart
Gesamtherstellung: W. Kohlhammer GmbH, Heßbrühlstr. 69, Stuttgart
produktsicherheit@kohlhammer.de

Print:
ISBN 978-3-17-044794-3

E-Book-Formate:
pdf: ISBN 978-3-17-044795-0
epub: ISBN 978-3-17-044796-7

Inhalt

Vorwort **7**

1 Einleitung **11**
    1.1   Alter und Psychotherapie – Wandel und Annäherung 11
    1.2   Zur Entwicklung der Psychodynamischen Psychotherapie .. 17
    1.3   Zwischenruf – Zur Kritik der Positiven Psychologie 26
    1.4   Zum Anliegen dieses Buches 28

2 Psychische Struktur und Mentalisierung – Grundlagen, Klinik, Therapie **30**
    2.1   Theory of Mind (ToM) 30
    2.2   Empathie 35
    2.3   Affektwahrnehmung 39
    2.4   Affektregulation 47
    2.5   Körperwahrnehmung 52
    2.6   Soziale Interaktion und Beziehung 55
    2.7   Selbstreflexion und Metakognition 61
    2.8   Biografisches Mentalisieren 66
    2.9   Psychologische Funktionen im Alter – Gewinne und Verluste 71
    2.10 Exkurs: Sind Weisheit und Mentalisierung verwandt? 72

3 Theoretische und transdiagnostische Perspektiven **76**
    3.1   Psychodynamische Konflikte 76
    3.2   Theorie sekundärer Strukturdefizite 78
    3.3   Ein Modell des Mentalisierens im Alter 79
    3.4   Transdiagnostische Einflüsse 82
    3.5   Ist Entwicklung im Alter möglich? – Neurokognitive Plastizität 89

4 Ressourcenorientierte Therapie mit älteren Patienten **93**
    4.1   Ressourcenorientierung – Eine Frage der Haltung 93
    4.2   Diagnostik – Konflikt- oder Strukturfokus? 95
    4.3   Therapeutische Ziele 97
    4.4   Interventionsmöglichkeiten – Zwischen Problem- und Ressourcenaktivierung 102

	4.5	Facetten des therapeutischen Prozesses – Vom Erleben zum Reflektieren	111
	4.6	Einige Besonderheiten der Therapie – Zwischen »Familiarität« und Fremdheit	120
	4.7	Differenzielles Altern und Individualisierung der Therapie	127
5		**Therapieformen und Behandlungssettings**	**131**
	5.1	Ambulante Einzeltherapie	131
	5.2	Aufsuchende Psychotherapie	132
	5.3	Gruppentherapie	133
	5.4	Stationäre Therapie	137
	5.5	Paartherapie	141
	5.6	Angehörigenarbeit	142
6		**Evaluation**	**145**
7		**Aus- und Fortbildung**	**148**
8		**Überlegungen zum gelingenden Alter**	**151**
Literatur			**154**

Vorwort

Mit den Themen Alterspsychologie und -psychotherapie befasse mich seit nunmehr über 35 Jahren. Während meiner Zeit als wissenschaftlicher Mitarbeiter in der Abteilung Entwicklungspsychologie der Universität Gießen (1981–1987) hatte ich bereits einen indirekten Kontakt mit diesen Themen. Ich war seinerzeit Assistent bei Prof. E. Olbrich, einem der damals führenden Gerontologen hierzulande, der aus der großen Bonner gerontologischen Schule stammte, die sich mit den Namen Hans Thomae und Ursula Lehr verbindet. Damals lag mein Schwerpunkt bei den Themen Kindheit und Jugend, passten sie doch eher zu meinen eigenen Lebensaufgaben. Erst als ich nach dem Ende der universitären Zeit in eine psychosomatische Klinik wechselte und mit meiner psychoanalytischen Ausbildung begann, lernte ich Prof. Hartmut Radebold kennen, der als Psychoanalytiker einst als Nestor der Alterspsychotherapie in Deutschland bezeichnet wurde. Ich ging damals auf die 40 Jahre zu, ein Alter, bei dem auch zahlreiche der großen Autoren[1] begannen, sich mit Altersthemen zu befassen. Es scheint eine Zeit zu sein, in der man sich für diese Themen zu öffnen bereit ist.

Hartmut Radebold wurde mein Mentor und begleitete meine Entwicklung mehrere Jahrzehnte, und bis zu seinem Tod 2021 verband uns eine berufliche und freundschaftliche Beziehung[2]. Doch er hatte mehr Einfluss auf meine Identifikation mit dem Altersthema als mit der Psychoanalyse, der gegenüber ich eine gewisse Skepsis nie völlig abgelegt habe; das häufig ausufernde Theoretisieren, ohne einen empirischen Nachweis zu führen, war mir immer suspekt.

So ist es nicht überraschend, dass ich jetzt, selbst im höheren Lebensalter und mit einer jahrzehntelangen klinischen Erfahrung ausgestattet, wieder zurückblicke und aufzunehmen versuche, was mir auf vorherigen Wegstrecken begegnet ist. Da ist die Verhaltenstherapie im Studium und im Rahmen meiner Diplom-Arbeit bei Dr. R. Frank, die Gesprächspsychotherapie, in der ich eine Ausbildung absolviert und mit der ich mich eine Zeitlang stark identifiziert habe, und da ist auch die systemische Therapie, die ich im Rahmen einiger Fortbildungen bei Prof. P. Fürstenau kennen und schätzen gelernt habe. Alles das ist irgendwie immer präsent geblieben, auch wenn es nicht durchgehend von gleichbleibender Bedeutung war. Ich habe also in gewisser Weise die Psychotherapie durchwandert, und so bin ich

---

1 Zugunsten einer lesefreundlichen Darstellung wird in der Regel die männliche Form verwendet. Diese schließt alle Geschlechtsformen (weiblich, männlich, divers) mit ein.
2 Im Jahre 2022 erschien ein Sonderheft der Zeitschrift *Psychotherapie im Alter* zu Ehren Hartmut Radebolds, dass ich zusammen mit meinem Kollegen Reinhard Lindner herausgegeben habe.

auch neueren Entwicklungen immer wieder mit Interesse begegnet. Besonders angesprochen hat mich die strukturbezogene Psychotherapie, zu der ich selbst einige theoretische Überlegungen entwickelt habe, die ich vor Jahren einmal mit Prof. Gerd Rudolf diskutieren konnte, sowie die mentalisierungsbasierte Therapie, die ja laut Selbstbekundung gar kein neuer Therapieansatz ist, sondern lediglich der Versuch ist, Psychotherapie neu zu beschreiben. Auch wenn dahingestellt bleiben mag, ob dies zutrifft oder nicht doch ein Understatement ist, öffnet sich damit doch ein integratives Fenster. Und auch ich habe den Eindruck, in der mentalisierungsbasierten Therapie manches wiederzufinden, dem ich schon früher begegnet war; der Gesprächspsychotherapeut Jochen Eckert (2011) etwa sprach mit Blick auf Letztere sogar von »altem Wein in neuen Schläuchen«.

In meinem ganzen Berufsleben bin ich zweigleisig gefahren, und neben der Psychotherapie war es die wissenschaftliche Arbeit, die mich immer beschäftigt hat. In der letzten Phase meiner Berufstätigkeit habe ich diesen Faden sogar wieder verstärkt aufgenommen, und der Grund dafür ist auch in der kritischen Situation der Psychoanalyse zu suchen, die sich bis heute schwertut, sich für die empirische Forschung zu öffnen und im wissenschaftlichen Diskurs kaum noch präsent ist. Für mich ist diese Weigerung immer ein Grund für die fortbestehenden Zweifel an der Psychoanalyse gewesen, zumal auch die Psychodynamische Alterspsychotherapie durch diese wissenschaftliche Abstinenz in einen Abwärtssog geraten ist. Im Sommer 2024 habe ich zusammen mit meinem befreundeten Kollegen Reinhard Lindner ein Netzwerk *Empirische Forschung in der Psychodynamischen Alterspsychotherapie* ins Leben gerufen, in dem sich eine Reihe namhafter Vertreter unseres Faches zusammengeschlossen haben, um weitere Forschungsaktivitäten anzustoßen und zu koordinieren. Ich bin überzeugt, dass die Psychodynamische Alterspsychotherapie nur eine Zukunft hat, wenn sie sich für die empirische Forschung öffnet und sich mit ihrer Hilfe weiterentwickelt.

So werden denn die gerontologischen und neuropsychologischen Grundlagen in diesem Buch eine größere Rolle spielen, und ich werde versuchen zu zeigen, dass sie die Psychotherapie nicht hemmen oder einengen, wie es Kliniker manchmal annehmen, sondern bereichern. Dennoch erschöpft sich Psychotherapie natürlich nicht in der Anwendung empirischer Befunde, was aber ist sie dann? Ich kann dem Ansatz von Sulz (2023) einiges abgewinnen, der Psychotherapie als Kunst beschrieben hat. Er meint damit, dass es in der Psychotherapie darum geht, explizites und implizites Wissen intuitiv mit hoher Geschwindigkeit und Treffsicherheit umzusetzen, d. h. es geht auch um implizite Alltagstheorien. Dies aber scheint mir in der Therapie Älterer in besonderer Weise der Fall zu sein, denn Älterwerden ist ja eine Erfahrung, die uns allen bevorsteht und von der wir alle mehr oder weniger implizite oder explizite Vorstellungen haben. Mit diesen werden wir in der Therapie Älterer immer wieder konfrontiert, und diese Konfrontation führt zu Erfahrungen, die in das eigene Leben hineinreichen. Davor können wir uns verschließen, oder aber wir können uns dafür öffnen und uns davon anregen lassen. Für mich kann ich sagen, dass mich meine Patienten auf meinem eigenen Weg des Älterwerdens begleitet und mich einiges gelehrt haben. Ich werde in diesem Buch immer wieder darauf eingehen, wie dies geschieht. Warum es geschieht, hat der große Gerontologe Leopold Rosenmayr einmal so auf den Punkt gebracht: »Über das Alter zu sprechen, trifft den Nerv des Lebens« (1990, S. 50).

So beruht denn dieses Buches auf meiner langjährigen Erfahrung mit dem Thema Alter und der therapeutischen Arbeit mit älteren Menschen. Aber auch die unzähligen Diskussionen mit Kolleginnen und Kollegen, v. a. im Rahmen der zahlreichen Fortbildungskurse Alterspsychotherapie, die ich mit meiner Kollegin Christiane Schrader durchgeführt habe (Peters & Schrader, 2021), haben in meinem Denken Spuren hinterlassen, die in dem Buch aufzufinden sein werden. Doch es hat vermutlich auch mit meinem eigenen Älterwerden zu tun, dass es mir in diesem Buch darum geht, die verschiedenen Fäden meiner beruflichen Entwicklung aufzunehmen und zusammen zu führen. Dennoch ist es kein Rückblick, sondern eher ein Blick nach vorn, denn ich beziehe mich auf aktuelle therapeutische Ansätze, insbesondere die strukturbezogene und die mentalisierungsbasierte Psychotherapie. Wir sind weit davon entfernt, dass daraus eine neue, empirisch gestützte integrierte Psychodynamische Psychotherapie entstehen könnte, doch einen Gedanken habe ich mit Blick darauf in diesem Buch entwickelt. Der Begriff der Ressourcen scheint mir als Klammer geeignet, das Gemeinsame dieser neueren Ansätze herauszustellen, zumal dieser im Hinblick auf das Alter heute ein Schlüsselbegriff ist. Und vermutlich stehe ich diesem Begriff auch aufgrund meines eigenen fortgeschrittenen Alters heute aufgeschlossener gegenüber und sehe ihn als große Chance.

Ich danke an dieser Stelle meiner Frau, der Diplom-Psychologin Gabriele Herkner-Peters, die das Manuskript mit viel Geduld gelesen hat, sowie Herrn Poensgen vom Kohlhammer-Verlag, der sich sofort offen gezeigt hat für das Konzept, und Frau Kastl und Herrn Rotberg, die das Manuskript sehr sorgfältig bearbeitet haben.

Meinolf Peters
Marburg, Sommer 2025

1 Einleitung

In diesem ersten Kapitel soll ein Rahmen für die spätere detaillierte Ausarbeitung eines erweiterten Verständnisses der Grundlagen und der klinischen Praxis der Psychotherapie älterer Menschen entwickelt werden. Im ersten Teil geht es um gerontologische Grundlagen sowie die momentane Versorgung psychischer Erkrankungen im Alter, im zweiten Teil um eine kritische Auseinandersetzung mit der bisherigen Psychodynamischen Alterspsychotherapie und der Entwicklung einiger weiterführender Überlegungen. Am Ende folgt ein Ausblick auf dieses Buch.

1.1 Alter und Psychotherapie – Wandel und Annäherung

Alter und Psychotherapie waren sich lange Zeit fremd, doch das Alter wandelt sich, und die Psychotherapie öffnet sich allmählich für die Gruppe der älteren Patienten. Die daraus folgende Annäherung soll in diesem ersten Kapitel beschrieben werden.

1.1.1 Die körperliche Vulnerabilität des Alters

Altern ist im Kern ein biologischer Prozess, in dessen Verlauf der Körper zunehmend vulnerabel wird. Aber warum vollzieht sich ein so schädlicher Prozess überhaupt? Aus evolutionärer Sicht stellt das Altern ein Paradoxon dar, denn es entwickelt sich nicht, weil es nützlich ist, sondern als Nebeneffekt von etwas anderem, wie der mit dem Nobelpreis ausgezeichnete Evolutionsbiologe Peter Medawar schon in den 1950er Jahren beschrieben hat (Johnson, Shokhirev & Shoshitaishvili, 2019). Die in der Evolution wirkenden Selektionsprozesse weisen eine negative Alterskorrelation auf, d. h. sie wirken sich vornehmlich auf die Zeit der fruchtbaren Jahre aus, während im Lebensverlauf die im Genom angelegte biologische Plastizität verloren geht. Dies hat zur Folge, dass sich schädliche Mutationen, deren Auswirkungen erst spät im Leben auftreten, anreichern, weil nicht gegen sie selektiert wird. Dieser Prozess wird als *Selektionsschatten* bezeichnet, durch den es zu der körperlichen Vulnerabilität im Alter kommt. Der renommierte Gerontologe Paul Baltes (1999) hat in seiner bedeutsamen Arbeit *Von der unvollständigen Archi-*

tektur der Humanontogenese diesen Grundgedanken aufgegriffen und darauf hingewiesen, dass zum Ausgleich dieser körperlichen Schwäche des Alters ein Mehr an gesellschaftlich-kultureller Unterstützung erforderlich ist. Die Abnahme der Wirkkraft (Effektivität) dieser Kompensation mit zunehmendem Alter macht es allerdings erforderlich, diese im hohen Alter immer stärker auszuweiten.

Die körperlichen Veränderungen des Alters zeigen sich im Rückgang der Leistungsfähigkeit aller Organe. So verzeichnen die maximale Ventilationsrate, die Vitalkapazität, die Muskelkraft, die maximale Herzfrequenz oder der Stoffwechselgrundumsatz ab dem 30. Lebensjahr einen kontinuierlich linearen Abfall (Gerok & Brandstätter, 1992). Was zunächst nur allmählich erfolgt, wird dann im Alter deutlicher spürbar. Die Anpassungsfähigkeit körperlicher Funktionen reduziert sich und die Funktionsreserve ist zunehmend eingeschränkt. Die Erholungsphase bis zur Rückkehr des Blutdrucks zur individuellen Norm etwa ist deutlich verlängert. Zwischen dem 80. und 90. Lebensjahr ist eine kritische Grenze erreicht, jenseits derer eine lebenserhaltende Homöostase nicht mehr oder nur eingeschränkt möglich ist (Gerok & Brandstätter, 1992). Dieser Abfall der körperlichen Leistungsfähigkeit geht mit einer erhöhten Krankheitsanfälligkeit einher, zahlreiche Erkrankungen wie Arthrose und Osteoporose, Schlaganfälle, Herz-Kreislauf-Erkrankungen oder Neubildungen, also Krebserkrankungen, weisen eine eindeutige Altersabhängigkeit auf. Den Ergebnissen der Berliner Altersstudie zufolge sind 88 % der über 70-Jährigen als multimorbid zu bezeichnen, d. h. sie weisen fünf oder mehr internistische Erkrankungen auf (Steinhagen-Thiessen & Borchelt, 1994). Allerdings sind bei all diesen Prozessen immer erhebliche interindividuelle Unterschiede zu bedenken, die durch eine unterschiedliche genetische Ausstattung und Unterschiede in der Lebensführung begründet sind.

Auch das Gehirn ist anatomischen, neurochemischen und physiologischen Altersveränderungen ausgesetzt. Raz und Nagel (2007) konstatieren, dass die Veränderungen im zentralen Nervensystem (ZNS) im Vergleich zu allen anderen Organen am dramatischsten ausfallen. Sie zeigen sich auf unterschiedliche Weise, durch eine Atrophie (Schrumpfung) des Gewebes in einigen Regionen, ein erhöhtes Ventrikelvolumen, Verlust von Neuronen und synaptischen Verbindungen, eine Verschlechterung der Myelinisierung und eine Anhäufung von abnormen Proteinen. Hinzu kommen biochemische Veränderungen, v. a. ein zunehmender Dopaminmangel. Bedeutsam ist, dass diese Veränderungen nicht in allen Regionen des Gehirns gleichermaßen auftreten, vielmehr sind sie im *präfrontalen Cortex*, der evolutionsgeschichtlich jüngsten Region des Gehirns, am stärksten ausgeprägt (*Frontallappen-Hypothese des kognitiven Alterns*, Daniels, Toth & Jacoby, 2006). Der präfrontale Cortex hat eine besondere Bedeutung für höhere kognitive Funktionen, v. a. für *Exekutivfunktionen* (▶ Kap. 3.4.1).

Zwei Merkmale sind von grundlegender Bedeutung: Zum einen kommt es zu einer allgemeinen Verlangsamung der neuronalen Prozesse *(»slowing-with-age-Phänomen«*, Salthouse, 1996), wobei neben einer nachlassenden Myelinisierung andere Veränderungen von Bedeutung sind, etwa Verzögerungen an den Synapsen wegen einer Reduktion der Neurotransmitter (Mayr, 2012). Zum anderen werden bei älteren Menschen weniger fokussierte und spezifische Aktivierungsmuster beobachtet (*Dedifferenzierung*), d. h. es werden nicht nur spezifische Erregungsmuster hervorgerufen, sondern benachbarte Areale werden gleichzeitig aktiviert. Diese Veränderung kann zwar auch als Kompensationsversuch verstanden werden, doch eine Folge ist auch die größere Fehleranfälligkeit kognitiver Prozesse. Dazu passt ebenfalls das *HAROLD-Phänomen*, das die nachlassende Asymmetrie der linken und rechten Hemisphäre beschreibt, d. h. die neuronale Aktivität ist bei älteren Erwachsenen weniger lateralisiert als bei jüngeren (Dolcos, Rice & Cabeza, 2002). All diese Veränderungen wurden bislang im Hinblick auf die Psychotherapie Älterer kaum berücksichtigt.

1.1.2 Alter im Umbruch – Eine komplexe Lebensphase

Obwohl Alter zunächst ein biologisches Geschehen darstellt, ist es doch in entscheidender Weise kulturell und gesellschaftlich überformt. Die Verbesserung der Lebensbedingungen in den westlichen, aber auch asiatischen Gesellschaften hat zu einer immer größeren Ausweitung des Alters geführt. So liegt die durchschnittliche Lebenserwartung in Deutschland gegenwärtig bei 81,2 Jahren (Männer 78,9, Frauen 83,5 Jahre, Statistisches Bundesamt, 2025) und hat damit wieder das Niveau vor der Corona-Zeit erreicht, liegt allerdings etwa 1,7 Jahre unterhalb des europäischen Durchschnitts (Peters, 2024b). Der demographische Wandel ist jedoch gleichermaßen Resultat der geringen Geburtenrate, beides zusammen hat dazu geführt, dass der Anteil über 60-Jähriger an der Gesamtbevölkerung inzwischen knapp 30 % beträgt (Statistisches Bundesamt, 2025). Mehr Menschen erreichen heute ein höheres Lebensalter und das Alter selbst umfasst eine immer größere Lebenszeit, manchmal über die Hälfte des bisherigen Erwachsenenalters.

Diese zeitliche Ausdehnung hat Überlegungen befördert, unterschiedliche Phasen innerhalb dieses Lebensabschnittes zu unterscheiden. Einen wesentlichen Beitrag dazu hat der englische Soziologe Laslett (1995) geleistet, indem er die Begriffe des *dritten* und *vierten Lebensalters* einführte. Nach Kindheit und Jugend sowie dem mittleren Erwachsenenalter, von ihm als erstes und zweites Lebensalter bezeichnet, folgte früher gleich das hohe Alter mit seinen Einschränkungen. Heute jedoch hat sich das dritte Lebensalter als historisch völlig neuer Lebensabschnitt dazwischengeschoben. Laslett deutet diesen als Zeit neuer Freiheit, nachdem die Pflichten und Aufgaben des mittleren Erwachsenenalters – Beruf und Familie – entfallen und die Einschränkungen des hohen Alters, das er als viertes Alter bezeichnet, noch fern sind.

Für die Plausibilität dieser Unterscheidung lassen sich Befunde der interdisziplinären Berliner Altersstudie anführen, aus denen hervorgeht, dass zwar über die gesamte Altersphase hinweg Abbauprozesse stattfinden, diese jedoch lange Zeit recht gut kompensiert werden können. Die Reservekapazität ist aber irgendwann erschöpft, so dass die Defizite dann stärker im alltäglichen Leben älterer Menschen durchschlagen. Eine kritische Zeit dafür scheint der Abschnitt zwischen dem 80. und 85. Lebensjahr zu sein, in dem der Prozentsatz derer, deren Leben erheblich eingeschränkt ist, deutlich zunimmt (Mayer, Baltes & Baltes, 1994). Trotz der Plausibilität dieser Befunde ist immer eine erhebliche interindividuelle Variabilität zu berücksichtigen, und auch im vierten Alter kann ein, wenn auch geringerer

Prozentsatz hochaltriger Menschen ohne stärkere körperliche und kognitive Einschränkungen leben.

Die Beschreibung eines dritten Lebensalters mit seinen erweiterten Lebensoptionen erscheint auch vor dem Hintergrund des Nachrückens neuer Kohorten plausibel, die über erweiterte Ressourcen verfügen und die gewachsenen Möglichkeiten dieses Lebensabschnittes für sich zu nutzen wissen. Sie sind biologisch gesehen durchschnittlich fünf Jahre jünger als Vorgängerkohorten, sie verfügen über eine bessere Gesundheit und über größere kognitive Fähigkeiten (Mahne, Wolff, Simonson & Tesch-Römer, 2017). Zweifellos bestehen in diesem Lebensabschnitt größere Optionen für eine selbstbestimmte Lebensführung. All diese Veränderungen haben einen neuen Altersdiskurs angestoßen, in dem neue positive Altersdeutungen verhandelt werden. Die Vorstellung von Senioren, die aktiv bleiben und ihr Leben selbstverantwortlich gestalten, rückt zunehmend nicht nur in den wissenschaftlichen, sondern medialen Fokus. Das Bild der ergrauten, unflexiblen Alten, die sich nach dem Ausscheiden aus dem Beruf zurückziehen und eigene Ansprüche beschränken, um allenfalls den *wohlverdienten Ruhestand* zu genießen, geriet ins Wanken. Das traditionelle Alter mit seinen Einschränkungen scheint einem neuen Möglichkeitsraum gewichen zu sein, einem »großen offenen Raum«, so van Dyk (2015, S. 252), auch wenn dieser manchmal illusionäre Züge und neue normative Anforderungen aufweist. Somit kann konstatiert werden, dass sich das über Jahrhunderte vorherrschende Negativbild des Alters immer stärker in ein Positivbild verkehrt hat (Göckenjan, 2000). Doch parallel dazu wird der Negativdiskurs des Alters fortgeführt, wenn Altenlast, Pflegenotstand und Demenz als Schreckensbilder an die Wand gemalt werden und dieses Bild auf das vierte Alter projiziert wird (Amrhein & Backes, 2007). Eine Zweiteilung des Alters ist zunehmend gesellschaftliche Realität geworden. Auf der einen Seite diejenigen im dritten Lebensalter, denen ein gesellschaftliches Inklusionsangebot gemacht und auf die ein positives Altersbild projiziert wird, daneben das vierte, also das hohe und marginalisierte Alter, dem weiterhin ein negatives Bild anhaftet. Es fehlt eine Alterskultur, die es ermöglichen würde, die Spaltung in ein positives und ein negatives Alter zu überwinden und die es auch dem einzelnen älteren Menschen erleichtern würde, eine integrierte Altersrepräsentanz zu entwickeln (Woodward, 1991). Einen Umgang mit der Ambiguität des Alters zu finden, bleibt weitgehend jedem Einzelnen überlassen, d.h. der Alternsprozess erfordert heute größere Mentalisierungsfähigkeiten als in früheren Zeiten, als sich Älteren kaum noch Lebensoptionen boten und sie sich fast unterwürfig ihrem Schicksal hingaben.

1.1.3 Psychische Erkrankungen im Alter

Über die Prävalenz psychischer Störungen im Alter herrscht weiterhin keine endgültige Klarheit, zu unterschiedlich sind die Angaben bei verschiedenen Störungsbildern. Im Allgemeinen scheint aber davon ausgegangen zu werden, dass sie nicht ganz das Niveau des mittleren Erwachsenenalters erreichen. Jacobi et al. (2014) etwa fand bei 65–79-Jährigen eine Gesamtprävalenz von 20,3%, was bedeutet, dass etwa jeder Fünfte in dieser Altersgruppe an einer psychischen Erkrankung leidet, für alle Altersgruppen betrug der Wert 27,7 %.

Bezüglich Depressionen zeigte eine Metaanalyse von Volkert, Hauschild & Taubner (2013) für Major Depression eine aktuelle Prävalenz von 3,9 % und eine Lebenszeitprävalenz 16,5 %. In der Berliner Altersstudie, in der eine große Stichprobe über 70-Jähriger untersucht wurde (Helmchen et al., 2010), fand sich eine aktuelle Prävalenz von 9 %, und darüber hinaus eine hohe Prävalenz für subdiagnostische Symptome. Während somit die Prävalenzrate für schwere Depressionen nicht anzusteigen scheint, wird für leichtere Depressionen ein Anstieg im Alter angenommen (Fiske, Wetherell & Gatz, 2009). Bei Angststörungen waren in der Berliner Altersstudie lediglich eine Prävalenz von 2 % gefunden worden, während Beekmann et al. (1998) eine Prävalenz von 10 % (allein ca. 7 % generalisierte Angststörungen), Andreas et al. (2017) sogar von 17 % fanden.

Darüber hinaus ist von einer hohen Komorbidität beider Symptombilder auszugehen. Beekman et al. (1998) fanden, dass 45 % der Patienten mit einer Depression auch die Kriterien einer Angststörung erfüllten, 26 % derer mit einer diagnostizierten Angststörung erfüllten wiederum auch die Kriterien für eine Depression. Braam et al (2014) fanden bei über 80 % der älteren Patienten mit einer diagnostizierten Depression auch Angstsymptome. Treten bei einer Depression gleichzeitig Angstsymptome auf, sind die depressiven Symptome ausgeprägter, sie persistieren eher und die Betroffenen zeigen mehr funktionale Einschränkungen, d. h. ein komorbides Auftreten beider Symptomcluster kompliziert das Krankheitsgeschehen (Andreescu et al., 2007). Komplexer wird dieses Geschehen auch aufgrund des Zusammenhangs von körperlichen und psychischen Symptomen, und einige Befunde sprechen dafür, dass dieser Zusammenhang mit zunehmendem Alter enger wird (Peters, 2023a).

Im Hinblick auf Persönlichkeitsstörungen war lange Zeit von sinkenden Prävalenzen ausgegangen worden, was aber offenbar nur auf die Cluster-B-Störungen zutrifft (v. a. Borderline-Störung), nicht jedoch auf die Cluster-A (paranoide und schizoide Störungen) und C-Störungen (ängstliche, zwanghafte u. a.; Peters, 2024d). Neuere Studien fanden eine Gesamtprävalenz von Persönlichkeitsstörungen, die zwischen 6 und 13 % lag (van Alphen et al., 2015), wobei insbesondere die Borderline-Störung häufig von einer Depression oder Hypochondrie überlagert wird (Morgan, Chelminski, Young, Dalrymple & Zimmerman, 2013). Aber nicht nur bei Persönlichkeitsstörungen ist ein Symptomwandel zu berücksichtigen, der die Diagnostik erschwert, auch die posttraumatische Symptomatik wird unspezifischer und kann auch dann auftreten, wenn kein traumatisches Ereignis vorausgegangen ist (Peters, 2021a). Insgesamt zeichnet sich also ein recht unübersichtliches Bild. Manches spricht dafür, dass sich die Krankheitsbilder entdifferenzieren, was sowohl in der Diagnostik wie der Therapie berücksichtigt werden sollte (Peters & Peters, 2025). Kessler (2014) kommt zu dem Schluss, dass die psychische Situation im hohen Alter mehr als in anderen Altersphasen als eine Konfiguration eines hoch komplexen und dynamischen Entwicklungsprozesses zu verstehen ist. Dies wird auch in den klinischen Bildern sichtbar, dass nosologische Zuordnungen, wie sie in den Klassifikationssystemen gefordert werden, nur eingeschränkt möglich sind. Diagnosebezogene bzw. krankheitsspezifische Behandlungsansätze werden dadurch schwieriger, vielmehr gewinnen transdiagnostische Faktoren besonders auch im Hinblick auf therapeutische Ansätze an Bedeutung. Von dieser Grundannahme geht auch dieses Buch aus.

1.1.4 Zur psychotherapeutischen Versorgung Älterer

Psychotherapie spielte in der Versorgung psychisch kranker älterer Menschen lange Zeit kaum eine Rolle. Es waren und sind bis heute die Hausärzte, denen eine zentrale Rolle zufällt (Wolter-Henseler, 1996). Eine Reihe von Erhebungen in den letzten Dekaden des vergangenen Jahrhunderts erbrachte immer wieder Behandlungszahlen von 1 bis 2% Älterer in den psychotherapeutischen Praxen (Übersicht Peters, 2006). d. h. es besteht ein eklatanter *treatment gap*. Die Gründe dafür wurden ausgiebig diskutiert und umfassen Vorbehalte der Therapeuten wie auch solche der Patienten selbst (Übersicht Peters & Lindner, 2019, Heuft, Kruse & Radebold, 2006). Auf beiden Seiten, aber auch auf gesellschaftlicher Ebene spielt dabei ein negatives Altersbild eine Rolle (Kessler, Agines & Bowen 2015, Kessler u. Bowen, 2015). Zivian, Larsen, Gekoski, Knox & Hatchette (1994) fanden in den 1990er Jahren bei einer Bevölkerungsstichprobe, dass jüngere wie ältere Befragte in großem Umfang der Aussage zustimmten, dass Psychotherapie bei Älteren weniger sinnvoll ist. Peters (2006) hatte von einem *Vermeidungsbündnis* mehrerer Akteure gesprochen, dass der Unterversorgung Älterer zugrunde liegt.

Nach der Jahrhundertwende stiegen die Behandlungszahlen allmählich an (Imai, Telger, Wolter & Heuft, 2008). Im Jahr 2012 fanden Peters, Jeschke & Peters (2013)[3] einen Anstieg auf ca. 9%, in einer Replikationsstudie 2022, also ein Jahrzehnt später, war der Anteil auf ca. 12% angestiegen (Peters, Becker & Jeschke, 2024a). Dieser Anstieg geht aber etwa zur Hälfte auf den demografischen Wandel zurück, d. h. auf den wachsenden Anteil Älterer (>60 Jahre) an der Gesamtbevölkerung, der heute knapp 30% beträgt. Die andere Hälfte dieses Anstiegs dürfte jedoch auf einen Einstellungswandel zurückzuführen sein. Dabei ist zunächst die fortschreitende Normalisierung von Psychotherapie als akzeptierter Bestandteil des gesundheitlichen Versorgungssystems anzuführen, wobei die Verabschiedung der Psychotherapierichtlinien 1967 einen wichtigen Einschnitt dargestellt hat. Damit verbunden ist auch eine allmählich einsetzende Veränderung der Wahrnehmung von Psychotherapie als weniger schambesetzt und als mögliche Form der Hilfe. Aber auch der Kohortenwandel ist im Hinblick auf den Anstieg der Behandlungszahlen von Bedeutung. Der soziokulturelle Wandel der 1960er Jahre hat in vielfacher Hinsicht eine Liberalisierung von Einstellungen zur Folge gehabt, die die jetzt ins Alter vorgerückten Kohorten prägt (Peters, 2019a). Woodward und Pachana (2009) sprechen im Hinblick auf das Gesundheitsverhalten Älterer von einem *positive cohort shift*. Vor diesem veränderten Hintergrund sind nun Menschen ins höhere Lebensalter vorgerückt, für die Psychotherapie ein »normales« Versor-

---

3 Auch damals wurde die Befragung durch das Institut für Alterspsychotherapie und Angewandte Gerontologie in Kooperation mit der Psychotherapeutenkammer Berlin durchgeführt.

gungsangebot darstellt, so dass von einem weiteren Anstieg der Nachfrage nach Psychotherapie durch ältere Menschen auszugehen ist.

1.2 Zur Entwicklung der Psychodynamischen Psychotherapie

Die im Kapitel zuvor skizzierte Annäherung von Alter und Psychotherapie fordert auch die Psychodynamische Psychotherapie heraus. In den nächsten Abschnitten wird es darum gehen, wie sie bislang mit dieser klinischen Gruppe umgegangen ist, und wie sie sich zukünftig besser auf die besonderen Behandlungserfordernisse älterer Patienten einstellen sollte.

1.2.1 Zur Krise der Psychodynamischen (Alters-) Psychotherapie

Die Alterspsychotherapie führte lange ein Schattendasein innerhalb der Psychotherapie. Das Diktum Freuds von der Unbehandelbarkeit älterer Menschen hatte auf Generationen von Psychotherapeuten einen negativen Einfluss (Radebold, 1994). Erst in den 1960er Jahren zunächst in den USA, dann seit den frühen 1970er Jahren in Deutschland, eng verbunden mit dem Namen Hartmut Radebold, entwickelte sich die damals ausschließlich psychoanalytisch orientierte Psychotherapie älterer Menschen (Radebold, Bechtler & Pina 1981). Doch es war lange Zeit ein kleiner Kreis um Prof. Radebold[4], der das Thema und damit die Anliegen älterer Patienten in den Fachdiskurs einbrachte.

Die Verhaltenstherapie meldete sich hörbar erst in den 1980er Jahren zu Wort, zunächst allerdings mit kaum größerer Resonanz. Doch aufgrund ihrer rasanten Entwicklung hat sie sich auch in der Alterspsychotherapie in den vergangenen Jahrzehnten immer stärker in den Vordergrund geschoben (Kessler & Peters, 2017), während die Psychodynamische Alterspsychotherapie in die Defensive geraten ist, so dass man nicht umhinkommt, eine Krise der Psychodynamischen Alterspsychotherapie zu konstatieren. Indikatoren dafür gibt es reichlich, etwa die Ungewissheit, ob etablierte alterspsychotherapeutische Fortbildungsangebote[5] und Ta-

---

4 Seit Beginn der 1990er Jahre fand jährlich in Kassel das von Prof. H. Radebold gegründete Symposium »Psychoanalyse und Alter« statt.
5 Das betrifft auch die Fortbildungsangebote des Instituts für Alterspsychotherapie und Angewandte Gerontologie (vgl. ▶ Kap 7), aber auch das Fortbildungsangebot der Akademie für Gerontopsychiatrie und -psychotherapie kann aufgrund des Mangels an tiefenpsychologisch orientierten Dozentinnen und Dozenten nur eingeschränkt aufrechterhalten werden.

gungen⁶ fortbestehen. Offensichtlich geworden ist diese Krise nach dem Tod Prof. Radebolds im Jahre 2021, der als bisherige Gallionsfigur das Thema zuvor öffentlichkeitswirksam vertreten hat, und auch die zentrale Identifikationsfigur für alle jene war, die sich mit Alterspsychotherapie befasst haben. Nach seinem Tod ist der Mangel an Nachwuchs noch offensichtlicher geworden.

Noch stärker allerdings fällt der inhaltliche Stillstand auf. Während auf Seiten der Verhaltenstherapie inzwischen eine solide empirische Basis für die Behandlung Älterer geschaffen wurde, fehlt diese auf psychodynamischer Seite weitgehend. Dies betrifft etwa einen überzeugenden Nachweis der Effektivität der psychodynamischen Therapie Älterer, die nur internationalen Studien entnommen werden kann (auch dort besteht aber nur eine schmale Studienbasis), im deutschen Sprachraum fehlt weiterhin eine Evaluationsstudie. Allein auf die klinische Evidenz zu verweisen, dürfte kaum mehr ausreichen.

Doch die Krise der Psychodynamischen Alterspsychotherapie ist nicht losgelöst von der Krise der Psychodynamischen Psychotherapie allgemein zu betrachten. Der Begriff der Psychodynamischen Psychotherapie wurde 2008 vom wissenschaftlichen Beirat Psychotherapie als Oberbegriff aller von der Psychoanalyse abgeleiteten Therapieverfahren als offizieller Sprachgebrach festgelegt. Dennoch wird häufig weiterhin der Begriff der analytischen Psychotherapie oder der tiefenpsychologisch fundierten Psychotherapie verwendet, was jeweils eine unterschiedliche Nähe zur Psychoanalyse signalisiert; in diesem Buch werde ich durchgehend den Begriff der Psychodynamischen Psychotherapie verwenden. Unabhängig von der Begriffswahl ist eine nachlassende Attraktivität und verminderte öffentliche Wahrnehmung der Psychodynamischen Psychotherapie im Vergleich zu Einfluss und Ansehen der Verhaltenstherapie festzustellen. Dies beruht zu einem erheblichen Teil auf einem Forschungsdefizit, wie etwa Leichsenring et al. (2014) konstatiert, und das gilt ebenso für die Alterspsychotherapie.

Zwar konnte die Effektivität der Psychodynamischen Psychotherapie als allgemeines Therapieverfahren in den letzten Dekaden durch mehrere Metaanalysen belegt werden (Leichsenring et al. 2014, Steinert, Munder, Rabung, Hoyer & Leichsenring, 2017, Leichsenring et al., 2022), doch in der jüngeren Vergangenheit haben die Ergebnisse der LAC-Studie, in der die psychoanalytische und verhaltenstherapeutische Behandlung von Depressionen miteinander verglichen wurden, erneut Zweifel geweckt (Hautzinger et al., 2020). Zwar zeigten sich in beiden Therapieformen Veränderungen mit großen Effektstärken, doch die Therapiedosis, sprich Dauer der Therapie, war bei der Verhaltenstherapie erheblich kleiner als bei der Psychodynamischen Therapie.

Zweifel werden auch immer wieder an den Wirkmechanismen psychoanalytischer Psychotherapie geäußert. Zwar belegen einige Studien einen Zusammenhang von Einsicht – dem zentralen Ziel psychoanalytischer Interventionen – mit dem Behandlungsergebnis (Leichsenring, Steinert & Crits-Christoph, 2013), doch die Nützlichkeit von Übertragungsdeutungen, einem identitätsstiftenden Element der

---

6 Sowohl das Symposium »Psychoanalyse und Altern« wie auch die Tagung »Gerontopsychosomatik« in Münster, von Prof. Heuft gegründet (heutige Leitung Prof. R. Lindner, Prof. M. Peters, Prof. R. Conrad) sind in ihrer Existenz gefährdet.

Psychoanalyse, steht durchaus in Frage. Die Metaanalyse von Hoglend (2003) etwa, die auf elf Studien zurückgreifen konnte, fand, dass Therapeuten in der Behandlung persönlichkeitsgestörter Patienten umso erfolgreicher waren, je zurückhaltender sie mit Übertragungsdeutungen waren, bzw. auf diese ganz verzichteten. Ogrodniczuk, Piper, Joyce und McCallum, M. (1999) fanden einen negativen Zusammenhang zwischen der Häufigkeit von Übertragungsdeutungen einerseits und der Qualität der therapeutischen Beziehung und des Behandlungsergebnisses auf der anderen Seite. Der für die Psychoanalyse so zentrale Begriff der Deutung ist in die Diskussion geraten, und vielfach wird heute eher von Interpretation gesprochen, die nicht zwingend einen Bezug zum Unbewussten impliziert (Pancheri, 1998). Weitere Befunde stellen klassische psychoanalytische Grundpositionen in Frage, so die Hinweise auf negative Wirkungen einer konfrontierenden im Vergleich zu einer motivierenden Vorgehensweise (Fiedler, 2011). Mit Konfrontationsstrategien dürfe es, so Fiedler, schwerlich gelingen, dass bei vielen Patienten eindrücklich fehlende Selbstbewusstsein und die Selbstwertschätzung zu erhöhen. Auch der Hinweis von Fiedler und Rogge (1989), wonach Psychoanalytiker ebenso häufig wie Verhaltenstherapeuten in lebenspraktischen Fragen informieren und aufklären, dürfte kaum zu ihrem Selbstverständnis passen. Vieles ist im Hinblick auf die Effektivität wie auch die Wirkungsweise der Psychodynamischen Psychotherapie bis heute ungeklärt. Basale Annahmen der traditionellen Psychoanalyse stehen auf dem Prüfstand (Schulz-Venrath & Döring, 2011), und es scheint, als habe sie sich erst jetzt auf den Weg gemacht, ein empirisches Fundament einer zukünftigen integrierten Psychodynamischen Psychotherapie zu schaffen (Firmansyah et al., 2021, Leibovich, Wachtel, Nof & Zilcha-Mano, 2020).

Die gegenwärtige Situation ist durch die grundsätzliche Frage geprägt, wie viel Psychoanalyse die zeitgenössische Psychodynamische Psychotherapie braucht, oder ob sie sich nicht stattdessen stärker ein eigenes theoretisches und empirisches Fundament erarbeiten sollte, wofür ich in diesem Buch plädiere. Obwohl längst widerlegt, sind Vorbehalte gegenüber empirischer Forschung unter Psychoanalytikern nach wie vor weit verbreitet (Benecke, 2014, Sandell, 2012). An einem Forschungsdefizit krankt auch die Psychodynamische Alterspsychotherapie, denn die aufgeworfenen Fragen nach der Effektivität, dem Stellenwert von Übertragungsdeutungen und dem der Einsicht betreffen die Therapie Älterer in gleicher Weise. Leichsenring et al. (2015) beschreiben die Psychodynamische Psychotherapie als ein *umbrella concept*, das auf einem Kontinuum interpretativ-supportiver Techniken operiert, was zweifellos auch auf die Psychodynamische Alterspsychotherapie zutrifft. Einerseits verschafft das Therapeuten Spielraum, die Therapie individuell zu gestalten, andererseits bedarf es aber alterstherapeutischer Kenntnisse, damit sie nicht in Beliebigkeit abgleitet.

Diese kritische Bestandsaufnahme erfordert es aus meiner Sicht, über die »klassische«, noch stark durch die Psychoanalyse geprägte konfliktorientierte Psychodynamische Psychotherapie hinauszugehen. Deshalb werde ich in diesem Buch einerseits auf neuere Entwicklungen innerhalb der Psychodynamischen Psychotherapie Bezug nehmen, wie sie etwa von Wöller (2022) oder Neumann u. Naumann-Lenzen (2017) vorgelegt wurden oder aber der neueren empirischen Forschung zu entnehmen sind (Leibovich et al, 2020). Andererseits werde ich aber besonders jene Entwicklungen aufgreifen, die sich noch deutlicher von den psychoanalytischen Wurzeln entfernen und auf einem mehr oder weniger stark modifizierten Verständnis von Psychotherapie basieren, nämlich die *strukturbezogene Therapie* nach Rudolf (2019, 2020) und die *mentalisierungsbasierte Psychotherapie* (Bateman & Fonagy, 2015). Beide Ansätze versprechen auch eine Bereicherung für die Alterspsychotherapie, wie ich an anderer Stelle dargelegt habe (Peters, 2014b, 2017a, 2021b). Sie werden im Folgenden kurz dargestellt; anschließend wird das empirisch gut abgesicherte Konzept der Ressourcen als Klammer beider Ansätze sowie als Verbindungslinie zur Psychodynamischen Psychotherapie behandelt und als zentrales Element der Alterspsychotherapie beschrieben.

1.2.2 Neuere Ansätze in der Psychodynamischen Psychotherapie

Rudolf (2020) geht vom Strukturbegriff aus, der in der Psychoanalyse eine lange Tradition hat und in der *Operationalisierten Psychodynamischen Diagnostik* (Arbeitskreis OPD-3, 2024) präzisiert wurde. Unter Struktur wird dort das ganzheitliche Gefüge von psychischen Dispositionen verstanden; sie umfasst alles das, was im Erleben und Verhalten des Einzelnen regelhaft und repetitiv abläuft. Insofern begründet Struktur den zeitüberdauernden persönlichen Stil, in dem der Einzelne immer wieder sein intrapsychisches und interpersonelles Gleichgewicht herstellt und das Selbst und seine Beziehungen zu den inneren und äußeren Objekten reguliert. Strukturelle Defizite sind insbesondere bei Persönlichkeitsstörungen anzutreffen, können aber auch bei anderen Störungsbildern wie etwa Depressionen eine Rolle spielen (Rudolf & Henningsen, 2017).

Die von Rudolf (2020) entwickelte *strukturbezogene Psychotherapie* weist supportive Elemente auf und zielt auf eine Entwicklungsförderung ab, um strukturelle Defizite zu reduzieren. Daraus folgt auch eine veränderte Rolle der Therapeuten (*hinter – neben – gegenüber*), die sich nicht als Interpreten unbewusster Vorgänge anbieten, sondern als entwicklungsförderndes Gegenüber zur Verfügung stehen. Sie fungieren als wohlwollendes Hilfs-Ich, das klärt, versorgt, anregt, spiegelt und mit den Patienten zusammen konkret überlegt, welche Möglichkeiten sie bisher entwickeln konnten und welche weiteren sie erproben müssten.

Schließlich hat sich in jüngster Zeit die *Mentalisierungsbasierte Psychotherapie* etabliert (Bateman & Fonagy, 2015), die sich zunächst gar nicht als neues, eigenständiges Therapieverfahren verstand, sondern in Anspruch nahm, die bisherige Praxis neu zu beschreiben und damit besser zu verstehen. Dem Anschein nach hat sich dies verändert und sie präsentiert sich zunehmend als eigenständiges Therapieverfahren.

Mentalisierung ist kein kohärentes theoretisches Konstrukt, sondern greift unterschiedliche Ansätze und Traditionen wie etwa die Theorie des Geistes, Metakognition, Selbstreflexion, Achtsamkeit oder Empathie auf. Nach Bateman und Fonagy (2015) kann Mentalisierung als der mentale Prozess verstanden werden, durch den ein Individuum seinem eigenen Verhalten und dem Verhalten anderer implizit und explizit Bedeutung zuschreibt, und zwar in Bezug auf intentionale

Zustände wie persönliche Wünsche, Bedürfnisse, Gefühle, Überzeugungen und andere Motivationen.

Das darauf aufbauende therapeutische Konzept knüpft einerseits unmittelbar an die psychoanalytischen Wurzeln an, indem die Selbstreflexion in den Mittelpunkt gerückt wird. Andererseits entfernt es sich aber besonders in der therapeutischen Grundhaltung, der Interventionstechnik wie auch der Gestaltung der therapeutischen Beziehung noch stärker als die strukturbezogene Therapie von den psychoanalytischen Wurzeln. Der Fokus liegt auf der Gegenwart und auf den Lebensproblemen der Patienten. Ziel ist, Patienten zu ermutigen, sich selbstreflexiv zu betrachten und mit ihnen einen *Mental State Talk* (Lecce, Bottiroli, Bianco, Rosi & Cavallini, 2015) zu entwickeln, d. h. ein Gespräch, das auf Affekte, Intentionen, Wahrnehmungen etc. fokussiert und diese zu erforschen sucht. Das Gespräch sollte sich dabei eher am alltagssprachlichen Dialog orientieren, d. h. vom gesprochenen Wort und weniger vom vermuteten Unbewussten ausgehen (Bolm, 2009). Damit wird auch eine bedeutsame Akzentverschiebung vorgenommen, nämlich hin zu den Prozessen und der psychischen Funktionen, während in der klassischen Psychodynamischen Psychotherapie v. a. auf die Inhalte fokussiert wurde, also die lebenslang wirksamen psychodynamischen Konflikte (▶ Kap. 3.1).

Es gibt zahlreiche Überschneidungen der *strukturbezogenen Psychotherapie* und der *mentalisierungsbezogenen Therapie*, und Rudolf (2020) spricht in der Neuauflage seines Buches häufig von Mentalisierung. Andererseits können Mentalisierungsdefizite als strukturelle Defizite verstanden werden. Auch in der therapeutischen Grundhaltung und den Interventionen gibt es mehr Überschneidungen als Unterschiede. So wird in beiden Ansätzen die Bedeutung von Deutungen, insbesondere Übertragungsdeutungen relativiert, was ja den Ergebnissen der weiter oben erwähnten Studien entspricht. Allerdings hat der mentalisierungsbezogene Ansatz den unbestreitbaren Vorteil einer stärkeren empirischen Orientierung.

1.2.3 Ressourcenorientierung in der Psychodynamischen Psychotherapie

Die Psychotherapie älterer Menschen macht es häufig erforderlich, auf Elemente unterschiedlicher therapeutischer Ansätze zurückzugreifen, und diese auf der Basis von Intuition und Empathie so zu verbinden, dass sie zu einem in sich stimmigen Vorgehen verschmelzen. Die drei zuvor dargestellten Ansätze stellen nicht zuletzt ein breites Repertoire an Interventionstechniken zur Verfügung, wie später in diesem Buch deutlich werden wird (▶ Kap. 4.4). Und doch stellt sich die Frage, ob es nicht auch verbindende Elemente dieser drei Ansätze gibt, gewissermaßen eine Metatheorie, die Therapeuten eine Orientierung bietet.

Grawe (2004) hatte mit seinen bahnbrechenden Arbeiten zur Wirkungsweise von Psychotherapie die fundamentale Bedeutung von *Ressourcenaktivierung* belegt, die die *Problemaktualisierung* ergänzen müsse. Nahe gelegt wird dies auch durch Befunde, wonach es nicht erfolgreichen Therapeuten nicht gelang, die emotionale Belastung, die durch die Konfrontation mit Problemen hervorgerufen wird, zu reduzieren, d. h. Ressourcen zur Problembewältigung zu aktivieren (Gassmann & Grawe, 2006).

In der Folge fand Ressourcenaktivierung in alle therapeutischen Schulen Eingang, wobei sie der klientenzentrierten (Rogers, 1977) und der systemischen Therapie, etwa der lösungsorientierten Psychotherapie nach DeShazer (1989), ohnehin inhärent ist. In der psychoanalytisch orientierten Therapie hat dieser Gedanke aber erst recht spät Fuß gefasst (Munder, Rugenstein & Gumz, 2017), obwohl er auch dort nicht ganz neu ist. So hatte Abrams (1978) schon vor längerer Zeit den Begriff der entwicklungsbezogenen Deutung verwendet, was bedeutet, eine bislang stumme, gesunde Entwicklungstendenz durch Deutungsarbeit an die Oberfläche zu bringen, um die darin enthaltene progressive Entwicklung zu unterstreichen (Abrams, 1978, S. 397). Und auch in dem psychoanalytisch-systemischen Ansatz Fürstenaus (1994) kam dem Sich-bewusst-Werden des Patienten für erreichte gesunde Weisen der Lebensbewältigung eine zentrale Bedeutung zu. Doch weder wurden solche Äußerungen konzeptuell weiter aufgenommen noch fanden sie systematischen Eingang in die Praxis der Psychodynamischen Psychotherapie. So ist denn das Ergebnis, von dem Huber und Klug (2017) berichten, wenig überraschend, dass psychodynamische Therapeuten sehr viel mehr Zeit mit der Problem- als der Ressourcenaktivierung zubringen. Und auch Wöller (2022) bemängelt, dass psychodynamische Therapeuten allzu oft am Negativen haften blieben. Dabei sei eine ressourcenorientierte Ausrichtung aber unverzichtbar und widerspreche keineswegs dem psychodynamischen Denken. Er betont, dass es eben nicht ausreiche, die unbewussten Konflikte aufzudecken, sondern dass es genauso darum gehen müsse, wieder in Kontakt mit den verlorenen Ressourcen zu gelangen, also etwa mit Erinnerungsbildern, die imaginativ belebt werden könnten. Eine Bestätigung dieser Sichtweise fanden Munder, Karcher, Yadikar, Szeles und Gumz (2019) in einer Metaanalyse, aus der hervorgeht – bei einer allerdings schmalen Studienbasis –, dass eine ressourcenorientierte therapeutische Strategie nicht nur in der Verhaltenstherapie, sondern auch der Psychodynamischen Psychotherapie erfolgreicher ist, und auch Leibovich et al. (2020) kamen zu diesem Ergebnis.

Doch was genau wird unter Ressourcen verstanden? Grundsätzlich geht es darum, nicht nur die defizitären Seiten des Patienten zu beachten, sondern den Blick auch auf die gesunden Seiten zu richten und diesen mehr Aufmerksamkeit zu schenken (Willutzki & Teismann, 2013), besonders dann, wenn diese gesunden, kreativen Seiten mehr im Verborgenen liegen. In einer Psychodynamischen Therapie trägt die Berücksichtigung folgender Überlegungen zu einer ressourcenorientierten Erweiterung bei.

1. Zunächst einmal geht es darum, Patienten aus einem Zustand der Demoralisierung oder Resignation in einen der *Remoralisierung* zu führen (Willutzki & Teismann, 2013) und somit Zuversicht und Hoffnung zu induzieren. Hoffnung beschreibt den Raum, den der Mensch nicht zu kontrollieren vermag, den er aber doch verfügbar zu machen sucht. Sie zielt auf das, was er für gut und erstrebenswert hält, sie wirkt stabilisierend und zukunftsorientiert und kann sich so als kraftvolle innere Ressource entfalten (Grethlein, 2024). Ein Element dabei liegt in der Identifikation des Patienten mit dem Interesse und dem

Glauben des Therapeuten an ihn (Fabian, 2015), d. h. dieser ist zunächst einmal aufgefordert, eine von Hoffnung geprägte Sicht auf den Patienten zu entwickeln.
2. Von zentraler Bedeutung ist schließlich die therapeutische Beziehung selbst. Schon in älteren psychoanalytischen Arbeiten (z. B. Ferenczi) wurde auf die verändernde Wirkung einer *emotional korrigierenden Erfahrung* hingewiesen. Aus heutiger Sicht geht es um ein *affektives Attunement* bzw. gemeinsam geteilte positive emotionale Zustände von Therapeut und Patient (Beebe u. Lachmann 2004), die ein positives Klima schaffen und die Veränderungsbereitschaft erhöhen.
3. Die von einer positiven Emotionalität ausgehende Wirkung wurde in zahlreichen Arbeiten von Fredrickson (1998) unterstrichen. Sie konnte zeigen, dass positive Affekte es ermöglichen, Perspektiven zu erweitern und flexiblere Bewältigungsformen und Kompetenzen zu entwickeln. Sie können eine »Aufwärtsspirale« positiver Affekte erzeugen, d. h. die Empfänglichkeit für angenehme Ereignisse und Erlebnisse erhöhen bzw. die Bereitschaft diese positiv zu beurteilen. Diese allgemeinpsychologischen Erkenntnisse haben zweifellos eine hohe therapeutische Relevanz. Auch Wöller (2022) misst der Generierung positiver Emotionen eine große Bedeutung in der Psychodynamischen Psychotherapie zu.
4. Auch neurobiologisch lässt sich zeigen, dass positive Emotionen den Menschen in einen Annäherungsmodus versetzen, negative hingegen in einen Vermeidungsmodus, der mit Angst und Scham assoziiert ist (Wöller, 2022). Positive Emotionalität aktiviert andere Areale des Gehirns, besonders Belohnungssysteme im mesolimbischen System, die wichtige Funktionen für die Motivationssteuerung haben, weil von dort Dopamin im frontalen Cortex freigesetzt wird. Negative Emotionen hingegen aktivieren unter Beteiligung der Amygdala Vermeidungsschemata (Brunner, 2016, 2017).
5. Durch die öffnende Wirkung positiver Emotionalität wird die Problemaktualisierung erleichtert oder sogar erst ermöglicht. Es gilt, diese nicht vornehmlich in einer defizitären Perspektive vorzunehmen, sondern mit dem Ziel, ein komplexeres Verständnis problematischer Konstellationen zu entwickeln und dieses damit zu entdramatisieren und Selbstvorwürfe und Selbstkritik zu überwinden, aber auch andere Möglichkeiten des Umgangs oder der Lösung in den Blick zu nehmen (Munder, Rugenstein & Gumz, 2017).

Auch in den neueren Entwicklungen innerhalb der Psychodynamischen Psychotherapie ist die Ressourcenperspektive mehr oder weniger explizit enthalten (Wöller, 2022, Neumann & Naumann-Lenzen, 2017, Rudolf, 2019). Rudolf (2020) verwendet den Begriff der Ressourcen eher zurückhaltend[7], doch dürfte das Konzept der Entwicklungsförderung inhaltlich dem der Ressourcenorientierung sehr nahekommen. Mentalisierung wiederum beschreibt per se ein gesundes Funktionieren und wird etwa von Schwarzer, Nolte, Kirsch und Gingelmaier (2021) als gesundheitserhaltende Fähigkeit konzipiert, die mit adaptiven Formen der Selbst-

---

7 Kommt der Begriff Ressource in der Erstauflage seines Buches im Stichwortverzeichnis noch 6 Mal vor, wird es in der neuen Auflage von 2020 nicht mehr aufgeführt.

regulation bei Stressbelastung einhergeht. Selbstregulative Fähigkeiten sind Prozesse, die die reflexive Rückbesinnung auf die eigene Person, d. h. auf die motivationalen, kognitiven und emotionalen Erlebnisqualitäten sowie das gewählte Verhalten ermöglichen. Sie erlauben es dem Individuum, sich mit Anforderungssituationen auseinanderzusetzen (Schwarzer et al., 2021). Je weniger diese mentalen Zustände in Stresssituationen als Verstehens- und Interpretationshilfen zur Verfügung stehen, umso größer ist die Gefahr, diese als Belastung zu erleben und möglicherweise eine psychische Störung zu entwickeln. Kurzum kann man mit Rottländer (2020) sagen, Mentalisieren heißt an Lösungen zu arbeiten. Deutlicher kann die Ressourcenorientierung in der mentalisierungsbasierten Psychotherapie nicht zum Ausdruck gebracht werden.

Somit lässt sich schlussfolgern, dass allen drei Ansätzen, also Psychodynamischer, strukturbezogener und mentalisierungsbasierter Psychotherapie eine ressourcenorientierte Perspektive innewohnt und diese ein verbindendes Element darstellt. Sie schafft gewissermaßen eine Meta-Perspektive, die die Unterschiede zwischen diesen Ansätzen nicht aufhebt, aber doch relativiert.

1.2.4 Ressourcenorientierung in der Alterspsychotherapie

Die Elemente einer ressourcenorientierten Perspektive, wie sie im letzten Abschnitt herausgestellt wurden, konvergieren mit Entwicklungen des Alters bzw. einigen grundlegenden Funktionsweisen und Motiven im Alter, so dass sich diese für die Psychotherapie Älterer geradezu aufdrängt. Fünf Quellen bzw. Funktionen von Ressourcen im Alter lassen sich benennen:

1. Eingangs wurde bereits darauf hingewiesen, dass heutige ältere Menschen mehr Kompetenzen und Ressourcen mit ins Alter bringen als vorausgegangene Kohorten: Sie sind gesünder und gebildeter, verfügen über ein größeres Selbstbewusstsein und bessere kognitive Fähigkeiten (*Flynn effect*, Skirbekk, Stonawski, Bonsang & Staudinger, 2013), die i. d. R. auch länger erhalten bleiben. Eine solche positive Ausstattung ist erst recht bei der jetzt ins Alter vorrückenden Kohorte der *Babyboomer* festzustellen (Hermann, 2023). Schon daraus folgt für die Psychodynamische Alterspsychotherapie, die lange Zeit einseitige Orientierung am Defizitmodell aufzugeben und diese Ressourcen, die ältere Menschen mit ins Alter bringen, stärker zu beachten (Forstmeier, Uhlendorff & Maercker, 2008).
2. Auch im Hinblick auf interne Ressourcen verfügen ältere Menschen über Eigenschaften, die mit einer *gesundheitsbezogenen Lebensqualität* in Zusammenhang stehen und im Alter sogar zunehmen, wie etwa soziale Verantwortung, die Bereitschaft zu vergeben und sich zu versöhnen oder Altruismus (Forstmeier, Uhlendorff & Maercker, 2008). Auch selbstregulative Fähigkeiten im Sinne assimilativer und akkommodativer Anpassung scheinen sich im Alter eher weiterzuentwickeln (Brandstätter & Renner, 1990). Es handelt sich um Fähigkeiten, die nicht nur, aber doch in besonderer Weise im Umgang mit den Defiziten und

Verlusten des Alters zum Tragen kommen. Weitere Fähigkeitsbereiche werden im Verlaufe dieses Buches dargestellt.
3. Auch wenn Ältere manchmal wie verstummt erscheinen, so verfügen doch viele von ihnen über eine ausgeprägte *narrative Kompetenz*, d. h. sie können Geschichten erzählen, die einen Spannungsbogen entfalten, und damit auch andere in ihren Bann zu ziehen vermögen. Diese Fähigkeit mit ihren vielfältigen Facetten – z. B. der der historisch-narrativen Kompetenz – zu wecken stellt für die Therapie eine wichtige Ressource dar (▶ Kap. 4.5.2) (Peters, 2019b), zumal das semantische Gedächtnis weitgehend unbeeinträchtigt bleibt (▶ Kap. 3.4.1).
4. *Positive Emotionen* zu generieren ist im Alter bedeutsam, da diese ein Gegengewicht zu den negativen Seiten des Alters darstellen und sie abzumildern vermögen. Wie an späterer Stelle noch genauer ausgeführt wird, sind negative Affekte für ältere Menschen besonders belastend, so dass sie diese zu vermeiden suchen. Negative Affekte beanspruchen mehr physische und kognitive Ressourcen, die Älteren aber weniger zur Verfügung stehen, insofern handelt es sich bei deren Vermeidung um ein ressourcenschonendes, selbstprotektives Verhalten. Diese grundlagenwissenschaftlichen Befunde sollten in therapeutische Überlegungen einfließen.
5. Dass Menschen im Alter aus sich selbst heraus positive Emotionen generieren, gilt gewissermaßen als ein zentrales Merkmal des Alters und wird als *Positivitätseffekt* bezeichnet (Mather & Carstensen, 2005). Die Maximierung positiver und die Minimierung negativer Emotionen, die zu der erstaunlich hohen Lebenszufriedenheit im Alter führt, wird auch als *Paradoxon des Alters* beschrieben (Staudinger, 2000). Dieses ist Ausdruck der erstaunlichen Anpassungsfähigkeit und Flexibilität Älterer, die es ermöglicht, sich auch auf widrige Entwicklungen und Ereignisse einzustellen. Der Positivitätseffekt ist im Falle einer psychischen Störung dekompensiert oder doch eingeschränkt, was jedoch nichts an seiner fundamentalen Bedeutung auch für die Therapie verändert.

Als Erklärung der ausgeprägten Tendenz zur Positivierung wird zumeist die *Theorie der sozioemotionalen Selektivität* von Laura Carstensen (2006) herangezogen. Diese geht davon aus, dass jüngere Menschen eine unbegrenzte Zukunft vor sich haben, die sie auffordert, sich daraufhin zu entwickeln. Im herannahenden Alter wird hingegen das Vergehen der Zeit spürbarer, wodurch sich diese primäre Motivation abschwäche. Wichtiger werde nun das Hier und Jetzt, wodurch emotionale Ziele, die auf das eigene Wohlbefinden gerichtet sind, in den Fokus rücken. Diese Verlagerung der zentralen Motivlage liegt dem Positivitätseffekt zugrunde, der in ganz unterschiedlichen Lebensbereichen wirksam wird (Reed & Carstensen, 2012). So werden soziale Beziehungen stärker danach selektiert, ob sie zum positiven Befinden beitragen, die Biografie wird im Lichte dieses Grundmotivs positiv umgedeutet und auch in der Wahrnehmung werden eher positive Informationen herausgefiltert (Mather & Carstensen, 2005). Vieles davon wird später in diesem Buch genauer ausgeführt werden, wichtig ist die Feststellung, dass damit eine grundlegende Motivationsänderung beschrieben wird, die es in der Therapie zu beachten gilt.

Kritisch kann die Frage gestellt werden, ob das in der Theorie von Carstensen zugrunde gelegte Konstrukt des Wohlbefindens zur Beschreibung eines guten Alterns ausreicht. Labouvie-Vief und Medler (2002) konnten zeigen, dass es sich dabei um ein hedonistisches Verständnis von Glück und Zufriedenheit handelt, was ähnlich der Lust-Unlust-Balance in der Freud'schen Triebtheorie zu verstehen sei. Die AutorInnen sehen diese Form des Wohlbefindens als Ausdruck einer Regression infolge einer reduzierten *kognitiv-affektiven Komplexität*. Anhand dieses Konzeptes beschreiben sie die Fähigkeit, Affekte in komplexer, nicht stereotyper und nicht polarisierender Form zum Ausdruck bringen zu können, positive und negative Affekte integrieren, zwischen Selbst und anderen differenzieren, Konflikte tolerieren und die Einzigartigkeit individueller Erfahrungen anerkennen zu können (vgl. Labouvie-Vief, Grühn & Studer, 2010; Labouvie-Vief & Medler, 2002). Diese Fähigkeit, die im strukturbezogenen Modell ganz ähnlich beschrieben wird (▶ Kap. 3.2), erreichte in den Studien der Arbeitsgruppe um Labouvie-Vief zufolge aber nur noch etwa ein Drittel der älteren Menschen (▶ Kap. 2.4.1). Es handelt sich um eine Fähigkeit, mit der eine eudämonische Form des Wohlbefindens einhergeht, die bereits in der antiken Philosophie beschrieben wurde (Horn, 2000). Dieses beruht auf einem Sinnempfinden, der Realisierung persönlicher Werte und individuellem Wachstum und kann auf Basis einer ausreichenden kognitiv-affektiven Komplexität entstehen. Die Generierung positiver Affekte als ressourcenorientierte Zielsetzung sollte somit nicht allein von einem hedonistischen, sondern auch von einem eudämonischen Grundverständnis ausgehen.

1.3 Zwischenruf – Zur Kritik der Positiven Psychologie

Kritiker könnten einwenden, die in den vorherigen Abschnitten in den Vordergrund gerückte ressourcenorientierte Perspektive führe in die Nähe der *Positiven Psychologie*. Diese neuere Richtung innerhalb der Psychologie wurde von Martin Seligman, damals immerhin Präsident der einflussreichen *American Psychological Association (APA)*, in den 1990er Jahren mit viel Pathos in die Welt gesetzt. Sie hat daraufhin ihren in meinen Augen durchaus zweifelhaften Siegeszug um die Welt angetreten. Die Forschung zu den Themen individuelle Selbstverwirklichung, Glück, subjektives Wohlbefinden, Wachstum und Resilienz hat seitdem stark zugenommen, nicht zuletzt auch in der Gerontologie. Erst jüngst hat Hans-Werner Wahl, einer der hierzulande führenden Gerontologen, ein Buch mit dem Titel *Positive Alterspsychologie* vorgelegt (Wahl, 2024), in dem er sich ausdrücklich auf Seligman und die positive Psychologie bezieht. Es bietet einen umfassenden Überblick über die zahlreichen Befunde, die die positiven Seiten des Alters belegen.

Dennoch bleibt mit der Positiven Psychologie auch ein Unbehagen verbunden, gerade wenn sie auf das Alter angewendet wird. Denn manchmal hat diese Sichtweise auch etwas Gnadenloses angesichts der Zumutungen, die das Alter bereithält. Vor einiger Zeit haben Cabanas und Illous (2019) die Positive Psychologie einer eingehenden Kritik unterzogen. Sie befasse sich mit dem Bedürfnis nach individueller Selbstverwirklichung und stelle dieses in den Mittelpunkt sozialen Fortschritts, Glück werde dabei als etwas Gutes und Erstrebenswertes gesehen, wogegen zunächst einmal nichts einzuwenden sei. Bedenklicher werde es schon, wenn das Glück in der von Seligman formulierten Glücksformel zu 90 % auf individuelle und psychologische Faktoren zurückgeführt wird, aber nur zu 10 % auf äußere Faktoren wir Bildung, Einkommen und sozialer Status. Da liege es doch nahe, die Aufmerksamkeit ganz auf sich, anstatt auf die Welt zu richten. Eine hedonistische Lebensweise, im Zeitalter des Narzissmus in der westlichen Welt ohnehin verbreitet, werde dadurch weiter befeuert. Spätestens jetzt werde deutlich, dass es kein Zufall sei, dass die Positive Psychologie genau in der Zeit entstand, in der auch der Neoliberalismus dominierte, also einer Phase, in der sich der Finanzkapitalismus endgültig aller Fesseln entledigte. Diesen Zusammenhang arbeiten die Autoren nun bezogen auf unterschiedliche Lebensbereiche heraus. Es gehe darum, so ihr Fazit, den flexiblen Menschen passgenau auf den neuen Kapitalismus, wie ihn Richard Sennett (1998) beschrieben hatte, und den Konsumkapitalismus hin zu formen, und das gelinge am besten, wenn er sich ganz dem individuellen Glück hingebe. Wenn alle Zusammenhänge und Voraussetzungen für Glück und andere Werte wie Verantwortung, Solidarität und Gemeinsinn ausgeblendet werden, bleibe nur noch eine reduktionistische Betrachtung von Glücksgefühlen, »die Positivität wird zu einer tyrannischen Geisteshaltung« (S. 196), so die beiden Autoren. Es werde eine Welt geschaffen, in der negative Gefühle keinen Platz mehr haben, in der wir denen, »die wirklich leiden nur noch mit tiefer Gleichgültigkeit begegnen können« (S. 200). Gilt das nicht in besonderer Weise auch für die heutige Zeit, in der egoistische und narzisstische Formen der Selbstpräsentation immer stärker sozial akzeptiert, das Andere und Fremde aber verachtet und Minderheiten diskriminiert werden (Reckwitz, 2024)?

Und dann sind wir wieder beim Alter angekommen, denn ein Alter ohne negative Gefühle ist einfach nicht denkbar. Doch was tun wir den alten Menschen an, wenn wir negative Gefühle mit Schwäche, Scham, ja Verachtung belegen, und was geschieht, wenn auch im Alter die Illusion wachgehalten wird, man sei allein selbst seines Glückes Schmied? Führt dies nicht dazu, ein gutes Leben im Alter allein in die Verantwortung eines jeden Einzelnen zu legen? Was ist mit Altersarmut, was ist mit den gesundheitlichen Problemen, und was mit den schwierigen und traumatischen Erlebnissen, die das Leben möglicherweise belastet haben? Und macht es wirklich Sinn, das Glücksstreben immer weiter anzuheizen? Zerwas und Ford (2021) beschrieben das *Paradoxon des Glücks:* Je stärker das Glücksstreben ausgeprägt war, umso unglücklicher waren die Befragten. Für das Alter nicht unbedeutende Tugenden wie Bescheidenheit, Demut, Dankbarkeit usw., die eher Ausdruck psychischer Reife sind, bleiben dabei auf der Strecke.

Auch wenn in diesem Buch die Fähigkeitsseite des Alters einen breiten Raum einnehmen wird, so geht es doch immer auch darum, die Schattenseiten im Auge zu behalten und den älteren Menschen in seiner Auseinandersetzung mit den Anforderungen des Alters zu verstehen, um ihm in der Psychotherapie eine Stütze sein zu können. Es geht weniger darum, eine optimistische Haltung zu entwickeln, die davon ausgeht, dass schon alles gut wird. Es geht um Hoffnung, die um die Schwierigkeiten und die eigene Fehlbarkeit weiß. Der englische Philosoph Terry Eagleton (2016) bezeichnet den Optimismus als banal, Hoffnung dagegen erfordere Reflexion und klares, rationales Denken und halte immer auch die Möglichkeit des Scheiterns bereit. Hoffnung sei tragisch und zugleich eine permanente Revolution gegen Selbstzufriedenheit und Verzweiflung. Die Positive Psychologie ist in ihrer Einseitigkeit nur begrenzt eine Hilfestellung bei der Beantwortung solcher Fragen.

1.4 Zum Anliegen dieses Buches

Das vorliegende Buch unterscheidet sich in mancherlei Hinsicht von bereits vorliegenden Büchern zur Psychodynamischen Psychotherapie Älterer, von denen, die ich selbst verfasst habe bzw. an denen ich beteiligt war (Peters 2006, 2017c, Peters & Lindner, 2019) wie auch von denen anderer Autoren, etwa dem schon älteren Lehrbuch von Heuft, Kruse und Radebold (2000), der neueren Publikation von von der Stein (2023) oder der schulenübergreifenden Einführung in die Psychotherapie mit alten und sehr alten Menschen von Kessler (2021).

Weiter vorn wurde das Empiriedefizit der Psychodynamischen Alterspsychotherapie bemängelt. Dieses Buch soll dazu beitragen, das Defizit zu reduzieren und greift daher umfassend auf die gerontologische Forschung zurück, wozu auch die neuropsychologischen Grundlagen zählen, die bisher in der Alterspsychotherapie kaum Beachtung gefunden haben. Manch einer mag die Übertragung bzw. das In-Beziehung-Setzen von Grundlagenwissenschaft und klinisch-therapeutischer Anwendung als problematisch erachten, und in manchen Fällen mag ein solches Vorgehen spekulativ bleiben. Dies gilt insbesondere für Befunde der experimentellen Gerontologie, ist doch die ökologische Validität von Experimenten nicht immer eindeutig sichergestellt; hier bleibt noch viel Forschungsarbeit zu leisten. Dennoch erscheint mir die Verknüpfung von Grundlagenwissenschaft und klinischer Anwendung anregend und inspirativ und als Erweiterung der Psychotherapie älterer Menschen, kann es doch dadurch gelingen, das Profil älterer Patienten besser herauszuarbeiten und zu beschreiben, was nicht zuletzt auch der Therapie dieser Gruppe von Patienten zugutekommt.

Nicht nur diese Bezugnahme auf die Grundlagenwissenschaften unterscheidet das vorliegende Buch von vorherigen Publikationen zum Thema, sondern auch der Versuch, die neueren Entwicklungen der Psychodynamischen, der strukturbezogenen sowie der mentalisierungsbasierten Psychotherapie in den Vordergrund zu rücken und – einer pragmatischen Grundhaltung folgend – miteinander zu verbinden. Aufgrund der Zunahme von strukturellen und Mentalisierungsdefiziten im Alter erscheint dies mehr als gerechtfertigt. Dass dabei die mentalisierungsbasierte Psychotherapie ein Übergewicht erlangt, hat mehrere Gründe. Es handelt sich um die neueste Entwicklung, die von der Psychodynamischen Psychotherapie ausgeht und inzwischen weit darüber hinaus reicht. So werden mentalisierungsbezogene Überlegungen etwa in der Gesundheitspsychologie (Schwarzer et al., 2021) und der Verhaltenstherapie (Sulz, 2021) aufgegriffen und rezipiert. Anders als die strukturbezogene Psychotherapie findet diese Entwicklung auch international Resonanz, wodurch sie eine größere Reichweite und einen breiteren Wirkungsgrad hat. Ein weiterer Grund ist ihre empirische Orientierung, die einem bereits erwähnten zentralen Anliegen dieses Buches entgegenkommt.

Dennoch sollen die drei Richtungen innerhalb der Psychodynamischen Psychotherapie nicht unverbunden nebeneinanderstehen. Vielmehr wird als Klammer der seit den Arbeiten von Grawe (1998) in der modernen Psychotherapie so zentrale Begriff der Ressourcen herangezogen, um das Verbindende herauszustellen. Auch diese Neuausrichtung unterscheidet das Buch von den bisher vorliegenden und erweitert damit die Perspektive der Alterspsychotherapie, wie bereits in der Einleitung dargelegt wurde.

Dennoch folgen diese Erweiterungen nicht primär theoretischen Erwägungen, sondern sind in erster Linie Resultat meiner nun fast vier Jahrzehnte währenden klinischen Erfahrung in der Arbeit mit älteren Menschen. Diese hat mir nicht nur immer wieder die Individualität älterer Patienten vor Augen geführt, sondern häufig auch die Komplexität der Lebenssituationen und der Problemlagen, die immer ganz eigene Lösungen verlangten. Diese Erfahrung hat mich persönlich zu einer größeren Therapieoffenheit geführt und mich gelehrt, dass die Therapie älterer Patienten mehr Flexibilität und Pragmatismus erfordert, als dass allein die Orientierung an einer therapeutischen Richtung ausreichend sein könnte.

2 Psychische Struktur und Mentalisierung – Grundlagen, Klinik, Therapie

In den folgenden Abschnitten werde ich grundlegende psychische Funktionen behandeln, anknüpfend an strukturbezogene Überlegungen (Rudolf 2020) wie auch an mentalisierungsbezogene Arbeiten, die Mentalisierung als mehrdimensionales Konzept betrachten (Lindeman & Lipsamen, 2017). In den einzelnen Abschnitten werde ich zunächst die Relevanz des jeweiligen Fähigkeitsbereiches erläutern, anders gesagt, einen alltagspsychologischen Bezug herstellen und danach die grundlagenwissenschaftlichen sowie klinischen Befunde darstellen, wobei die klinische Forschung zu den meisten Themen bisher vernachlässigt wurde. Schließlich folgen eine oder mehrere kurze Fallvignetten sowie abschließend einige auf das jeweilige Thema bezogene therapeutische Überlegungen und Zielsetzungen.

2.1 Theory of Mind (ToM)

Werden die Menschen im Alter selbstbezogener?

Manchmal werden ältere, besonders hochaltrige Menschen mit der Bemerkung ausgegrenzt »Ach, sie/er bekommt eh nichts mehr mit«. Das mag als Anspielung auf die Schwerhörigkeit Älterer gemeint sein, doch schwingt mehr mit, nämlich der Vorwurf, er/sie bringe kaum noch Interesse für andere auf bzw. realisiere nicht mehr, was um sie/ihn herum geschehe. Manchmal beschweren sich jüngere Menschen auch, von Älteren nicht wirklich gesehen und verstanden zu werden, und gelegentlich werden Äußerungen Älterer als nicht ganz adäquat empfunden und mit einem Lächeln übergangen. Wie kommen solche Eindrücke und Reaktionen zustande, und kann die Forschung zur Klärung der damit verbundenen Fragen beitragen, etwa der, was das für soziale Beziehungen bedeutet? Aufschluss kann dabei v. a. das Konzept der Theory-of-Mind geben.

2.1.1 Gerontologische Grundlagen

Theory-of-Mind (ToM) bezieht sich auf das fremdbezogene Mentalisieren und beschreibt die Fähigkeit, die Gefühle, Motive und Intentionen des Gegenübers zu erfassen (»put one self in others' shoe'«). Dabei wird zumeist zwischen einer kognitiven (*cold*) und einer affektiven (*hot*) Komponente unterschieden. Es handelt sich somit um eine grundlegende Fähigkeit zur Herstellung von Zwischenmenschlichkeit und gelungener Interaktion. Das Missverstehen des Gegenübers hingegen schafft Irritation und soziale Distanz bis hin zu sozialem Rückzug und Isolation.

Inzwischen liegen zahlreiche Befunde vor, die Defizite in ToM-Leistungen bei älteren Menschen nachweisen konnten (Moran 2013; Sullivan & Ruffmann 2004). In einer Metaanalyse fanden Henry, Philips, Ruffman und Bailey (2013) über alle einbezogenen Studien mit gesunden Älteren hinweg eine Korrelation von -.40 zwischen ToM-Fähigkeiten und Alter. Kognitive und affektive Komponente unterschieden sich dabei kaum, d. h. Älteren fällt es ebenso schwer, den mentalen Zustand ihres Gegenübers zu verstehen wie auch deren affektive Gestimmtheit einzuschätzen. Die Studien unterschieden sich in mancherlei Hinsicht, v. a. in der angewandten Erhebungsmethode, und kommen dennoch zum gleichen Ergebnis, so dass dem Befund eine große Validität zukommt. Auch ist bemerkenswert, dass erste Einschränkungen bereits ab der Mitte des fünften Lebensjahrzehnts beobachtet wurden (Pardini & Nichelli 2009). Auch wenn diese noch moderat ausfallen, so dass sie sich im Alltag kaum negativ auswirken dürften, so deutet sich doch die Relevanz des Themas in späteren Jahren an.

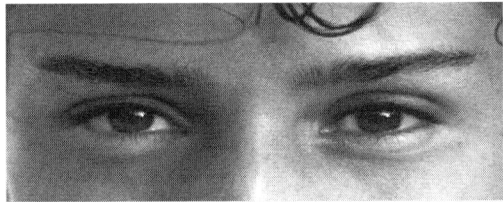

Abb. 2.1: Beispielbild aus dem RMET (vorgegebene Begriffe: verspielt, tröstend, irritiert, gelangweilt)

Das wohl am häufigsten eingesetzte Erhebungsinstrument ist der *Reading-Mind-in-the-eyes-Test* (Baron-Cohen, Wheelwright, Hill, Raste & Plumb, 2001). Dabei werden den Probanden 39 Bilder vorgelegt, auf denen nur die Augenpartie von Menschen zu sehen ist (▶ Abb. 2.1). Dann werden vier Adjektive angeboten, und der Proband soll nun entscheiden, welches dieser Adjektive den mentalen oder affektiven Zustand, der sich in der Augenpartie ausdrückt, am besten beschreibt. Dieser Test geht davon aus, dass die Augenpartie im Hinblick auf die Einschätzung des Gegenübers besonders informationsreich ist. In Interaktionen nutzen wir diese nicht-verbalen Informationen, um das Gesagte zu verifizieren.

Es ist davon auszugehen, dass sich eingeschränkte ToM-Fähigkeiten in Interaktionssituationen negativ bemerkbar machen und sich im persönlichen und sozialen Leben auswirken. So zeigte eine eigene Studie Zusammenhänge zum Selbstwirksamkeitserleben (Peters 2024d), d. h. reduzierte ToM-Fähigkeiten gehen mit Einbußen der Kontrolle über soziale Interaktionen einher. Auch soziale Aktivitäten sind bei ToM-Defiziten reduziert (Bailey, Henry & Von Hippel, 2008). Es ist zu vermuten, dass die Fehlinterpretation mentaler Zustände zu Irritationen beim Gegenüber führt, so dass ein Gefühl von Verständnis und Gemeinsamkeit beeinträchtigt werden kann, und das Gegenüber unter Umständen eine Fortsetzung der Interaktion vermeidet. Dadurch können wiederum Rückzugstendenzen älterer Menschen befördert werden. Lecce, Ceccato und Cavallini (2019) konnten insbesondere einen Zusammenhang zu Freundschaftsbeziehungen feststellen, die durch reduzierte ToM-Fähigkeiten schwerer geschlossen werden, weniger jedoch zu Familienbeziehungen, bei denen diese Fähigkeit eine geringere Rolle spielt. Insgesamt gehen ToM-Defizite mit einem reduzierten Wohlbefinden und einer eingeschränkten Lebensqualität einher (Peters 2024d), auch wenn die Kausalitätsbeziehung nicht immer eindeutig ist (Henry et al., 2013). Zu berücksichtigen ist allerdings, dass dies nicht auf alle Älteren gleichermaßen zutrifft. So hat sich höhere Bildung in zahlreichen Studien als ein protektiver Faktor herausgestellt, d. h. die Einschränkungen der ToM-Fähigkeiten fallen bei besserer Bildung geringer aus (Peters & Schulz, 2022a). Geschlechtsunterschiede hingegen spielen eine geringere Rolle als vermutet.

Bei der Frage nach den Ursachen für ToM-Defizite im Alter wird in der Literatur immer wieder auf eingeschränkte Exekutivfunktionen verwiesen (▶ Kap. 3.4.1), und auch Peters und Schulz (2022a) fanden diesen Zusammenhang (▶ Abb. 2.2). Einschränkungen in neuropsychologischen Funktionsbereichen sind demnach von erheblicher Bedeutung. Im Mittelpunkt der bisherigen Überlegungen steht insbesondere die reduzierte Inhibitionsfähigkeit. Es wird davon ausgegangen, dass selbstreferentielle Kognitionen, die in einer Interaktionssituation evoziert werden, inhibiert werden müssen, damit die Aufmerksamkeit auf das Gegenüber übergehen kann und das Arbeitsgedächtnis die fremdbezogenen Informationen aufzunehmen und zu verarbeiten vermag (Charlton, Barrick, Markus & Morris, 2009). Exekutivfunktionen und Inhibitionsfähigkeit aber weisen eindeutige Defizite im Alter auf (▶ Kap. 3.4.1).

2.1.2 Klinische Befunde

Dass beeinträchtigte ToM-Fähigkeiten mit psychischen Störungen zusammenhängen, wurde bei älteren Patienten zunächst nur für neurodegenerative oder andere neurologische Erkrankungen wie frontotemporale Demenz oder Morbus Parkinson nachgewiesen (Christidi, Migliaccio, Santamaría-García, Santangelo & Trojsi, 2018). Bezüglich depressiver oder Angststörungen lagen bislang nur Befunde zu jüngeren Patienten vor (Bora & Berk, 2016). Bezogen auf ältere Patienten bin ich dieser Frage in einer eigenen Untersuchung nachgegangen. Eine klinische und eine nichtklinische Stichprobe, die jeweils drei Altersgruppen umfasste (40–54, 55–69 >70 Jahre), wurde miteinander verglichen. Als Erhebungsinstrument wurde der *Reading-Mind-in-the-eyes-Test* eingesetzt (s. o.). Die Ergebnisse waren hochsignifikant, d. h. es fanden sich in beiden Stichproben schlechtere Leistungen im höheren Alter. In allen drei Altersgruppen waren zudem die Einschränkungen in den klinischen Stichproben signifikant stärker ausgeprägt als in den nicht-klinischen Stichproben, wobei sich die niedrigsten Werte in der klinischen Stichprobe über 70-

Jähriger fanden (Peters & Schulz, 2022a). Älteren Menschen fällt es demnach besonders schwer, den mentalen Zustand des Gegenübers in einer *face-to-face-Interaktion* anhand der Augenpartie zu erkennen, und diese Einschränkung ist bei Älteren mit psychischen Erkrankungen besonders ausgeprägt.

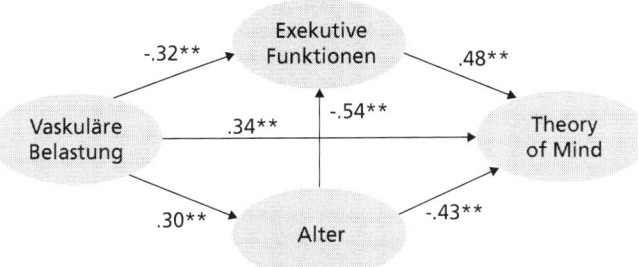

Abb. 2.2: Korrelative Zusammenhänge relevanter Variablen mit Theory of Mind in einer klinischen Stichprobe 40 bis 80-Jähriger; ** p = <.001 (hochsignifikant) (zu Erhebungsmethoden siehe Peters und Schulz, 2022a). (unveröffentlichte Ergebnisse aus der Studie zu soziokognitiven Defiziten im Alter[8])

Aber nicht nur psychische, sondern auch körperliche Erkrankungen erwiesen sich als bedeutsam. Dies traf besonders auf vaskuläre Erkrankungen (v. a. Gefäßerkrankungen) zu, die ebenfalls mit reduzierten ToM-Fähigkeiten einhergehen (Peters & Schulz, 2022a), vermutlich vermittelt über die Exekutivfunktionen (▶ Abb. 2.2). Andere Autoren hatten bereits zuvor einen ähnlichen Zusammenhang gefunden und daraufhin die *vascular hypothesis of cognitive aging* formuliert. Die Bedeutung vaskulärer Erkrankungen im Hinblick auf das kognitive Altern wird auch in Ergebnissen deutlich, die ein um fünf Jahre beschleunigtes Altern bei Vorliegen solcher Erkrankungen zeigen (Walzak & Thornton, 2018).

Fallvignette

Die 74-jährige Patientin einer psychosomatischen Klinik hatte als Ergotherapeutin gearbeitet. Ihr Mann war als Manager ebenso erfolgreich gewesen wie die drei Söhne. Ein Mamma-Ca vor 7 Jahren hatte die Patientin zum Anlass genommen, ihr Berufsleben zu beenden, zudem machte ihr zuletzt die schwere Erkrankung ihrer Schwester zu schaffen. Ihre »Männer« waren immer sehr aktiv, sie machten große Fahrradtouren und waren auch sportlich sehr interessiert. Die Patientin hatte sich daran immer weniger beteiligt, sich irgendwie abgehängt, müde und erschöpft gefühlt und auch ihre eigenen sozialen Kontakte zuletzt vernachlässigt. »Ich möchte am liebsten nur noch herumtrödeln«, gab sie zu verstehen. Insbesondere ihr Mann zeige dafür wenig Verständnis, er

---

8 Die Studie wurde von Peters durchgeführt und von der Heidehofstiftung finanziell unterstützt. Sie wurde in Kooperation mit Prof. Dr. Holger Schulz, UKE Hamburg, durchgeführt.

sei ungeduldig mit ihr und kaum noch für sie da, immer stärker wende er sich seinen außerhäuslichen Aktivitäten zu.

Im Stationsleben war die Patientin zunächst durchaus aktiv, beteiligte sich an verschiedenen Aktivitäten und ging zahlreiche Kontakte zu Mitpatienten ein. Doch nach einiger Zeit wirkte sie unzufriedener, beklagte sich über Mitpatienten und zog sich zunehmend zurück. Von den anderen Patienten erhielten wir Rückmeldungen, die ein problematisches Interaktionsverhalten vermuten ließen. Sie schien in Gesprächen recht »ausufernd« (»Verbosity«) und nur wenig in der Lage zu sein, auch auf andere einzugehen. Einige Male hatte sie Mitpatienten offenbar mit unbedachten Äußerungen verletzt. Auch im Teamgespräch wurden ähnliche Auffälligkeiten berichtet. Der Patientin ging es zunehmend schlechter, sie klagte über körperliche Beschwerden und äußerte Gedanken, früher abreisen zu wollen. All diese Hinweise sprachen für reduzierte Theory-of-Mind-Fähigkeiten und der dadurch bedingten Zunahme einer egozentrischen Perspektive.

2.1.3 Therapeutische Überlegungen

Die Ergebnisse zu ToM-Fähigkeiten weisen eine Fülle klinischer und therapeutischer Implikationen auf und sind so ein wesentlicher Pfeiler einer altersadaptierten Psychotherapie (Peters, 2022a). Sie beschreiben einen bisher kaum beachteten Zugang zum Verständnis sozialer Probleme, Einsamkeitsproblemen und Depressionen im Alter. Deren Ursachen wurden häufig allein in der Zunahme von Verlusten bzw. als Folge einer eingeschränkten körperlichen Mobilität gesehen. Defizite in ToM-Fähigkeiten bieten nun eine weitere Dimension, die zum Verständnis dieser Probleme beitragen können, ihre klinische Relevanz liegt somit auf der Hand. Allerdings stellt sich das diagnostische Problem, dass ToM-Defizite kaum im Fokus der Selbstwahrnehmung stehen. Ceccota, Lecce & Cavallini (2020) fanden keinen Zusammenhang von Defiziten in ToM-Fähigkeiten und der Selbsteinschätzung dieser Fähigkeiten, d. h. Ältere haben kein Bewusstsein für diese Veränderungen. Man kann vermuten, dass allenfalls deren Folgen wahrgenommen werden, wenn etwa Entfremdungsgefühle in Freundschaftsbeziehungen auftreten, ohne dass die Betroffenen diese auf die eigentlichen Ursachen zurückzuführen in der Lage wären. ToM-Defizite können also allenfalls aus den Schilderungen von Interaktionssequenzen erschlossen werden bzw. aus der therapeutischen Interaktion selbst.

Reduzierte ToM-Fähigkeiten weisen auf eine erschwerte *Subjekt-Objekt-Differenzierung* hin, die als Hinweis auf strukturelle Defizite interpretiert werden kann (Rudolf, 2020). Auch ist die Annahme plausibel, dass in diesem Falle der Spielraum für subjektive Interpretationen und Projektionen erhöht ist, was sich in den gefundenen Zusammenhängen zu paranoiden Äußerungen zu bestätigen scheint; hier ist eher eine *Hypermentalizing* zu erwarten, also »überschießende« Interpretationen (Cavallini et al., 2020, Peters, 2022b). Das therapeutische Ziel würde also in einer besseren Differenzierung der Subjekt-Objekt-Beziehung bestehen.

Die alleinige Anregung sozialer Aktivitäten, wie sie häufig besonders bei depressiven Älteren geschieht, ist wenig sinnvoll, da sich Negativerfahrungen wiederholen können. Es erscheint ratsamer, an den unmittelbaren Interaktionen anzusetzen und die ToM-Fähigkeiten zu verbessern (Peters, 2020a). Zunächst geht es darum, ein »automatisiertes« ToM zu unterbrechen, d. h. von einem impliziten zu einem expliziten ToM zu gelangen. So kann der Weg geöffnet werden, den Blick für das Gegenüber zu schärfen und dieses differenzierter wahrzunehmen. Die Anregung zum Perspektivenwechsel kann dazu beitragen, die Haltung des Gegenübers besser zu verstehen und die *altersspezifische Egozentrizität*, von der Förstl (2020) gesprochen hatte, zu überwinden. Damit würde auch eine Verbesserung der Interaktions- und Beziehungsfähigkeit und der sozialen Integration erreicht werden.

Eine weitere Konsequenz richtet sich auf die Notwendigkeit der medizinischen Mitbehandlung, d. h. es ist erforderlich, eventuelle vaskuläre Erkrankungen zu behandeln. Insofern zeigt sich hier auch die für die Alterspsychotherapie so bedeutsame enge Verflechtung von medizinischer und psychotherapeutischer Perspektive bzw. die Notwendigkeit einer Parallelbehandlung.

2.2 Empathie

Reagieren Ältere emotionaler?

Oft entsteht der Eindruck, dass ältere Menschen in besonderer Weise emotional »mitgehen«, ja »mitleiden«, wenn das Leid anderer sichtbar wird. Empathie wird eher in negativen als in positiven Situationen hervorgerufen, und es scheint, dass Begegnungen mit belastenden emotionalen Situationen oder auch Szenen in Filmen oder Büchern ältere Menschen stärker aufwühlen als jüngere. Es ist, als ob in diesen Momenten die Grenze zwischen dem älteren Menschen und anderen verschwimmt und die Abgrenzung schwerer fällt. Jüngere tendieren dann unter Umständen dazu, den Älteren nicht alles zu berichten, um sie nicht zu belasten. Doch stimmen diese Eindrücke, und was würde es klinisch und therapeutisch bedeuten, wenn sie zutreffen?

2.2.1 Gerontologische Grundlagen

Laut Silbereisen und Schulz (1977) kann unter *Empathie* die Bereitschaft und Fähigkeit eines Individuums verstanden werden, Emotionen über das Ausdrucksverhalten anderer Personen nachzuempfinden und durch die Zuordnung zu situativen Hinweisreizen zu begreifen. Bedeutsam dabei ist die Unterscheidung von *affektiver* und *kognitiver Empathie*. Letztere umfasst mehrere Aspekte, neben Theory-of-Mind (ToM), also dem mentalen Verstehen des Gegenübers, setzt sie die korrekte Wahrnehmung der Affekte des Gegenübers sowie die Fähigkeit zur Perspektivenübernahme voraus. *Perspektivenübernahme* bedeutet, die Sicht des Anderen einzunehmen, diese zu imaginieren und etwa unter Einbeziehung eigener biografischer

Erfahrungen zu verstehen (»Das habe ich auch schon erlebt«) sowie eine zukunftsbezogene Perspektive einzunehmen (»Wie es ihm/ihr dann wohl ergehen wird?«). Affektive Empathie hingegen bezieht sich auf die Fähigkeit, sensitiv für Andere zu sein und die gleichen Gefühle wie diese zu empfinden (*emotionale Resonanz*). So kann ein empathisches Mitfühlen hervorgerufen werden (*empathic concern*), ebenso kann »geteilter Schmerz« aber zu Anspannung, Stress oder einem Gefühl des Überwältigtseins führen (*empathic stress*) (Beadle & de la Vega, 2019).

Wie schon die Studien zu ToM-Fähigkeiten zeigten, weisen die Untersuchungen zur Empathie auf Defizite in der kognitiven Empathie hin. Dies zeigt sich auch bei der Perspektivenübernahme, die etwas weiter gefasst ist als ToM. In einer Längsschnittstudie über 4 Jahre verschlechterte sich diese Fähigkeit nur bei den Älteren, nicht jedoch bei den Probanden im mittleren Lebensalter (Pratt, Diessner, Pratt, Hunsberger & Pancer, 1996). Anders sieht es bei der emotionalen Empathie aus; alle Studien fanden im Vergleich zu Jüngeren gleichbleibende oder sogar ansteigende Werte (Khanjani, Jeddi, Hekmati, Khalilzade & Nia, 2015, Beadle & de la Vega, 2019). In einer Untersuchung von Oh et al. (2020) wiesen die über 70-Jährigen die höchsten Werte aller Altersgruppen für affektive Empathie auf. Auch eine stärkere Bereitschaft zum Altruismus lässt sich bei Älteren darauf zurückführen. Es wird ein Zusammenhang von Empathie und Altruismus postuliert (*Empathie-Altruismus-Hypothese*), und Beadle, Sheehan, Dahlben und Gutchess (2013) fanden bei älteren Probanden im Vergleich zu jüngeren einen stärkeren Zusammenhang von Empathie und prosozialem Verhalten.

Beide Komponenten der Empathie weisen also unterschiedliche Entwicklungen auf, d. h. es kommt zu einer partiellen Dissoziation, was mit erheblichen Folgeproblemen verbunden sein kann. Wenn sich die emotionale Reaktion auf andere verstärkt, aber weniger durch die kognitive Empathie »eingebettet« und damit reguliert wird, dürfte es schwieriger sein, die eigene emotionale Reaktion abzuschwächen bzw. sich abzugrenzen. Fällt es schwer, das Verhalten des Gegenübers zu erklären oder einzuordnen, d. h. auf Motive oder Intentionen zurückzuführen, werden die Gefühl des Anderen zu eigenen Gefühlen, was neuropsychologisch betrachtet auf die Funktion der *Spiegelneurone* zurückgeführt werden kann. Es kommt leichter zu einer »Vermischung«, die als Ausdruck einer abgeschwächten Subjekt-Objekt-Differenzierung zu verstehen ist. Mit der daraus folgenden verminderten Abgrenzungsfähigkeit geht empathischer Stress einher, und zwar insbesondere dann, wenn Andere physischen oder psychischen Schmerz erleiden (Beadle & de la Vega, 2019).

2.2.2 Klinische Befunde

Die berichteten Befunde legen einen Zusammenhang zu klinisch relevanten Problemen nahe. Gut belegt ist ein Zusammenhang verringerter empathischer Reaktionen mit den »dunklen« Persönlichkeitseigenschaften Narzissmus, Machiavellismus und Psychopathie (Stietz, Jauk, Krach & Kanske, 2019). Bei älteren Menschen fand sich auch ein Zusammenhang von reduzierter kognitiver Empathie und sozialen Problemen wie sozialem Rückzug, verringerten sozialen Aktivitäten oder interpersonellen Schwierigkeiten (Khanjani et al., 2015). Auch fand sich ein Zusammenhang zu Einsamkeit und reduziertem Wohlbefinden (Beadle, Keady, Brown, Tranel & Paradiso, 2012). Schreiter, Pijnenborg und Aan Het Rot (2013) fanden eine Korrelation von Depressionen und reduzierter kognitiver Empathie sowie empathischem Stress. Schließlich zeigt sich, dass Pflegende, die sich selbst bereits im höheren Lebensalter befinden, bei guter kognitiver Empathie weniger Stress und Depression berichten, während affektive Empathie positiv mit beidem korreliert, also das Belastungserleben höher ist (Lee, Brennan & Daly, 2001). Eindeutig ist auch der Befund, wonach bei einer Alzheimer-Demenz beide Komponenten der Empathie massiv eingeschränkt sind (Beadle & de la Vage, 2021).

Fallvignetten

Eine 78-jährige Patientin schilderte, wie sie sehr emotional auf einen neuen Nachbarn reagiert habe, den sie sogleich in ihr Herz geschlossen habe, als er sich bei ihr vorstellte. Fast schien es, als würde die Begegnung mit ihm sie auf der Stelle neu beleben. Sie sei sehr froh gewesen, einen solch netten Nachbarn gewonnen zu haben, und verband damit die Hoffnung, dass er sich auch um sie kümmern würde. Ähnliches wiederholte sich jetzt in dem Erstgespräch mit dem männlichen Therapeuten. Am Ende des Gesprächs bedankte sie sich fast überschwänglich und brachte noch ihre Vorfreude auf den nächsten Termin zum Ausdruck. Nie zuvor habe sie so offen über sich sprechen können und einen so guten Zuhörer gefunden. Der Therapeut wiederum blieb eher reserviert, fühlte sich zwar wertgeschätzt, aber auch irgendwie unwohl, fast etwas peinlich berührt, bedrängt und »überrollt«. Seine Reserviertheit resultierte auch aus dem Eindruck, dass sein Versuch, dem im Konkreten haftenden Erzählfluss der Patientin eine reflexive Ebene hinzuzufügen, keineswegs erfolgreich war. Er war mit einem irritierenden Gefühl zurückgeblieben und fragte sich, ob die Patientin wirklich verstehe, worauf es in der Therapie ankommt. Und ähnlich war es wohl auch dem Nachbarn ergangen, denn er schien Kontakte mit ihr in der Folgezeit eher zu meiden, wie sie später enttäuscht eingestand.

Der 84-jährige Patient kam aufgeregt in die Praxis und kündigte gleich an, etwas sehr Peinliches berichten zu müssen. Er hatte in seinem Berufsleben eine große Firma geleitet und habe somit viel Erfahrung im Umgang mit Menschen. Jetzt war er einige Tage allein zu Hause gewesen, seine Frau war verreist. Eine jüngere Frau habe ihn angerufen und hochwertige Matratzen zum Verkauf angepriesen, ob ein Vertreter kommen dürfe, habe sie schließlich gefragt. Die Frau sei ihm sehr sympathisch gewesen, und schließlich sei der Vertreter gekommen, ein ebenfalls sehr sympathischer Mann in mittleren Jahren, den er ins Wohnzimmer gebeten habe. Dieser habe ihn bald überzeugt von der Hochwertigkeit der Matratze, und obwohl bis dahin nicht die Rede davon gewesen war, dass sie eine neue Matratze brauchten, und ihm auch kurz der Gedanke gekommen sei, dass er solche Entscheidungen eigentlich mit seiner Frau absprechen sollte, habe er schließlich den Kaufvertrag unterschrieben, zu einem Kaufpreis von über 2000,– Euro. Als seine Frau zurückgekommen sei, sei sie entsetzt gewesen, er habe sich wie ein Kind gemaßregelt gefühlt. Den Kaufvertrag hätten sie noch rückgängig machen können, doch das Ereignis habe ihm sehr zugesetzt und belastete sein Selbstwertgefühl, sei er doch überzeugt gewesen, dass ihm so etwas nicht passieren könne. Die Empathie und Sympathie für die beiden Vertreter waren offensichtlich nicht durch eine kritische Prüfung von deren Intentionen reguliert worden.

2.2.3 Therapeutische Überlegungen

Die Entwicklung von Empathie im Alter kann unterschiedliche Konsequenzen für die therapeutische Arbeit haben. Sich den Patienten empathisch zuzuwenden ist Teil der therapeutischen Grundhaltung. Ausgehend von den Veränderungen der Empathie im Alter reagieren ältere Patienten darauf vermutlich stärker empathisch als jüngere, d. h. sie werden ihrerseits ein Gefühl freundlicher Zugewandtheit und Sympathie und manchmal auch Mitgefühl (»Sie sehen heute aber erschöpft aus«) für die Therapeuten entwickeln. Das könnte erklären, dass Therapeuten ältere Patienten häufiger als besonders dankbar beschreiben, wenn diese ihre freundlichen Gefühle zum Ausdruck bringen. Tatsächlich liegen empirische Hinweise vor, dass Therapeuten von älteren Patienten höher geschätzt werden als von jüngeren (Peters & Hübner, 2002). Der Anstieg der emotionalen Wertschätzung bedeutsamer Bezugspersonen im Alter, wie sie von der Theorie der sozioemotionalen Selektivität (vgl. ▶ Kap. 1.2.3) beschrieben wird, wirkt sich offenbar auch auf die Beziehung zum Therapeuten aus. Wie in der ersten Fallvignette deutlich wird, kann damit aber eine reduzierte kognitive Empathie einher gehen, was bedeuten kann, die Intentionen des Therapeuten weniger gut zu verstehen.

Auch in der Gruppentherapie reagieren ältere Teilnehmer unter Umständen mit einer starken emotionalen Empathie auf Berichte anderer Gruppenteilnehmer (»*Gefühlsansteckung*«) und in der Folge mit Sympathie, Altruismus und Mitleid. Dies kann zwar den Kontakt in der Gruppe intensivieren, doch häufig hat es auch zur Folge, dass sich Patienten durch die Probleme anderer stark belastet fühlen und unter Umständen mit einer Symptomverstärkung reagieren. Ein Perspektivenwechsel, der zu mehr Einsicht in die Problemlage der Anderen führen könnte, kommt möglicherweise nicht zustande, d. h. die reduzierte kognitive Empathie schränkt die Abgrenzungsfähigkeit ein, so dass Empathiestress entsteht (Preckel, Kranske & Singer, 2018). Dieser aber kann wiederum Rückzugstendenzen einleiten und die Bereitschaft mindern, an der Gruppentherapie teilzunehmen, um sich vor diesem Stress zu schützen.

Somit können die Überlegungen zur Entwicklung der Empathie im Alter herangezogen werden, verschiedene therapeutische Probleme zu erklären (Peters, 2020b). An diesen zu arbeiten kann dann die Empathiefähigkeit generell erhöhen und auch die sozialen Beziehungen im Alltagsleben der Patienten verbessern. Wünschenswert erscheint es, Patienten zu ermuntern, soziale Interaktionen aus dem Alltag zu schildern, um an diesen mögliche Empathiedefizite herauszuarbeiten. Therapeutisches Ziel wäre es dann, die kognitive Empathiefähigkeit zu verbessern, so wie es bereits im Hinblick auf die Überlegungen zu ToM beschrieben wurde. Gelingt dies, kann auch die Abgrenzungsfähigkeit verbessert werden, was etwa in Pflegesituationen immer wieder erforderlich ist. Gleichzeitig würde es darum gehen, die affektive Komponente sichtbarer, d. h. expliziter zu machen, um eine selbstreflexive Distanz zu starken affektiven Reaktionen zu schaffen, d.h. die *mentalisierte Affektivität* zu verbessern. Das übergeordnete Ziel bestünde in der besseren Integration von kognitiver und emotionaler Empathie. Das könnte die sozialen Beziehungen der Patienten verbessern, da die empathische Zugewandtheit einerseits und die erforderliche Abgrenzung (»*Selbst-Objekt-Differenzierung*«) andererseits zu einer besseren Balance in Beziehungen führen und gelungene Interaktionen erleichtern würden.

2.3 Affektwahrnehmung

Verändert sich das Gefühlsleben im Alter?

Die Wahrnehmung und Kommunikation von Gefühlen tragen maßgeblich zu gelungenen Interaktionen und Beziehungen bei, ebenso spielen Affekte bei verschiedenen psychischen Störungsbildern eine zentrale Rolle. Somit stellt die Welt der Gefühle und der Umgang mit ihnen ein zentrales Thema in der Psychotherapie dar. Doch wie verhält es sich damit bei älteren Menschen und insbesondere bei älteren Patienten? Bleibt im Unterschied zu körperlichen und kognitiven Veränderungen das Gefühlleben im Alter unverändert, wie oft behauptet wird? Stehen bei älteren Menschen angesichts unerwünschter Veränderungen im Leben negative Affekte im Vordergrund? Wie gut sind Ältere in der Lage, Gefühle wahrzunehmen und zu kommunizieren, und welche Rolle spielt all dies im Kontext psychischer Störungen?

2.3.1 Gerontologische Grundlagen

Affektwahrnehmung und -erleben

Die Erwartung, dass die Affekte Älterer angesichts belastender Erfahrungen und »trüber« Aussichten überwiegend negativ sein müssten, bestätigt sich nicht. Carstensen, Pasupathi, Mayr & Nesselroade (2000) fanden in einer großen Stichprobe von 18 bis 96-Jährigen keinen Zusammenhang zwischen Alter und positiven Affekten, wohl aber einen mit negativen. Dieser wies einen kurvilinearen Verlauf auf, d.h. die negativen Affekte waren in der Mitte des Lebens am stärksten ausgeprägt, um dann ab ca. dem 60. Lebensjahr wieder abzunehmen. Auch zeigte sich, dass die positiven Affekte deutlich stabiler waren als die negativen, d.h. letztere waren zumeist nicht von großer Dauer. Dieser Befund hat sich in zahlreichen weiteren Studien bestätigt, manche fanden sogar einen Anstieg in der Häufigkeit des Erlebens positiver Affekte mit dem Alter. Älteren Menschen gelingt es offenbar, eine positive Balance in ihrem Gefühlsleben herzustellen, d.h. positive Affekte zu maximieren und negative zu minimieren. Dies wird als besondere Fähigkeit Älterer betrachtet und in der gerontologischen Forschung als das Paradoxon des Alters beschrieben (Staudinger, 2000).

Wie kommt nun diese positive Balance, die wesentlich zur Lebenszufriedenheit Älterer beiträgt, zustande? Eine Reihe experimenteller Studien sind dieser Frage nachgegangen und fanden eine schlechtere Wahrnehmung negativer Affekte bei älteren Menschen bzw. deren Ausblendung, was sich im besonderen Maße auf Affekte wie Wut und Ärger bezieht. In mehreren Experimenten zeigte sich in Situationen, in den Ärger evoziert wurde, eine stärkere emotionale Reaktion bei Jüngeren im Vergleich zu Älteren; auch das physiologische Arousal war bei den Jüngeren stärker (Reaktion der Amygdala) (Kunzmann, Rohr, Wieck, Wrosch & Kappes, 2017). In einem anderen Experiment sollten Gespräche, in denen zwei Teilnehmer negative Gefühle wie Ärger oder Traurigkeit artikulierten, laut kommentiert werden. Jüngere waren interessiert, mehr über die Hintergründe der gehörten Äußerungen zu erfahren, während die Älteren sich eher zu distanzieren suchten etwa mit Bemerkungen wie »You can't please all the people all the time« (Charles 2010, S. 12). Insbesondere Ärger und Wut sind von Älteren offenbar gemiedene Affekte. Bei Traurigkeit zeigt sich ein anderes Ergebnis, denn diese Reaktion war bei Älteren sogar häufiger zu beobachten, auch dann, wenn es sich um Situationen handelte, die eigentlich Ärger evozierten, d. h. Traurigkeit kann bei Älteren Ärger maskieren. Traurigkeit scheint eine bei Älteren leicht auszulösende Emotion zu sein (Kunzmann et al., 2017).

Auch beim Erkennen der Affekte anderer zeigen sich einige Besonderheiten bei älteren Menschen. Sullivan und Ruffmann (2004) fanden in zwei Studien, in denen es um das Erkennen unterschiedlicher Emotionen in Gesichtern ging, dass gesunde ältere Erwachsene schlechter abschnitten als jüngere Probanden. Ältere haben demnach Probleme, Gefühle in den Gesichtern von Personen korrekt zu identifizieren. Diese Beeinträchtigung war wiederum am deutlichsten bei Wut und Ärger, trat aber auch bei Traurigkeit auf, während bei Angst oder Glück keine Unterschiede zwischen Jüngeren und Älteren festzustellen waren. In der zweiten Studie waren die älteren Menschen beeinträchtigt, wenn sie beurteilen sollten, welches von zwei Gesichtern eher wütend, traurig oder ängstlich war. Dabei wurde ausgeschlossen, dass diesen Defiziten allgemeine Wahrnehmungsprobleme oder Probleme im Urteilsvermögen zugrunde lagen. Insgesamt belegen die Ergebnisse einen altersbedingten Rückgang des Erkennens affektiver Zustände bei anderen, und auch hier sind insbesondere Wut und Ärger betroffen (Sullivan & Ruffman, 2004, Phillips, Bull, Allen, Insch, Burr & Ogg, 2011).

Die Tendenz Älterer, bei sich selbst wie auch bei anderen positive Affekte leichter wahrzunehmen und negative Affekte auszublenden oder zu minimieren wird als Positivitätseffekt bezeichnet (Mather & Carstensen 2005) (▶ Kap.1.2.4). Positive Affekte, so die Annahme, bilden gewissermaßen eine Antipode zu Stress und schützen das somatische System (Kessler & Staudinger 2010, Charles, 2010). Die Vermeidung negativer Affekte ist demzufolge mit einer Entlastung verbunden, erfordert doch der Umgang mit negativen Affekten mehr kognitive und physische Ressourcen.

Doch der Positivitätseffekt, der nicht nur in der Wahrnehmung, sondern auch in anderen Funktionsbereichen beobachtet wurde, ist nicht sehr stabil. Er setzt erhaltene kognitive Kontrollfähigkeiten voraus, kommt also weniger zum Tragen, wenn beispielsweise geteilte Aufmerksamkeit erforderlich ist, weil die Situation eine höhere Komplexität aufweist. In »high-arousal«-Situationen, wozu sicherlich auch Belastungen etwa durch körperliche Erkrankungen oder durch Verluste zählen, kommt der Positivitätseffekt weniger zum Tragen und kann sogar in einen Negativitätseffekt umschlagen (Kappes, Streubel, Droste & Folta-Schoofs, 2017). Aufschlussreich ist etwa eine Studie mit Großmüttern, in der sich zeigte, dass diejenigen, die regelmäßig ihre Enkelkinder betreuten, ein doppelt so großes Risiko hatten, an einer Depression zu erkranken wie solche, die keine regelmäßige Betreuung übernahmen (Minkler, Fuller-Thomson, Miller & Driver, 1997). Als Erklärung wird vermutet, dass erstere ständig mögliche Gefahren im Auge haben müssen, um ihre Enkelkinder zu schützen, d. h. sie können ihre Aufmerksamkeit nicht auf positive Aspekte der Situation einschränken, sondern sind gezwungen, auch das Bedrohliche wahrzunehmen, was depressive Reaktionen begünstigt. Ein ähnlicher Effekt ist auch bei anderen Belastungen wie z. B. Pflege anzunehmen.

Es zeigt sich also, dass die normalerweise zu beobachtende positive Affektbilanz Älterer durchaus fragil ist. Auch wenn das Leben älterer Menschen normalerweise in »ruhigen Bahnen« verläuft und sie deshalb weniger Stress und negative Affekte erleben, können diese nicht dauerhaft vermieden werden. Wenn sie dann auftreten, fühlen sich Ältere durch negative Affekte subjektiv stärker belastet als Jüngere (Mroczek & Almeida, 2004) (▶ Kap. 3.4.3). Trotz der kurzfristig erzielten Entlastung durch die Ausblendung negativer Affekte, stellt sich also die Frage, ob dies auf Dauer wünschenswert ist. Labouvie-Vief (2003) stellt fest, dass nicht integrierte negative Affekte häufig nach außen projiziert werden und soziale Beziehungen belasten können. Negative Affekte wie insbesondere Ärger und Wut, die im Alter – wenn überhaupt – eher indirekten Ausdruck finden und damit verborgen werden (Walker & Richardson 1998), können durchaus nützlich sein. Sie sind informationsreicher als positive und können dadurch Anpassungsprozesse befördern, allerdings nur dann, wenn sie in einem moderaten Bereich bleiben und nicht von Dauer sind (▶ Kap. 2.4.1).

Alexithymie im Alter?

Häufig ist die Annahme zu hören, Ältere seinen aufgrund einer restriktiven Sozialisation eingeschränkt in der Fähigkeit, ihre Gefühle wahrzunehmen und auszudrücken. In mehreren Untersuchungen wurde das in der psychosomatischen Forschung etablierte Konzept der *Alexithymie* herangezogen, um diese Frage zu klären. Dabei wird zumeist ein Fragebogen eingesetzt (Toronto Alexithymia Scale), der drei Faktoren umfasst: (1) Fähigkeit, Gefühle zu identifizieren, (2) Fähigkeit, Gefühle zu beschreiben und auszudrücken, (3) konkretes, nach außen gerichtetes Denken oder die Beschäftigung mit Details äußerer Ereignisse, also einen Mangel an Introspektion. Inzwischen hat das Thema auch in der gerontologischen Forschung größere Aufmerksamkeit erfahren. Pasini, Delle Chiaie, Seripa und Ciani (1992) fanden in allen drei Skalen höhere Werte bei älteren Menschen sowie bei Personen mit geringerer Bildung (Skalen 1 und 2 sind zu invertieren). Einige weitere Studien konnten diesen Befund bestätigen. Matilla, Salminen, Nummi und Joukamaa (2006) etwa fanden ebenfalls höhere Werte in Alexithymie bei Männern im Vergleich zu Frauen und bei Älteren; bei Letzteren wurden 29% als alexithym klassifiziert, bei Jüngeren nur 4,7%. Auch wenn Gunzelmann und Brähler (2002) in einer deutschen Stichprobe die über 60-Jährigen im Vergleich zu unter 60-Jährigen nur in Skala 3 höhere Werte aufwiesen, so waren diese doch in allen drei Skalen bei den über 75-Jährigen erhöht; Probanden mit höherer Bildung wiesen hingegen niedrigere Werte auf, Geschlechtsunterschiede fanden sich nicht. Insgesamt zeigen die Studien also einen Anstieg alexithymer Tendenzen mit ansteigendem Alter, allerdings eher in einem moderaten Ausmaß bzw. nur bei einer Teilgruppe.

Der Einfluss von Kohortenunterschieden scheint auf der Hand zu liegen, d. h. Alexithymie auf die in früheren Zeiten restriktivere Sozialisation zurückzuführen. Auch wenn sich diese Erziehungshaltung in den 1950er Jahren noch fortsetzte, so ist doch zu bedenken, dass es sich inzwischen um Kohorten handelt, die die Liberalisierung der 1960er Jahre erlebt haben, in der autoritäre Erziehungsnormen hinterfragt wurden und sich der Umgang mit Konflikten und Gefühlen verändert hat (Peters, 2019a). Tatsächlich finden sich Hinweise, dass für die altersbezogene Alexithymie neben Sozialisationserfahrungen auch neuropsychologische Faktoren von Bedeutung sind. In der Studie von Paradiso Paradiso, Vaidya, McCormick, Jones und Robinson (2008) korrelierte Alter mit höheren Werten in Alexithymie sowie mit der Reduktion der weißen Substanz in der rechten Hemisphäre, die für das räumliche, intuitive, ganzheitliche und emotionale psychische Geschehen zuständig ist. Dieser Zusammenhang schien in erster Linie beeinflusst zu werden durch den Faktor in der Alexithymie-Skala, der Defizite in der Introspektionsfähigkeit erfasst. Santorelli und Ready (2015) fanden einen Zusammenhang von Alexithymie und eingeschränkten Exekutivfunktionen, und zwar nur bei älteren, nicht bei jüngeren Probanden. Correro, Paitel, Byers und Nielson (2021) konnten zeigen, dass Alexithymie ein Risikofaktor im Hinblick auf die Entwicklung kognitiver Defizite (Gedächtnis und Exekutivfunktionen) bei älteren Probanden ist. Somit scheint gesichert, dass neben Kohorteneffekten auch neuropsychologische Faktoren bei der altersbezogenen Alexithymie eine Rolle spielen. Ungeklärt ist jedoch die Frage der Kausalität, also ob Alexithymie die Entwicklung neuropsychologischer Defizite im Alter begünstigt oder letztere die Wahrnehmung und den Ausdruck von Gefühlen erschweren.

Komplexe Affekte

Das bisher Gesagte könnte auch die Vermutung nahelegen, dass es im Alter unter Umständen schwieriger wird, komplexe Affekte zu erleben und mit ihnen umzugehen. Gemeint ist damit die Toleranz für das Nebeneinanderbestehen unterschiedlicher Affekte bzw. das Gewahrsein unterschiedlicher affektiver Facetten (Brose, De Roover, Ceulemans & Kuppens, 2015). Glück und Trauer stellen dann beispielsweise keine entgegengesetzten Pole dar, sondern können Hand in Hand gehen. In einer Längsschnittstudie (Hershfield, Scheibe, Sims & Carstensen, 2013) bestätigte sich die gesundheitsfördernde Wirkung eines solchen Erlebens, d. h. waren die untersuchten Personen schon im mittleren Alter in der Lage, komplexe Affekte zu erleben, wirkte sich dies gesundheitsfördernd in späteren Jahren aus. Es wird vermutet, dass positive Emotionen auch dann, wenn sie Teil eines komplexeren emotionalen Musters sind, die belastende physiologische Wirkung negativer Emotionen abdämpfen. In negativen Ereignissen wie Partnerverlust oder Traumata auch positive oder tröstende Aspekte finden zu können, erleichtert deren Verarbeitung. Die Fähigkeit, in schwierigen Lebensphasen eine komplexe Affektivität aufrechtzuerhalten, kann als »versteckter« Schlüssel für die Resilienz über die Lebensspanne hinweg betrachtet werden (Davis, Zautra & Smith, 2004). Umso bedeutsamer sind allerdings die Befunde, die zeigen, dass der Anteil derer, bei denen die Komplexität der Affekte reduziert ist, mit dem Alter ansteigt (Labouvie-Vief & Medler, 2002). Brose et al. (2015) fanden, dass 55 % der untersuchten über 65-Jährigen, aber nur 15 % der unter 30-Jährigen Probanden in die Gruppe fielen, die ein auf positive Affekte reduziertes emotionales Erleben aufwiesen. In der Gruppe mit einem komplexen affektiven Muster kehrte sich der Altersanteil um.

Doch nicht immer geht ein komplexes emotionales Erleben mit Wohlbefinden und guter Anpassung einher, vielmehr ist der Zusammenhang differenziert zu betrachten. Die Studie von Labouvie-Vief und Medler (2002) vermochte ein solch differenziertes Bild zu zeichnen (▶ Kap. 1.2.4), wobei das Konstrukt der Integration als zusätzliche Variable einbezogen wurde. Darunter wurde verstanden, über differenzierte Bilder von sich selbst und von anderen zu verfügen, d. h. es wurde ein Merkmal berücksichtigt, das nach Rudolf (2020) ein hohes Strukturniveau beschreibt. Die Autoren fanden vier Gruppen, die sich in emotionaler Komplexität und Integration unterscheiden:

- »Integrierte« Personen wiesen sowohl eine hohe Komplexität als auch Integration auf;
- »komplexe« Personen eine hohe Komplexität und eine geringe Integration;
- »defensive« Personen eine niedrige Komplexität und eine hohe Integration;
- »dysregulierte« Personen wiesen sowohl in Bezug auf Komplexität als auch auf Integration niedrige Werte auf.

Es gab zwei wichtige Ergebnisse: Erstens zeigten die integrierten Probanden das beste Anpassungsprofil und berichteten über hohe Empathie, Ambiguitätstoleranz, Offenheit für die Erforschung von Affekten und eine sichere Bindung. Der Anteil der über 60-Jährigen in dieser Gruppe war jedoch signifikant niedriger als der bei Personen im mittleren Alter (30–59 Jahre). Zweitens: Komplexität ist nicht per se ein Merkmal, das adaptives Funktionieren garantiert, denn bei einer wenn auch kleineren Gruppe war Komplexität mit einer dysfunktionalen Anpassung verbunden. Sowohl Komplexität als auch Integration müssen hoch sein, um ein hohes Funktionsniveau zu erreichen. Hohe Komplexität ohne Integration, die bei etwa 10 % der älteren Probanden vorlagen, könnte eine Fragmentierung widerspiegeln und auf ein maladaptives Profil hinweisen, d. h. dieses Muster dürfte klinisch besonders bedeutsam sein. Bemerkenswert ist auch der hohe Anteil von ca. 40 %

defensiver Probanden in der Gruppe der Älteren, der damit deutlich höher war als bei der Gruppe im mittleren Alter (▶ Kap. 3.4.2).

»Poignancy»‹

Das Thema des Affekterlebens und der Affektwahrnehmung hat noch eine weitere altersspezifische Facette, die man zwar auch als ein komplexes Affektmuster beschreiben könnte, weil es unterschiedliche Affektanteile enthält, deren Bedeutung sich aber eher aus der Erlebnisqualität ableitet. In der englischsprachigen Literatur wird dieser Gefühlszustand als *Poignancy* beschrieben, ein Begriff, der sich nicht wörtlich übersetzen und am ehesten als ein Gefühl des Bewegtseins oder des Berührtseins beschreiben lässt. Vom Wortstamm her ist es mit *Pathos* verwandt, ihm fehlt jedoch das Künstliche, das bei Pathos im Spiel ist. Es handelt sich somit um einen gemischten (»*bittersüßen*«) Gefühlszustand, in den mehrere Facetten wie Trauer, Glück und anderes einfließt und der zumeist eine Haltung von Sympathie oder von Besorgt- oder Betroffensein zum Ausdruck bringt. Er wird nicht eindeutig positiv oder negativ erlebt, stellt aber gleichwohl ein intensives Gefühlserlebnis dar, das häufig mit Tränen einhergeht.

Einige experimentelle Studien, aber auch mehr im Alltag der Probanden angesiedelte Untersuchungen kamen zu dem Ergebnis, dass dieser Gefühlszustand bei älteren Menschen häufiger auftritt als bei Jüngeren (Ersner-Hershfield, Mikels, Sullivan & Carstensen, 2008). Er scheint v. a. mit dem Erleben von Vergänglichkeit und der vergehenden Zeit zusammen zu hängen und damit mit dem näher rückenden Lebensende (Peters, 2008). Beispielhaft wäre die Situation, nach langer Zeit einen alten Freund wiederzutreffen oder einen inzwischen erwachsen gewordenen Enkel wieder zu sehen. Der Freund ist ja noch da, d. h. die Zeit kann nicht alles zerstören, es bleibt auch etwas, und der Enkel ist erwachsen geworden, also die Zeit kann auch Gutes bewirken, so dass Freude und Erleichterung auftreten, aber eben auch Trauer über die verstrichene Zeit, und all diese Facetten zusammenfließen und ein Gefühl der Rührung hervorrufen.

2.3.2 Klinische Befunde

Das Erleben von Affekten gilt auch bei älteren Patienten als bedeutsamer Faktor bei der Entwicklung und Aufrechterhaltung psychischer Störungen. Zunächst ist davon auszugehen, dass der Positivitätseffekt bei einer psychischen Erkrankung dekompensiert ist. So fand Peters (2025) in einer klinischen Gruppe über 60-Jähriger eine deutlich geringere Häufigkeit und Intensität positiver Affekte im Vergleich zu einer nicht-klinischen Vergleichsgruppe. Somit ist davon auszugehen, dass die protektive Wirkung positiver Affekte in diesem Falle verloren geht. Mit dem Positivitätseffekt ist die Vermeidung negativer Affekte verbunden, doch bei einer psychischen Erkrankung kann diese nicht aufrechterhalten werden, so dass negative Affekte, die für Ältere einen besonderen Stressfaktor darstellen, verstärkt auftreten. Persistieren diese (*nachtragende Affekte*), können sie zu einem erheblichen Gesundheitsrisiko im Hinblick auf psychische und somatische Krankheiten werden und etwa das Einsamkeitsrisiko erhöhen (Leventhal, Hansell, Leventhal & Galss, 1996, Uchino & Rook, 2020). Auch spielen persistierende negative Affekte bei frühzeitigem Tod eine nicht unerhebliche Rolle (Wilson et al. 2005). Unter klinischen Gesichtspunkten bedeutsam ist auch, dass bei höheren Neurotizismuswerten und bei Depressionen negative Affekte überwiegen, d. h. diese Älteren es nicht schaffen, den altersbezogenen Schutz einer positiven Affektivität aufzubauen (Lawton 2001). Palgi, Shrira und Shmotkin (2016) berichten von einem engeren Zusammenhang von Stress mit negativen Affekten bei älteren Menschen. Erhöhte Werte in Neurotizismus gehen zudem mit einer reduzierten Komplexität der erlebten Affekte einher (Carstensen et al., 2000). Ebenso ist die Neigung zur Alexithymie als Risikofaktor im Hinblick auf somatische und psychosomatische Erkrankungen zu betrachten; bei Probanden mit erhöhten Alexithymiewerten waren auch negative Stimmungszustände und somatische Beschwerden stärker ausgeprägt (Gunzelmann & Brähler, 2002, Matilla et al., 2006). Auch bei Depressionen wurde eine stärkere Ausprägung von Alexithymie gefunden (Bamonti, Heisel, Topciu, Franus, Talbot & Duberstein, 2010).

Doch auch wenn negative Affekte bei psychisch erkrankten Älteren von Bedeutung sind, so konnten Cheavens, Rosenthal, Banawan und Lynch (2008) dennoch zeigen, dass diese geringer ausgeprägt waren als bei Jüngeren. Dies führt den Autoren zufolge auch dazu, dass ältere Patienten ihre Symptome häufig herunterspielen oder als weniger belastend als Jüngere beschreiben. Eine weitere Differenzierung konnte Peters (2025) in dem Vergleich einer klinischen Gruppe Älterer (>65 Jahre) sowie einer klinischen Gruppe Jüngerer (40–60 Jahre) und einer nichtklinischen Gruppe Älterer herausarbeiten. Der eingesetzte Fragebogen erlaubte nicht nur die Differenzierung zwischen positiven und negativen Affekten, sondern auch zwischen aktiv-negativen und passiv-negativen Affekten (Fragebogen zum Emotionserleben und Emotionsregulation; Benecke, Vogt, Bock, Koschier & Peham, 2007). Auf das geringere Niveau positiver Emotionen (Freude, Überraschung, Liebe u. a.) der psychisch belasteten Älteren wurde bereits hingewiesen. Ein weiterer Unterschied fand sich zwischen den beiden Gruppen negativer Emotionen: Während sich in der klinischen Stichprobe Älterer bei den passiv-negativen Emotionen (Hilflosigkeit, Scham, Trauer, Leblosigkeit u. a.) ebenfalls ein erhöhtes Niveau fand, unterschieden sie sich bei den aktiv-negativen Emotionen (Ekel, Wut, Verachtung u. a.) nicht von den psychisch gesunden Älteren, d. h. dieses emotionale Muster war in beiden Gruppen nur gering ausgeprägt. Die jüngeren psychisch Erkrankten hingegen wiesen deutlich höhere Werte aktiv-negativer Emotionen als die beiden Gruppen Älterer auf. Charakteristisch für psychisch erkrankte ältere Menschen ist also ein niedriges Niveau aktiv-negativer Emotionen, aber eine hohes passiv-negativer Emotionen (Peters, 2025). Für dieses Ergebnis lassen sich unterschiedliche Erklärungen heranziehen: Aktiv-negative Emotionen sind nicht nur physiologisch und kognitiv aufwendiger, auch könnte es sein, dass sie für soziale Beziehungen besonders belastend und konfliktreich sind, Ältere aber die Tendenz haben, ihre sozialen Beziehungen zu schützen. Passiv-negative Emotionen hingegen führen eher zu einem »stillen« Leiden und wecken in anderen Mitgefühl und Zuneigung, d. h. schaffen Nähe. Diese Überlegung könnte auch für die Therapie eine große Bedeutung haben.

Fallvignetten

Die 81-jährige Patientin hatte keine Kinder, und die Beziehung zu den Geschwistern blieb zeitlebens angespannt. In der Zeit des Nationalsozialismus war ein behindertes Geschwister verschwunden; dass es der Euthanasie zum Opfer gefallen war, war ein offenes Geheimnis, über das nie gesprochen worden war. Der Vater starb früh, so dass die Not groß war und alle schauten, auf ihre Kosten zu kommen, wobei die Patientin gegenüber den Brüdern zumeist den Kürzeren zog. Dennoch hatte sie darauf gehofft, im Alter den Kontakt zu den vier Geschwistern intensivieren zu können. Oft fühlte sie sich allein und einsam und die Beziehung zu den Geschwistern blieb eine einzige Enttäuschung. Besonders der Bruder, der in der gleichen Stadt wohnte, mied jeden Kontakt. Wenn sie sich zufällig begegneten, blieb er wortkarg und suchte bald das Weite. Alte Konflikte wirkten nach, und die Geschwister waren nicht bereit, sich versöhnlicher zu zeigen. Die Patientin, die so auf eine intensivere Beziehung gehofft hatte, fühlte sich zurückgewiesen und als nicht liebenswert, eine tiefe Enttäuschung und ein unterschwelliger Groll, der sich aber eher in Traurigkeit und Hoffnungslosigkeit bemerkbar machte, hatten sich verfestigt und in ihr Lebensgefühl »eingenistet«, d. h. die nachtragenden Affekte belasteten sie erheblich. Sie litt an ihrer Einsamkeit, fühlte sich verlassen und oft überfordert, ihr Leben allein zu meistern.

Die 88-jährige, kinderlose Patientin mit starken körperlichen Einschränkungen konnte sich aus ihrer negativen, düsteren und angstvollen Stimmung kaum mehr befreien, ihr Gefühlsleben zeigte sich zunehmend eingeschränkt. Sie sah ihr Leben als gescheitert und blickte angstvoll auf das Ende. Doch nun schilderte sie eine andere Begebenheit. Ihr Vater war im Musikbetrieb in einer sehr gehobenen Position tätig gewesen, so dass jetzt eine Musikakademie nach ihm benannt worden war, und nun sollte sie als Tochter Schirmherrin einer Jubiläumsveranstaltung werden. Sie hatte die Akademie besucht, die Leiterin hatte ihr das Haus gezeigt und sie hatten einen Musikraum betreten, in dem eine ältere Musiklehrerin am Klavier saß und ein kleiner Junge Geige übte. Beide reagierten sehr erfreut, und die Musiklehrerin machte sogleich den Vorschlag, der Besucherin, also ihr, ein Lied vorzuspielen. Es war Vorweihnachtszeit, und so spielten die beiden, Jung und Alt, ein Weihnachtslied. Für die Patientin schien es, als sei für einen Moment die alte Zeit wiedergekehrt, sie reagierte berührt und bewegt und konnte ihre Tränen nicht zurückhalten. Sie erlebte in diesem Moment Trauer, Freude und Wehmut zugleich, also eine Gefühlsmischung, die durch das von ihr erwartete baldige Ende ihres Lebens eine besondere Intensität erfuhr, die sie nicht zu kontrollieren vermochte und das sie überwältigte. Es handelte sich um eine emotionale Erschütterung, die wohl nur ältere Menschen erleben.

2.3.3 Therapeutische Überlegungen

Affektwahrnehmung und *-kommunikation* zählen zu den zentralen Elementen der Psychotherapie Älterer. Auszugehen ist von einer Einschränkung in der Affektwahrnehmung und im Affekterleben, was allerdings nicht als Kontraindikation für eine Psychotherapie gewertet werden sollte. Welche therapeutischen Aufgaben aber stellen sich dann?

Zunächst einmal ist die Verbesserung der Wahrnehmung und Verbalisierung von Affekten von vorrangiger Bedeutung, was eine lange Tradition in der Psychotherapie hat, etwa der klientenzentrierten Psychotherapie (*Verbalisierung emotionaler Erlebnisinhalte*) (Rogers, 1977). Dennoch bleibt zu beachten, dabei nicht allein auf negative Affekte zu fokussieren, sondern die Bedeutung positiver Affekte zu berücksichtigen. Ein Befund von Isaacovitz, Toner, Goren und Wilson (2008) zeigt, dass Ältere, die zuvor in einen negativen Gefühlszustand gebracht wurden, die Tendenz beibehielten, in Aufmerksamkeitsstudien auf positive Aspekte zu fokussieren und negative zu meiden, während es bei Jüngeren umgekehrt war. Auch wenn nicht sichergestellt ist, dass eine solche Reaktionstendenz auch bei psychisch erkrankten Älteren erhalten bleibt, so erscheint dies doch plausibel zu sein. Davon ausgehend kann somit vermutet werden, dass zwar das Erleben positiver Affekte bei Älteren mit psychischen Erkrankungen reduziert ist, jedoch die intuitive Reaktionstendenz fortbesteht, diese herzustellen. Für die Therapie ist daraus der Schluss zu ziehen, dass es darum geht, immer wieder positive Affekte zu generieren, diese aber auch zu differenzieren, um die Komplexität des Affekterlebens zu erweitern und die Ambiguitätstoleranz zu erhöhen.

Die stabilisierende Wirkung positiver Affekte erleichtert auch das Erleben und Verbalisieren negativer Affekte. Bei diesen geht es zunächst eher um passiv-negative Affekte, die auch eine besondere altersspezifische Funktion haben, werden sie doch eher bei Verlusten oder Einschränkungen des Lebensradius ausgelöst und haben eine wichtige Bedeutung im Hinblick auf die Anpassung an veränderte Lebensumstände. Schwieriger dürfte es sein, auch aktiv-negative Affekte wie Ärger und Wut, Neid und Eifersucht oder Groll und Verbitterung erlebbar zu machen und zu bearbeiten. Dennoch haben auch diese eine hohe Bedeutung, zumal es sich oft um »nachtragende Affekte« handelt, die aus lang zurückliegenden Erlebnissen resultieren können und die Lebensbilanz belasten. Es geht dann darum, diese zu kontextualisieren und zu mentalisieren, um zu einem versöhnlicheren Lebensrückblick zu gelangen (vgl. ▶ Kap. 2.8.3).

2.4 Affektregulation

Werden die Menschen im Alter gelassener?

Älteren Menschen wird häufig ein größeres Ausmaß an Gelassenheit zugeschrieben, von dem Philosophen W. Schmid (2014) als Chance des Älterwerdens deklariert. Es stehe nicht mehr alles auf dem Spiel, die Hormone hätten sich etwas beruhigt, der Schatz der Erfahrungen sei größer, der Blick weiter und die Einschätzung von Menschen und Dingen treffsicherer geworden. Doch stimmt das eigentlich, oder handelt es sich eher um ein Wunschbild, eine Zuschreibung durch Jüngere, die die Angst vor dem Alter mindern soll?

2.4.1 Gerontologische Grundlagen

Wenn Gelassenheit angesprochen ist, geht es eigentlich um die Fähigkeit zur *Affektregulation*, also die Fähigkeit, die Intensität insbesondere negativer Affekte zu begrenzen bzw. zu kontrollieren. Wie aber entwickelt sich diese Fähigkeit im Alter? In den bereits erwähnten Studien zur Affektwahrnehmung ging es um milde oder allenfalls moderat ausgeprägte Affekte. Vieles spricht dafür, dass Ältere damit gut umgehen können, was nicht zuletzt im Positivitätseffekt deutlich wird. Es gelingt ihnen über weite Strecken ihres Alltags, eine positive Affektbilanz herzustellen, d. h. negative Affekte soweit einzudämmen, dass sie eine positive Grundstimmung nicht beeinträchtigen. Mit moderaten Affekten können Ältere also i. d. R. sogar besser umgehen als Jüngere, und – bewusst oder unbewusst – sind sie sehr darum bemüht, einen ausgeglichenen Zustand so lange wie möglich zu erhalten, wozu unterschiedliche Strategien beitragen (John & Gross 2004, Isaacovitz 2022).

1. Zunächst einmal verhilft Älteren die Auswahl der Situationen, denen sie sich aussetzen, situative Einflüsse, die einen negativen Affekt hervorrufen könnten, zu vermeiden. So tragen kleinere soziale Netzwerke, die zumeist nur noch aus wenigen bedeutsamen Bezugspersonen bestehen, dazu bei, dass weniger Anlässe für negative Affekte entstehen (Charles, 2010). Auch sind Ältere aufgrund ihrer Erfahrungen besser in der Lage, eine größere affektive Erregung vorauszusehen und vorzeitig gegenzusteuern.
2. Situationen bieten zumeist Gelegenheit, die Aufmerksamkeit auf einzelne Aspekte zu richten. Zahlreiche Studien zeigen, dass Ältere es bevorzugen, auf positive Aspekte der Situation zu fokussieren und negative auszublenden (»*Positivitätseffekt*«).
3. Können negative situative Aspekte nicht ausgeblendet werden, besteht die Möglichkeit, sie umzudeuten, um so negative Affekte zu vermeiden bzw. die Intensität abzumildern (»*Reappraisal*«). Auch das Hinnehmen und Akzeptieren von Situationen kommt bei Älteren häufiger zum Tragen, wobei ihnen ebenfalls frühere Erfahrungen zugutekommen (»Das hat es immer schon gegeben«) (Schirda, Valentine, Aldao & Prakash, 2016, Isaacovitz, 2022). Auch zeigte sich, dass mit einer solchen Umdeutung weniger Stress und eine geringere physiologische Erregung einhergehen (Nolen-Hoeksma, 2011).
4. Negative Affekte lassen sich jedoch nicht immer vermeiden, und treten sie erst einmal auf, geht es um die Frage, ob sie zum Ausdruck gebracht oder unterdrückt werden. Ältere neigen eher zu letzterem, v. a. Ärger äußern sie seltener als jüngere Menschen (Philipps, Henry, Hosie & Milne, 2006). Eldesouky und English (2018) fanden bei Älteren einen häufigeren Gebrauch der Strategie, Gefühle zu unterdrücken (»*Suppression*«). Doch eine solche Strategie hat ihren Preis, da sie mit einem Gefühl des »Nichtauthentischen« oder »Nichtehrlichen« einhergehen kann und damit Distanz in Beziehungen schafft. Auch erfordert sie

mehr kognitive Anstrengungen und geht beispielsweise mit Gedächtniseinschränkungen einher.

Älteren stehen also eine Reihe von Strategien zur Verfügung, negative Affekte ganz zu vermeiden oder deren Intensität zu begrenzen. Bevorzugt versuchen sie, den Prozess des Emotionserlebens, wie John und Gross (2004) ihn beschrieben haben, frühzeitig zu unterbrechen. Was aber geschieht, wenn der negative Affekt sich nicht vermeiden lässt, was insbesondere dann der Fall ist, wenn er eine größere Intensität erreicht? Dies passiert zumeist in Situationen mit größeren Herausforderungen bzw. einer größeren Komplexität oder Mehrdeutigkeit (Charles & Carstensen, 2009, Labouvie-Vief, 2015). Ist beispielsweise geteilte Aufmerksamkeit erforderlich, gelingt die Steuerung der Aufmerksamkeit weniger gut. Immer dann, wenn die Vorhersehbarkeit eingeschränkt ist und unerwartete Situationen eintreten, die eine flexible Anpassung erforderlich machen, kann die Affektregulation Älterer an Grenzen stoßen. In diesem Fall verändert sich auch die Beteiligung des physiologischen Systems. Während affektiv relevante Situationen unterhalb der Erregungsschwelle bei Älteren eine geringere physiologische Reaktion hervorrufen, gehen diese bei Überschreiten einer Schwelle mit einer verstärkten physiologischen Reaktivität einher (Jain & Labouvie-Vief, 2010). Auch zeigt sich, dass diese, einmal ausgelöst, bei Älteren länger anhält, während Jüngere sich rascher »beruhigen« können (Labouvie-Vief et al., 2010). Ähnlich verhält es sich auch bei organischen Vorgängen, etwa der Regulierung des Blutdrucks. Uchino, Holt-Lunstad, Bloor und Campo (2005) haben ein Schwellenmodell formuliert: Ältere Erwachsene zeigen im Unterschied zu jüngeren oder mittelalten Erwachsenen eine geringere Reaktivität bei geringerem Stress, aber eine höhere Reaktivität bei höherem Stress. Dabei sind die verminderten kognitiven Fähigkeiten wie auch die eingeschränkte Fähigkeit des somatischen Systems, mit erhöhtem Arousal umzugehen, von Bedeutung. Die Schwierigkeiten Älterer werden also in Situationen mit erhöhtem Arousal bzw. erhöhten Anforderungen sichtbar, was nicht nur für negative Affekte gilt. Auch bei positiven Affekten bevorzugen Ältere ein niedriges oder moderates Arousal und meiden intensivere Gefühle wie Ausgelassenheit, Glück oder Verzückung.

Erhöhtes Arousal stellt Ältere demnach vor Probleme, die sie intuitiv zu vermeiden suchen. Paulhus und Lim (1994) fanden, dass sich bei erhöhtem Arousal die kognitive Komplexität in der sozialen Wahrnehmung reduziert und Beurteilungen polarisierter und extremer werden. Smeets, Dziobak und Wolf (2009) konnten bei Älteren einen negativen Einfluss von Stress auf sozialkognitive Fähigkeiten nachweisen.

2.4.2 Klinische Aspekte

Dass bei Älteren die Prävalenzraten psychischer Störungen zumeist geringer ausfallen als bei Jüngeren wird u. a. auf die gut entwickelten Fähigkeiten zur Affektregulation zurückgeführt. Doch bei psychisch belasteten Älteren ist diese Fähigkeit dekompensiert. So konnten Mroczek und Almeida (2004) zeigen, dass Ältere mit erhöhten Werten in Neurotizismus ebenso Defizite aufweisen, Affekte zu regulieren wie Patienten mit Angststörungen oder Depressionen (Andreoletti, Veratti & Lachman, 2006). Fortbestehende Belastungen durch Stress führen bei älteren schneller als bei jüngeren Menschen zu einer Dekompensation der Affektregulation (Palgi, 2015). Auch Ältere mit Gedächtnisdefiziten haben größere Probleme, negative Affekte zu regulieren (Ready & Santorelli, 2016). Die Studie von Cheavens et al. (2008) zeigt ebenfalls, dass Ältere mit Depressionen oder Persönlichkeitsstörungen Defizite in der Affektregulation aufweisen, und zwar besonders in der Fähigkeit, Gedanken und negative Affekte, die mit belastenden Ereignissen in Zusammenhang stehen, zu unterdrücken. Pfluger, Rohner, Eising, Maercker und Thoma (2022) fanden einen Zusammenhang zwischen frühen Traumata und internalisierten Störungen (Depressionen und Ängste) im Alter, wozu insbesondere die Strategie der Suppression beitrug, während eine Umdeutung diesen Zusammenhang abschwächte. Suppression kann als besonders maladaptive Strategie betrachtet werden, die zudem häufig zu einem Rebound-Effekt führt, d. h. nachfolgend zur Aufrechterhaltung oder sogar Verstärkung des unterdrückten Gefühls bzw. der unterdrückten Gedanken führt.

Auf die besonderen Probleme im Umgang mit Wut und Aggression wurde bereits hingewiesen. Diese Affekte finden oft nur einen indirekten Ausdruck, in Form von Zynismus, Abwertung, einer überzogenen Anspruchshaltung etc., was auch im therapeutischen Umgang zum Problem werden kann. Besteht ein solcher Affektzustand fort, hat er auch längerfristig negative Folgen. Wut, nicht aber Traurigkeit wirkt im höheren Erwachsenenalter maladaptiv und sagt gesundheitsrelevante physiologische Prozesse und chronische Krankheiten vorher (Kunzmann & Wrosch, 2018). Wilson, Bienias, Mendes, Evans und Bennett (2003) fanden in einer Längsschnittstudie, dass unterdrückter Ärger mit erhöhter Mortalität einherging.

Fallvignetten

Die 76-jährige Patientin kam mit einer generalisierten Angststörung in die Therapie. Ihr jüngerer Mann gehe noch zahlreichen Aktivitäten nach, so dass sie häufig allein zu Hause sei; den Kontakt zu Fremden meide sie. Aber auch zu Hause finde sie morgens keine Ruhe, sie sei voller Unruhe und angstvoller Gedanken, v. a. auch an den Tod. Die Patientin war gleich nach der Geburt von der Mutter in ein Kinderheim gegeben worden, später dann zu Pflegeeltern gekommen, doch die Pflegemutter starb als sie 10 Jahre alt. Da der Vater überfordert war, kam sie erneut für einige Zeit in ein Heim. Seit ihrer Berentung hatte sie den inneren Halt verloren, fühlte sich einsam und verlassen, allein ihr Mann war eine Stütze, auf die sie sich ganz angewiesen fühlte. Mitmenschen begegnete sie mit Misstrauen, diese seien nicht interessiert, die Welt sei ohnehin schlecht. Sie verfügte über keine eigenen Möglichkeiten, die Ängste zu beruhigen, die sie überwältigten. In der Therapie schien sie in diesem Gefühlsmuster wie gefangen, alle Versuche der Umdeutung oder Neuinterpretation schlugen fehl, weil ein inneres gutes Objekt nicht zur Verfügung stand. Sie fühlte sich ganz auf ihren Mann, also ein äußeres Objekt, angewiesen, um ihre Affekte regulieren zu können.

Der 84-jährige Patient kam deutlich zu spät zur Therapiestunde und wirkte sehr erregt, so dass es gleich aus ihm herausplatzte. Er wohnte im Umland und hatte eine weitere Anreise, was im Hinblick auf seine partielle Stuhlinkontinenz bedeutsam war. Nun war nach der Zugfahrt die Bahnhofstoilette geschlossen, so dass er in den Bus stieg, der ihn zur Praxis bringen sollte. Doch das Problem, den Stuhl zu halten, wurde immer bedrängender, er stieg vorzeitig aus, um ein Cafe aufzusuchen und dort zur Toilette zu gehen. Er fühlte sich unter großem Druck, sich ausreichend zu reinigen, aber auch die Therapiestunde nicht zu verpassen und erreichte mit deutlicher Verspätung die Praxis in einem sehr erregten Zustand, den er offenbar kaum zu kontrollieren vermochte.

2.4.3 Therapeutische Überlegungen

Affektregulation ist heute eines der zentralen Themen der klinischen Psychologie und wird mit zahlreichen psychischen Störungen in Verbindung gebracht (Benecke, 2014) sowie als zentraler Fokus der Psychotherapie betrachtet. Dass ältere Menschen über diesbezüglich gute Fähigkeiten verfügen, wurde in dem bisher Gesagten deutlich. Andererseits wurden aber auch die Grenzen dieser Fähigkeiten beschrieben, so dass dieses Thema in der Psychotherapie eine hohe Beachtung erfordert. Welche therapeutischen Aufgaben stellen sich diesbezüglich?

Vorrangig geht es darum, in der therapeutischen Situation die affektive Erregung im unteren oder doch moderaten Bereich zu halten, d. h. für eine entspannte Atmosphäre zu sorgen. Zwar gilt dies für alle Patienten, doch stellt sich diese Aufgabe aufgrund der dargestellten Ergebnisse bei älteren Patienten umso dringlicher. Nur so können sie an eine Auseinandersetzung mit ihren Belastungen und Konflikten sowie damit verbundene negative Affekte herangeführt, d. h. Mentalisierungsfähigkeit entwickelt werden. Der therapeutischen Beziehung kommt dabei eine zentrale Bedeutung zu.

Als Therapieziel stellt sich die Aufgabe, die Affektregulation zu verbessern. Dabei ist zu beachten, dass bei unsicher-ängstlich gebundenen Patienten die Affektregulation besonders vulnerabel ist. Therapeuten fungieren hier als *interaktive Affektregulatoren* (Schore & Schore 2008), d. h. als Co-Regulatoren im Hinblick auf die Affekte. Vornehmlich werden sie die Patienten anzuregen versuchen, ihr Augenmerk darauf zu richten, die inneren Bewertungen der Affekte sowie deren situative Auslöser zu untersuchen und so die Erregung mehr kognitiv anzureichern und eine bessere Integration von Kognition und Affekt zu ermöglichen. Der in der mentalisierungsbasierten Therapie zentrale Begriff der *mentalisierten Affektivität* (Fonagy, Gergely, Jurist & Target, 2004) bezeichnet die Fähigkeit, die Affekte selbstreflexiv zu durchdringen und ihre Bedeutung zu erfassen. Darin kann eine fundamentale therapeutische Aufgabe gesehen werden (▶ Kap. 3.4.1).

2.5 Körperwahrnehmung

Kommt es zu einer Entfremdung vom Körper?

Dass die allmählichen körperlichen Veränderungen im Alter fast unbemerkt ein Entfremdungsgefühl zur Folge haben, hat wohl niemand eindringlicher beschrieben als Jean Amery (1968). Sehr einfühlsam und minuziös schildert er, wie A. morgens vor dem Spiegel die kleinen, erst kaum sichtbaren, dann aber allmählich deutlicher werdenden Veränderungen registriert, so dass ein Unbehagen entsteht, ein Gefühl, sich selbst fremd zu werden. Amery beschreibt hier etwas, was wohl jeder Alternde kennt, über das man vielleicht zunächst hinweg zu gehen vermag, was aber auf Dauer nicht zu leugnen ist. Doch was geschieht dabei genau, und welche Folgen sind damit verbunden?

2.5.1 Gerontologische Grundlagen

Das äußere Erscheinungsbild des älteren Menschen verändert sich, der Körper verliert an Spannkraft und Dynamik und bei größeren Einschränkungen kann die Mobilität reduziert sein. Die inneren Organe büßen an Leistungsfähigkeit ein, die Haut wird faltiger und weniger elastisch, und das Gesicht nimmt seine alterstypischen Merkmale an; es wird ebenfalls faltiger, andererseits wachsen Nase und Ohren, die aus Knorpel bestehen, weiter. Alles das kann dazu führen, dass der ältere Mensch seinen Körper als fremd erlebt, und es ihm schwerfällt, ein positives Körperbild aufrecht zu erhalten. Das Erleben des eigenen Körpers wird somit zu einer wichtigen Dimension des Selbstbildes im Alter (Schrader, 2020).

Den Alterungsprozessen des Körpers kommt auch eine mentalisierungsrelevante Bedeutung zu, und zwar nicht nur denen, die bewusst wahrgenommen werden, sondern auch solchen, die sich eher im Verborgenen vollziehen. Der Einfluss vaskulärer körperlicher Prozesse auf kognitive Funktionen bzw. die fremdbezogene Mentalisierungsfähigkeit wurde bereits bei der Darstellung der Theory-of-Mind-Veränderungen im Alter beschrieben (▶ Kap. 2.1.1). Aber auch im Hinblick auf das Affekterleben hat der Körper eine wichtige Funktion, sind Affekte doch körperlich eingebettet (»*emotion embodiment*«') (Mendes, 2010). Sie haben eine physiologische Komponente, die zwar nicht emotionsspezifisch ist, aber doch Einfluss auf das subjektive Erleben und die Kommunikation der Affekte hat. Doch diese physiologische Komponente schwächt sich im Alter ab, so dass sie weniger als Hinweisreiz für die Wahrnehmung und Interpretation der Affekte zur Verfügung steht (Barrett, Quigley, Bliss-Moreau & Aronson, 2004). Levenson, Carstensen, Friesen und Ekman (1991) gehen davon aus, dass das emotionale Erleben im Alter kognitiver wird bzw. mehr von äußeren Hinweisreizen beeinflusst ist. Auch diese Veränderungen schaffen die Voraussetzung für den bereits beschriebenen Positivitätseffekt, also die tendenziell selektive Wahrnehmung positiver Affekte, bzw. die schon beschriebene Fähigkeit zur Affektregulation. Die Veränderungen könnten es älteren Menschen erleichtern, gelassen zu bleiben, innezuhalten und mit Bedacht, statt impulsiv zu handeln.

Diese Abschwächung der Empfindungsfähigkeit ist Bestandteil einer sich verschlechternden Wahrnehmungsfähigkeit im Alter, die sich in allen Modalitäten zeigt. Zum einen ist dabei an die *Exterozeption* zu denken, d. h. die nach außen gerichtete Wahrnehmung (visuelle, auditive, olfaktorische, mechanosensorische, thermosensorische und nozizeptive Systeme), andererseits an die nach innen gerichtete Wahrnehmung, d. h. die *Intero-* und *Propiozeption* (Mendes, 2010). Interozeption bezieht sich auf die Wahrnehmung der Empfindungen, die aus dem Inneren des Körpers kommen (»*somatoviszerale Sensitivität*«), wie etwa das Gefühl des Herzschlags, der Atmung oder der Magen-Darm-Empfindungen und einer Vielzahl von chemischen, endokrinen und osmotischen Veränderungen, die im Blutkreislauf entstehen und etwa als Hunger und Durst wahrgenommen werden. Bezüglich der Altersveränderungen fanden beispielsweise Khalsa, Rudrauf und Tranel (2009) einen hohen inversen Zusammenhang von Alter und Wahrnehmung des Herzschlages in Ruhe. Einschränkungen der Interozeption erschweren die Differenzierung unterschiedlicher Körperempfindungen und Affekte bzw. ihrer Intensität (Khalsa et al., 2009).

Propiozeption (Tiefenwahrnehmung) wiederum bezieht sich auf den Prozess, der dafür verantwortlich ist, zu jeder Zeit über Lage, Stellung und Bewegung des Körpers informiert zu sein, auch wenn diese Information zumeist nur subkortikal verarbeitet wird. Normalerweise sorgt die kontinuierliche afferente Rückmeldung dafür, dass sich der Mensch sicher im Raum bewegen kann, doch im Alter erfolgt diese Rückmeldung aus der Körperperipherie weniger rasch und zuverlässig. Dadurch erhöht sich nicht nur die Sturzgefahr, auch im Hinblick auf Affekte ergeben sich Veränderungen. So korrespondieren Affekterleben und Körperhaltung weniger eng miteinander, d. h. dass beispielsweise Ärger unter Umständen nicht durch eine entsprechende Körperhaltung untermauert wird und dadurch an Eindeutigkeit im Ausdruck einbüßt. Ebenso spiegelt sich ein bestimmter Affekt auch im Gesicht eines Menschen wider, was bei Älteren jedoch etwa auch aufgrund der Faltenbildung weniger eindeutig ist. Tatsächlich fiel es in verschiedenen Studien Probanden bei älteren Menschen schwerer als bei Jüngeren, Art und Intensität von Affekten zu erkennen (zus. Filipp & Mayer, 1999).

Die »*Mind-Body-Connection*« (Mendes, 2010) ist im Alter geschwächt, tendenziell kommt es zu einer Dissoziation mit Folgen im Affekterleben sowie in der Kommunikation. Ältere Menschen werden dadurch im Hinblick auf die Wahrnehmung und das Erleben von Affekten mehr von äußeren Hinweisreizen abhängig, ihre Entscheidungsfähigkeit kann infolgedessen reduziert sein (»weniger Bauchgefühl«) und sie werden anfälliger für Suggestionen. Dieser Prozess beschreibt zwar einen Aspekt normalen Alterns, kann aber pathologisch verstärkt sein, etwa bei einer Neuropathie oder viszeralen Schmerzen.

2.5.2 Klinische Befunde

Der beschriebene körperliche Alternsprozess ist auch klinisch bedeutsam, geht es doch um Veränderungen, die die Grundlagen des Lebens betreffen. Bedeutsam ist in diesem Zusammenhang etwa die hohe Prävalenz funktioneller Körpersymptome (Hessel, Geyer, Gunzelmann, Schumacher & Brähler, 2003), d.h. körperlicher Symptome ohne organischen Befund. Auch dies mag auf die Schwierigkeit hindeuten, Körpermissempfindungen adäquat zu deuten.

Im Allgemeinen wird davon ausgegangen, dass sich aufgrund der beschriebenen Entwicklungen auch die Schmerzwahrnehmung im Alter verändert; die Schwelle oberhalb derer Schmerzen wahrgenommen werden, erhöht sich. Dies ist allerdings auch von der Art der Schmerzen abhängig und wird zudem durch die Einstellung zu ihnen beeinflusst. Die Frage, ob Schmerzen im Alter als normal eingeschätzt werden oder nicht, hat wiederum Einfluss auf die Schmerztoleranz (Molton & Terrill, 2014).

Ein weiteres Thema ist die Sturzangst im Alter, die auch auf die Verschlechterung der propiozeptiven Wahrnehmung zurückzuführen ist. Höheres Alter, weibliches Geschlecht, schlechte körperliche Verfassung und Depressionen sind mit der Häufigkeit von Stürzen verbunden, am stärksten allerdings die Tatsache, bereits einmal gestürzt zu sein. Die Wahrscheinlichkeit weiterer Stürze ist danach ebenso erhöht wie Angstsymptome, weitere funktionelle Einschränkungen und frühzeitige Mortalität (Scarlett, Baikie & Chan, 2019, Peters & Lindner, 2019).

Fallvignetten

Die 89-jährige Patientin blickte auf eine traumatische Vergangenheit zurück. In den letzten Jahren hatten sich zahlreiche körperliche Erkrankungen eingestellt, wiederholt musste sie sich wegen der Herzschwäche einer Kathederuntersuchung unterziehen, die Füße schmerzten ständig und das Hören wurde immer schlechter; Musik, die in ihrem Leben einen großen Stellenwert gehabt hatte, konnte sie kaum mehr genießen. Obwohl die Ärzte ihr zuletzt immer wieder beruhigende Rückmeldungen gegeben hatten, d.h. ihr versichert hatten, dass es zu keiner weiteren Verschlechterung gekommen sei, kam sie nicht zur Ruhe, beobachtete ihren Körper voller Misstrauen. Sie schien keinen wohlwollenden Kontakt zu ihm herstellen zu können, deutete alles sogleich in einer negativen und bedrohlichen Weise. Fast schien es, als sei ihr der eigene Körper zum Feind geworden, von dem sie nichts Gutes mehr zu erwarten hatte. Ihr schien aber auch die Differenzierungsfähigkeit verloren gegangen zu sein.

Bei einem Konzertbesuch suchte ich vor Beginn des Konzertes noch einmal die Toilette auf. An einem Pissoir stand ein hochaltriger Mann und urinierte. Doch er stand zu weit weg vom Becken, so dass der Strahl daneben ging und schon für eine größere Lache am Boden gesorgt hatte. Er schien das nicht zu bemerken, und da er auch keine Anstalten machte, näher an das Pissoir heranzutreten und die missliche Situation zu beenden, hatte er offenbar das Gefühl für die genaue Positionierung seines Körpers und für Abstände verloren.

2.5.3 Therapeutische Überlegungen

Dem Körper und dem körperlichen Erleben kommt in der Psychodynamischen Psychotherapie Älterer eine zentrale Bedeutung zu (Lindner, 2009). Im Rahmen einer mentalisierungsbasieren Körpertherapie richtet sich dabei der Fokus zunächst auf die Verbalisierung körperlicher Empfindungen und körperlichen Erlebens, um die Wahrnehmung zu erweitern und zu schärfen (Schulz-Venrath, 2021). Dabei ist der Begriff der *embodied mentalization* hilfreich, beschreibt er doch die Fähigkeit, »den Körper als Sitz der Emotionen, Wünsche und Gefühle anzusehen und über die Erfahrungen und Empfindungen dabei zu reflektieren und zu berichten (Luyten, Van Houdenhove, Lemma, Target & Fonagy, 2012, Jensen, Høgenhaug, Kjølbye & Bloch, 2021). Die Förderung der »embodied mentalization« im Sinne eines expliziten Mentalisierens wäre dann als Behandlungsziel zu formulieren, wobei die Interventionsvorschläge von Schulz-Venrath (2021) auch bei älteren Patienten hilfreich sein können. Um die Aufmerksamkeit mehr auf den Körper zu lenken und die somatoviszerale Sensitivität zu erhöhen kann es sinnvoll sein, Patienten immer wieder mit der Frage zu konfrontieren, wo sie im Körper welche Gefühle wahrnehmen. Es geht darum, Worte oder Bilder zu finden, die ein körperliches Empfinden bzw. Missempfinden ausdrücken und zu differenzieren vermögen und die *interoceptive awareness* erhöhen (Khalsa et al., 2009) bzw. das explizite Mentalisieren fördern. Im Rahmen dieses Prozesses wird auch das Körpergedächtnis, dass sich durch körperbezogene biografische und zumeist beziehungsbezogene Erfahrungen gebildet hat, Teil des Reflexionsprozesses (Lindner, 2009).

Der Förderung der Körperwahrnehmung allein auf sprachlicher Ebene sind vermutlich Grenzen gesetzt. Daher sind körpertherapeutische Verfahren und Übungen zur Verbesserung der Körperwahrnehmung sinnvoll. Auch die Nützlichkeit von Autogenem Training oder progressiver Muskelentspannung wurde schon vor langer Zeit nachgewiesen (Hirsch, 1993). Zudem erwies sich die *Psychological Mindfulness therapy* bei Älteren als effektiv (Kishita, Takei & Stewart, 2017) (▶ Kap. 5.3.4). Sprachliche und nicht-sprachliche Vorgehensweisen gemeinsam könnten geeignet sein, die Dissoziation von »Geist und Körper« zu verringern. Zur Verbesserung der propriozeptiven Wahrnehmung dürften darüber hinaus körperliche Aktivitäten generell, aber auch physiotherapeutische Behandlungen etwa zur Sturzprophylaxe besonders geeignet sein.

2.6 Soziale Interaktion und Beziehung

Werden die Menschen im Alter verträglicher oder schwieriger im Umgang?

Ältere Menschen gelten als gute Ratgeber in Lebens- oder Beziehungsfragen. Aber werden sie dieser ihnen zugeschriebenen Kompetenz gerecht, verfügen sie über die dafür erforderlichen Fähigkeiten? Können sie ihre lange Geschichte sozialer Erfahrungen bzw. ihre Lebenserfahrung nutzen, um anderen einen Weg zu weisen? Und wie entwickelt sich ihr eigenes soziales Verhalten im Alter? Die Forschung zeigt ein facettenreiches Bild, das eine differenzierte Beurteilung erfordert.

2.6.1 Gerontologische Grundlagen

Sozial kompetentes Verhalten

Ältere haben zwar weniger Personen, zu denen sie Kontakte pflegen, aber die verbliebenen Beziehungen werden intensiver und stärker positiv besetzt, auch erleben sie diese als harmonischer als Jüngere dies zu tun pflegen (Lefkowitz & Fingerman 2003). Dies entspricht einerseits den Aussagen der Theorie der sozioemotionalen Selektivität (Carstensen 2006), die angesichts der verkürzten Zukunftsperspektive eine positivere Bewertung enger sozialer Beziehungen voraussagt (▶ Kap. 1.2.4). Andererseits trägt dazu auch der Umgang mit Konflikten in emotional bedeutsamen Beziehungen bei. Ältere zeigen häufig eine größere Sensitivität für Hinweise auf Unstimmigkeiten und nutzen diese, potentiell negative Begegnungen zu umgehen, d. h. sie sind darauf aus, soziale Konflikte gar nicht erst aufkommen zu lassen. Gelingt dies nicht, bevorzugen sie eine passive Strategie, z. B. nichts zu tun und die Situation abzuwarten (Blanchard-Fields, 2007). Insbesondere in emotional aufgeladenen Situationen geht es ihnen mehr um eine Kontrolle negativer Gefühle als um eine Lösung des Problems (Blanchard-Fields, Stein & Watson, 2004). Eine reifere Form des Umgangs besteht in der Umdeutung (»Reappraisal«) des Konfliktes, was bedeuten kann, ihn als eine positive oder hilfreiche Lebenserfahrung zu interpretieren (Blanchard-Fields et al., 2004). Dies kann unter Umständen auch mit Verweis auf die eigene Lebenserfahrung erfolgen, was möglicherweise dazu beiträgt, dass Ältere gern als »Ratgeber« oder als »neutrale Instanz« in Konfliktsituationen gefragt sind.

Die Strategie der Deeskalation kommt auch in langjährigen Ehebeziehungen zum Tragen, selbst in solchen, die als nicht harmonisch beschrieben wurden (Carstensen, Graff, Levenson & Gottman, 1996). In einer Untersuchung wurden ältere und jüngere Ehepaare gebeten, einen Konflikt zu diskutieren. Anschließend beschrieben die älteren Teilnehmer das Verhalten ihres Partners bzw. Partnerin positiver als jüngere dies taten. Objektive Rater – die Gespräche waren auf Video aufgenommen worden – beschrieben das Verhalten der älteren Teilnehmer weniger positiv als diese selbst es taten. Insgesamt ist Älteren Harmonie in sozialen Beziehungen wichtiger als jüngeren Menschen, sie nehmen die soziale Welt eher als »gut« wahr und vertrauen auf »Goodwill«. Dieses Verhalten erklärt, warum Studien eine geringere Anzahl alltäglicher Konflikte bzw. von alltäglichem Stress bei Älteren im Vergleich zu Jüngeren zeigen (Birditt, Fingerman & Almeida, 2005).

Dieser Umgang mit Konflikten kontrastiert mit der von Jüngeren bevorzugten eher aktiven, problemlösenden Umgangsweise, deren Ziel die Lösung sozialer Probleme oder Konflikte ist (Birditt & Fingermann, 2003). Menschen im jüngeren oder mittleren Alter sind eher bereit, sich bei sozialen Konflikten aktiv einzubringen und zu engagieren (Luong, Charles, & Fingerman, 2011). Treffen diese unterschiedlichen Strategien aufeinander, können daraus neue soziale Spannungen resultieren. So berichten erwachsene Kinder mehr Distanz und Konflikt in der Beziehung zu den alten Eltern, während diese eine enge und harmonischere Beziehung beschreiben (Fingermann, 1996). In einer Untersuchung von Lefkowitz und Fingerman (2003) sollten Mütter und ihre Töchter ein Problem gemeinsam lösen. Anschließend berichteten Mütter mehr positive und weniger negative Affekte als ihre Töchter. Während es älteren Menschen in sozialen Beziehungen mehr um Anerkennung, Wertschätzung und Generativität geht, legen Jüngere mehr Wert auf Durchsetzung, Abgrenzung und Selbstbehauptung (Lang, 2004). Aus diesen unterschiedlichen Beziehungswünschen, die sich auf unterschiedliche Positionen im Lebenslauf zurückführen lassen, resultieren offenbar die differierenden Einschätzungen des Umgangs miteinander. Dabei können auch ToM-Defizite auf Seiten der Älteren von Bedeutung sein, aber auch das stärkere Motiv, die Beziehung zu den Kindern aufrechtzuerhalten bzw. sich darauf angewiesen zu fühlen.

»Kommunikative Egozentrizität«

Eine weitere Facette des sozialen Verhaltens ist das Kommunikationsverhalten. Dabei wird deutlich, dass alltägliche Gespräche zwischen Jüngeren und Älteren häufig durch ein Ungleichgewicht gekennzeichnet sind (zus. Peters, 2006). Zahlreiche Studien konnten zeigen, dass die Gesprächsthemen zumeist von den Älteren gewählt werden, und dass sie auch den weitaus größeren Sprechanteil für sich in Anspruch nehmen, weshalb Thimm (2000) von »*kommunikativer Egozentrizität*« Älterer spricht. Auch können manchmal unvermittelt erfolgende private Mitteilungen in kurzen Begegnungen zwischen Fremden erfolgen (»*schmerzvolle Selbstenthüllung*«), z. B. die Mitteilung Witwer zu sein oder an verschiedenen Krankheiten zu leiden, die von den Jüngeren als unangemessen empfunden werden. Ein Ungleichgewicht entsteht auch dadurch, dass Ältere häufiger direkt oder indirekt ihr Alter bzw. eine zeitliche Dimension ins Spiel bringen (»Ich habe schon drei Enkel ...« oder »Ich bin schon fünf Jahre Witwe ...«), wodurch bei den Jüngeren eine Haltung besonderen Respekts oder der Hochachtung hervorgerufen wird, was wiederum eine eher submissive Haltung fördert. Die Jüngeren sind dann eher bereit, dass Verhalten der Älteren durch eine »Überanpassung« zu unterstützen, indem sie ihr Gesprächsverhalten auf bestätigende Äußerungen (»Hm«) oder Nachfragen beschränken. Das führt jedoch dazu, dass sie sich eher unwohl und nicht gesehen fühlen und den Eindruck haben, das Gegenüber habe kein Interesse an ihnen, so dass sie alsbald das Gespräch zu beenden suchen. Gespräche mit Gleichaltrigen sind hingegen stärker durch Ausgewogenheit gekennzeichnet, so dass sich die Beteiligten dabei wohler fühlen.

Dem Kommunikationsverhalten Älterer liegen vermutlich unterschiedliche Faktoren zugrunde. Thimm (2000) führt es auf soziale Faktoren zurück, d. h. auf den Versuch der Identitätsdarstellung und -sicherung, was etwa auch auf die Angst vor Ausgrenzung oder sich unterlegen zu fühlen zurückgeführt werden könnte. Vermutlich spielen aber auch hier ToM-Defizite und eine reduzierte kognitive Hemmung eine Rolle.

Sozial unerwünschtes Verhalten

Dass die beschriebenen kommunikativen Defizite auch neuropsychologische Ursachen haben, kommt bei einem weiteren Phänomen deutlicher zum Ausdruck, nämlich dem »*Verbosity*« (»*Off-target-speech*«). Es handelt sich um ein Sprechen, dass mehr wertende und für das eigentliche Thema nicht relevante Aspekte aufweist, d. h. durch einen unzureichenden Fokus bzw. fehlende Kohärenz gekennzeichnet ist. In einer Studie von Pushkar, Basevitz, Arbuckle, Nohara-LeClair, Lapidus und Peled (2000) wiesen Personen mit einem stärkeren Ausmaß an Verbosity eine niedrigere kognitive Hemmung auf, sie redeten mehr, waren weniger an ihren Partnern interessiert und konzentrierten sich mehr auf sich selbst. Auch hängt Verbosity mit Defiziten des Erkennens von Affekten beim Gegenüber zusammen (Ruffmann, Murray, Halberstadt & Taumoepeau, 2010). Auf der anderen Seite waren die Gesprächspartner weniger zufrieden mit dem Kommunikationsverlauf. Arbuckle und Gold (1993) führten biografische Interviews durch und werteten diese Gespräche im Hinblick auf Umfang des Sprechens sowie der Häufigkeit und Ausprägung von »off-target-speech« aus. Dabei zeigte sich eine deutliche Zunahme dieser Besonderheit mit ansteigendem Alter sowie mit nachlassender Inhibititionsfähigkeit. Zwar fand sich auch ein Zusammenhang mit psychosozialen Variablen, v. a. Einsamkeit, sowie Persönlichkeitsvariablen, v. a. Extraversion. Doch diese Zusammenhänge waren unabhängig von dem neuropsychologischen Einfluss, beides scheint von Bedeutung zu sein und sollte unabhängig bewertet werden.

Ein weiteres kommunikatives, sozial unerwünschtes Phänomen ist das Äußern von Stereotypen oder Vorurteilen. Häufig wird angenommen, dass ältere Menschen mehr Vorurteile hegen als jüngere, wobei dann auf historische Einflüsse verwiesen wird. Doch vermutlich liegt der Unterschied nicht so sehr darin, ob Vorurteile bestehen, sondern ob diese geäußert werden. Von Hippel und Dunlop (2005) führten ein Experiment durch, in dem die Teilnehmer zunächst mit negativen oder positiven Vorurteilen konfrontiert worden waren (»*Negatives* oder *positives Priming*«), um Stereotype und Vorurteile zu aktivieren. Danach aber zeigte sich, dass die älteren Probanden ihre Beurteilung farbiger und nicht-farbiger Studenten stärker von Vorurteilen abhängig machten als jüngere dies taten, d. h. ihre Beurteilung war stärker von dem zuvor erfolgten negativen Priming abhängig. Auch zeigte sich erneut ein Zusammenhang zu Inhibitionsdefiziten, d. h. es ist davon auszugehen, dass Ältere ihre Vorurteile weniger gut zu kontrollieren vermögen als Jüngere. Eine weitere Studie bestätigte, dass Ältere bei der Interpretation ihnen vorgelegter Texte stärker dazu neigen, auf Stereotypen zurückzugreifen (Radvansky, Copeland & Von Hippel, 2010).

Es liegen weitere Hinweise vor, dass gelegentlich Defizite in der sozialen Kontrolle bei Älteren auftreten und Aufmerksamkeit erregen, beispielsweise unbedachte oder normverletzende Äußerungen (z. B. »Sie haben aber ganz schön zugenommen«). Dabei können persönlichkeitsbedingte Einflussfaktoren wirksam sein, etwa ein Selbstbild, sich aufgrund der Lebenserfahrung als Ratgeber und damit als legitimiert zu sehen, auch »Unangemessenes« aussprechen zu dürfen. Dieses Verhalten wird ihnen von der Umgebung häufig auch zugestanden, oder es wird sogar im positiven Sinne als »Gerade-heraus-Sein« oder als »Im Alter kann man sagen, was man denkt« ausgelegt. Dass mit einem solchen Verhalten aber auch negative Konsequenzen verbunden sind, zeigten von Hippel und Dunlop (2005) in einem Experiment mit einer komplexen Versuchsanordnung. In einer Gruppensituation sollte angegeben werden, inwieweit die anderen TeilnehmerInnen »unangenehme« Themen ansprechen oder bei diesen nachfragen würden (z. B. eine Behinderung oder Übergewicht). Es sollte unterschieden werden zwischen einer privaten und einer öffentlichen Situation, auch sollte angegeben werden, wie nahe man sich der jeweilig anderen Person fühlte. Es zeigte sich, dass Jüngere stärker zwischen beiden Situationen unterscheiden. Sie waren eher der Meinung, bestimmte Themen in der Öffentlichkeit nicht anzusprechen, legten also eine größere soziale Sensibilität an den Tag. Die älteren Versuchsteilnehmer unterschieden hingegen weniger zwischen beiden Situationen. Die anderen Gruppenteilnehmer gaben an, sich diesen Personen, also den Älteren, weniger nah zu fühlen. Dieses Ergebnis zeigt also mögliche negative Konsequenzen eines sozial unangemessenen, eher bei Älteren zu beobachtenden Verhaltens. Auch wurde in der Auswertung deutlich, dass Personen mit Inhibitionsdefiziten eher die beschriebenen sozialen Defizite aufwiesen.

2.6.2 Klinische Befunde

Befunde zu den beschriebenen Defiziten im sozialen Verhalten liegen bisher nur bei dementiellen Erkrankungen und bei der Parkinson-Erkrankung vor (Desmarais, Lanctôt, Masellis, Black & Herrmann, 2018), nicht aber zu anderen klinischen Gruppen. Allerdings wurde weiter vorn bereits auf den Zusammenhang von ToM-Defiziten und verminderter sozialer Aktivität und Isolation hingewiesen (▶ Kap. 2.1.2). Da ToM-Defizite auch als Bestandteil der hier beschriebenen Defizite im sozialen Verhalten zu betrachten sind, kann auch dabei von einem Zusammenhang zu Einsamkeit und Isolation ausgegangen werden, die wiederum mit erheblichen gesundheitlichen Risiken verbunden sind (Nicholson, 2012). Nicht objektive, aber subjektive Isolation geht mit Depressionen einher (Taylor, Taylor, Nguyen & Chatters, 2018). Beim Verständnis von Isolation und Einsamkeit werden die hier dargestellten Veränderungen in der Kommunikation und im sozialen Verhalten als »Bindeglied« zumeist wenig berücksichtigt. Nur wenige Befunde weisen auf deren Bedeutung hin, etwa das Ergebnis von Rook (2015), wonach bei nicht zu kontrollierenden sozialen Spannungen Ältere im Vergleich zu Jüngeren mehr negative Affekte erleben und ein höheres Niveau an Depressionen aufweisen.

Fallvignetten

Der 80-jährige Patient war vor einigen Jahren mit seiner zweiten Frau in die Stadt gezogen, in der deren Tochter mit Familie lebte. Sie hatten auf einen intensiven Kontakt gehofft, doch zu ihrer Enttäuschung kümmerte die Tochter sich weniger um sie als erhofft und verwies auf ihre starke berufliche Belastung. Es gab Hinweise, denen zufolge die Tochter keineswegs darauf eingestellt war, jetzt einen engeren Kontakt zu den Eltern zu pflegen, und diese hatten ihre Erwartungen im Vorfeld offenbar kaum kommuniziert. Selbst hatten sie sich kaum darum bemüht, in der neuen Stadt Fuß zu fassen und Kontakte aufzubauen, und bald bereuten sie den Umzug und schmiedeten Pläne für einen erneuten Umzug. Der Konflikt wurde auch jetzt mit der Tochter nicht besprochen, und von den Überlegungen eines erneuten Umzugs erfuhr die Tochter nichts, es blieb ihr Geheimnis, in dem die ganze Enttäuschung und Wut enthalten war. Dass die Tochter sich den Kontakt vermutlich ganz anders vorstellte, darüber hatten sie sich bislang keine Gedanken gemacht, beide Seiten hatten sich die jeweilige Perspektive der anderen Seite nicht vor Augen geführt.

Die 78-jährige, sehr korrekte und zuvorkommende Patientin hatte als Älteste einen besonderen Status im Pfarrgemeinderat, regulär werden dort Personen ab einem bestimmten Alter nicht mehr aufgenommen. Den alten Pfarrer hatte sie sehr verehrt, und obwohl der neue Pfarrer schon eine ganze Weile sein Amt ausübte, blieb sie skeptisch ihm gegenüber. In einer Sitzung habe er zu Beginn eine langatmige Einleitung gehalten, die sie immer ungeduldiger verfolgt habe. Dann habe sie ihn unterbrochen und ihren Unmut für ihr eigenes Empfinden recht harsch zum Ausdruck gebracht. Sofort seien ihr die Tränen in die Augen geschossen, sie habe eine tiefe Scham gefühlt, sie sei rausgerannt und habe erst nach einer ganzen Weile zurückkehren können. Infolge einer reduzierten emotionalen Kontrolle hatte sie ein Verhalten gezeigt, das fundamental ihren Werten widersprach.

2.6.3 Therapeutische Überlegungen

Die in diesem Abschnitt behandelten Themen knüpfen an die in der Psychodynamischen Psychotherapie zentralen Themen der Beziehungskonflikte und Formen der Objektbeziehungen an. Doch bei älteren Patienten sollten die vorgestellten gerontologischen Befunde einbezogen werden. Konflikte mit erwachsenen Kindern oder Ehepartnern zählen zu den häufigsten Anlässen, einen Therapeuten aufzusuchen. Je fragiler die Älteren sind, umso stärker ist die Reziprozität in Beziehungen eingeschränkt, woraus erhebliche Konflikte resultieren können (Lang & Carstensen, 1994, Clarke, Preston, Raksin & Bengtson, 1999). Für Therapeuten ist es daher wichtig zu wissen, dass ältere Menschen i. d. R. mit Konflikten anders umgehen als jüngere. Sie können »reife« Formen wie eine positive Umdeutung eines zwischenmenschlichen Konfliktes zeigen; diese Form gilt es in Therapien zu fördern. Andererseits sind problematische Formen des Umgangs nicht zu übersehen. Therapeuten sollten in der Lage sein zu erkennen, dass ein vermeidender bzw. passiver oder hinnehmender Umgang mit Konflikten für Ältere wichtige Funktionen erfüllen kann. Sie sollten lernen, eigene Erwartungen und Affekte besser auszudrücken, aber ebenso ToM-Fähigkeiten zu fördern, um die Motive des Gegenübers zu verstehen. Nur dadurch kann die Bereitschaft gefördert werden, unterschiedliche Motive und Erwartungen anzuerkennen, diese zu akzeptieren und einen verständnisvollen und kooperativen Umgang mit anderen zu finden.

Die kommunikative Egozentrizität und sozial unerwünschtes Verhalten dürften eher Phänomene sein, die im fortgeschrittenen Alter auftreten und insofern dort zu beobachten sein, wo Hochaltrige behandelt bzw. gepflegt werden. Dort werden sie durchaus negativ sozial sanktioniert bzw. erschweren die Integration in eine therapeutische Gemeinschaft oder Wohngruppen. Dieses Verhalten ist zweifellos schwer zu beeinflussen, zumal die Konfrontation mit ihm sicherlich ein hohes Kränkungspotential beinhaltet. Zu unterscheiden und unterschiedlich zu bewerten sind persönlichkeitsbedingte, sozial bedingte und neuropsychologisch begründete Defizite. Ziel sollte in jedem Falle die reflexive Bearbeitung der daraus resultierenden Spannungen sein, verbunden mit einer Reduktion sozialkognitiver Defizite, etwa durch die Anregung eines Perspektivenwechsels oder der Abschätzung der Folgen eigenen Verhaltens, aber auch der Imagination alternativen Verhaltens (Peters, 2021b).

2.7 Selbstreflexion und Metakognition

Sind Ältere die reflektierteren Menschen?

Es ist Teil eines positiven Altersstereotyps, dass ältere Menschen mehr über sich, das Leben und die Welt nachdenken, was dann auch mit der Zuschreibung von Weisheit verknüpft werden kann (▶ Kap. 2.10). Ein solches Nachdenken kann tatsächlich durch ein bestimmtes Ereignis, etwa einen Verlust oder eine schwere Erkrankung, angeregt werden. Doch sind ältere Menschen tatsächlich reflektierter und weitsichtiger, und verfügen sie eigentlich über die kognitiven und emotionalen Voraussetzungen, die dazu erforderlich sind? Selbstreflexion ist in Bezug auf das Alter bisher kaum untersucht worden, so dass hier nur Konzepte herangezogen werden können, die damit in Zusammenhang stehen wie etwa das Konzept der Metakognition und der Psychological Mindfulness. Auch die sprachliche Kompetenz ist diesbezüglich von Bedeutung.

2.7.1 Gerontologische Grundlagen

Selbstreflexion

Selbstreflexion meint die Erfahrung, sich selbst genauer zu betrachten und über sich nachzudenken. Das eigene Selbst zum Objekt zu machen, setzt eine Distanzierung von sich selbst wie auch von der unmittelbaren Situation voraus. Selbstreflexion wird als ein charakteristisches Merkmal des Menschen und grundlegend für die höheren geistigen Funktionen verstanden (Gillespi, 2007). Sie steht im Zentrum der Mentalisierungstheorie und beschreibt gewissermaßen die reife Form des Mentalisierens.

Inwiefern ältere Menschen über diese Fähigkeit verfügen, kann bisher nicht eindeutig beantwortet werden. Peters und Schulz (2022b) fanden in einer nichtklinischen Stichprobe keine Unterschiede in der Selbstreflexion zwischen älteren

Probanden (>70 Jahre) und solchen mittleren Alters, gemessen mit der Skala Selbstreflexion des MZQ, also einem Selbsteinschätzungsverfahren. Ob sich dieses Ergebnis mit direkteren Verhaltensmessungen bestätigen würde, kann derzeit nicht beantwortet werden. Die schon weiter vorn berichteten Befunde zur Theory of Mind lassen eher vermuten, dass mit Einschränkungen zu rechnen ist, setzt doch Selbstreflexion die Fähigkeit voraus, sich selbst aus der Perspektive eines Dritten heraus zu betrachten, dies aber dürfte vielen älteren Menschen schwerfallen.

Indirekt lassen sich auch Schlussfolgerungen aus Untersuchungen zur Dynamischen Integrationstheorie ableiten (Labouvie-Vief et al., 2010), weist doch das dort formulierte Konstrukt der affektiv-kognitiven Komplexität eine große Nähe zu Selbstreflexion auf. Die Ergebnisse legen nahe, dass sich bei einem Teil der älteren Menschen die Komplexität des Strukturniveaus reduziert, bei einem anderen Teil jedoch nicht, wobei v. a. Bildung eine wichtige protektive Variable ist (▶ Kap. 2.3.1).

Metakognition

Das Konzept der *Metakognition* (»*thinking about thinking*«) ist mit dem der Selbstreflexion verwandt und erfasst in ähnlicher Weise die Fähigkeit, sich der eigenen Gedanken, Überzeugungen oder des eigenen Verhaltens bewusst zu werden und es kontrollieren zu können. Die Ergebnisse zum Alter zeigen ein differenziertes Bild. Hertzog und Hultsch (2000) kommen zu dem Schluss, dass Ältere in der Lage sind, ihre eigenen kognitiven Fähigkeiten zu beobachten und einzuschätzen, worin die Autoren die Möglichkeit sehen, kognitive bzw. gedächtnisbezogene Defizite zu kompensieren. Eine andere Frage scheint allerdings zu sein, ob sie diese Fähigkeit immer in adäquater Weise zum Tragen bringen. Andere Studien zeichnen ein weniger positives Bild, insbesondere neigen Ältere zur Überschätzung eigener Fähigkeiten (z. B. Fahrtüchtigkeit). Auch überschätzen sie ihre Fähigkeit etwa im Hinblick auf die Frage, ob sie neu erlerntes Wissen korrekt reproduzieren können, wovon sie oftmals stärker überzeugt sind als Jüngere (Dodson, Bawa & Krueger, 2007, Palmer, David & Fleming, 2014). Allerdings hängt die Art und Weise der Bewertung und Verarbeitung metakognitiver Informationen wesentlich vom Selbstbild und der Stimmungslage ab. Beides kann bei einer negativen Ausrichtung zu einer mangelnden Aktivierung von Gedächtnisprozessen führen, wodurch die gedächtnisbezogene Leistungsfähigkeit negativ beeinflusst wird.

Psychological Mindfulness

Mindfulness (*Achtsamkeit*) bezeichnet einen Zustand, in dem ein Mensch hellwach die gegenwärtige Verfasstheit seiner direkten Umwelt, seines Körpers und seines Gefühlszustandes erfährt, ohne von Gedankenströmen, Erinnerungen, Phantasien oder starken Emotionen abgelenkt zu sein und ohne darüber nachzudenken oder diese Wahrnehmungen zu bewerten. Achtsamkeit kann demnach als Form der Aufmerksamkeit im Zusammenhang mit einem besonderen Wahrnehmungs- und Bewusstseinszustand verstanden werden. Damit beschreibt Mindfulness etwas anderes als Selbstreflexion oder Metakognition, aber doch auch einen inneren Zustand des Selbstbezuges, der auch häufiger im Kontext von mentalisierungsbezogenen Überlegungen benutzt wird. Im Unterschied zu Selbstreflexion oder Metakognition beschreibt Mindfulness eher eine passive Haltung, die sich vornehmlich auf die Aufmerksamkeitssteuerung richtet.

Die vorliegenden Studien sprechen dafür, dass ältere Menschen eher als jüngere in der Lage sind, einen solchen Zustand herbeizuführen (Shook, Ford, Strough, Delaney & Barker, 2017). Mahlo und Windsor (2021) konnten zeigen, dass die Fähigkeit, die Aufmerksamkeit in der Gegenwart zu belassen, eine nichtbeurteilende Haltung den eigenen Gedanken und Gefühlen gegenüber einzunehmen, das Nichthaftenbleiben an bestimmten Gedanken u. a. positiv mit dem Alter assoziiert waren. Auch zeigten die Ergebnisse zahlreiche Zusammenhänge zu gesundheitsbezogenen Variablen wie Wohlbefinden, Lebenszufriedenheit oder stabiler Affektbalance. Zur Erklärung wird u. a. die Theorie der sozioemotionalen Selektivität herangezogen, die ja eine stärkere Hier-und-Jetzt-Orientierung im Alter postuliert, die sich dann auch in der Bereitschaft und Fähigkeit, die Aufmerksamkeit stärker auf die Gegenwart zu richten, ausdrückt. Auch die Zunahme eines Copingstils, sich an Gegebenheiten anzupassen oder diese hinzunehmen, kann die Entwicklung von Mindfulness im Alter unterstützen.

Sprachliche Kompetenz

Mentalisieren ist eingebettet in unsere Sprache und somit eng mit sprachlicher Kompetenz verbunden (Schulz-Venrath, 2013), was im Hinblick auf das Alter auch deshalb von Bedeutung ist, weil die sprachliche Kompetenz von Alterseinbußen weitgehend verschont bleibt. Obwohl alle anderen Gedächtnissysteme im Alter Defizite aufweisen, bleibt das sprachliche Gedächtnis unbeeinträchtigt, ja der Wortschatz als Element der kristallinen Fähigkeiten kann sogar weiter anwachsen (Mayr, 2012). In Bezug auf die Mentalisierungsfähigkeit ist bedeutsam, dass Defizite bei den ToM-Fähigkeiten dann geringer ausfallen, wenn auf sprachliches Material reagiert werden muss. So ist auch zu erklären, dass ältere Menschen weniger die Mimik nutzen, um Informationen über ihr Gegenüber zu erlangen, sondern sich auf die sprachlichen Mitteilungen stützen (Henry et al., 2013). Möglicherweise können Ältere mit ihrer sprachlichen Kompetenz anderweitige Defizite zu kompensieren oder zu maskieren versuchen.

Noch einen Schritt weiter geht Labouvie-Vief (2015), die in ihren Studien zur Sprache älterer Menschen gefunden hatte, dass sich Ältere etwa bei der Wiedergabe bzw. Zusammenfassung von Texten weniger als jüngere Menschen darum bemühen, dies textgetreu zu tun, sondern sich mehr an dessen Symbol- oder Sinngehalt orientieren. In ihrem Bemühen, sich vor stärkeren Affekten zu schützen, so Labouvie-Vief, bemühten sich Ältere noch stärker um eine sprachliche Kontrolle. Neugarten (1968) hatte vor vielen Jahren einen »inward shift« im Alter postuliert, und Labouvie-Vief (2015) versteht die stärkere Symbolhaftigkeit in der Sprache Älterer als Ausdruck dieses Wechsels nach Innen.

2.7.2 Klinische Befunde

Bei diesem zentralen Thema der Mentalisierungstheorie wird das Forschungsdefizit besonders deutlich. Zwar zeigt die Studie von Peters und Schulz (2022b) in beiden Altersgruppen hochsignifikante Unterschiede zwischen den Stichproben mit und ohne psychische Erkrankung in der Selbstreflexion, d. h. bei psychisch belasteten Älteren ist diese Fähigkeit ebenso eingeschränkt wie bei Jüngeren. Dass sich keine Altersunterschiede fanden, könnte auch darauf zurückgeführt werden, dass ein Selbsteinschätzungsinstrument nur eingeschränkt valide Ergebnisse zu erbringen vermag. Psychotherapeuten jedenfalls schätzen die Mentalisierungsfähigkeit älterer Patienten schlechter ein als die jüngerer (Peters & Becker, 2025, ▸ Kap. 2.9). Auch in der Studie von Ledermann und Sheffler (2022) schätzten Therapeuten ältere Patienten als mehr am Konkreten haftend und rigider im Vergleich zu jüngeren Patienten ein.

Einen interessanten Befund berichten Becker, Zimmermann, Schauenburg, Peters und Forstmeier (2025), zeigten doch ältere Patienten mit Depressionen eine positivere Bewertung ihres eigenen Selbst als jüngere Depressive, während sich in der Bewertung der Objekte kein Unterschied zeigte. Dieses Ergebnis kann als Hinweis darauf verstanden werden, dass ältere depressive Patienten eine weniger selbstkritische und selbstreflexive Sicht an den Tag legen und sich womöglich tendenziell eher als Opfer äußerer Umstände erleben. Somit sprechen doch einige Befunde für eine eingeschränkte Mentalisierungs- bzw. Selbstreflexionfähigkeit bei älteren Patienten. Nicht ausgeschlossen ist allerdings, dass ein solches Defizit vornehmlich in einem klinischen Kontext auftritt, d. h. Ausdruck einer Regression im Rahmen einer psychischen Erkrankung ist. Die Mentalisierungsfähigkeit könnte im Alter zunehmend vulnerabel, aber nicht notwendigerweise dauerhaft eingeschränkt sein.

Auch zu den anderen in diesem Abschnitt aufgegriffenen Konstrukten finden sich kaum Studien. Varkal, Yalvac, Tufan, Turan, Cengiz und Emul (2013) fanden in einer Gruppe älterer Patienten mit einer generalisierten Angststörung, dass diese weniger in der Lage waren, die eigenen Gedanken im Sinne einer metakognitiven Kontrolle zu steuern, was die Angststörung begünstigte. Metakognitive Defizite führen bei psychisch belasteten Älteren noch stärker als bei nicht belasteten zu einer Unterschätzung eigener kognitiver Fähigkeiten (Palmer et al. 2014). Schließlich zeigt eine Studie zu Psychological Mindfulness auch bei Älteren positive Zusammenhänge zu gesundheitlichen Variablen und negative in Bezug auf Stress (De Frias & Whyne, 2015).

Fallvignetten

Der 71-jährige, selbständig tätige Mann ging immer noch regelmäßig in sein Büro. Allerdings empfing er seine Kunden nur noch zu ausgewählten Zeiten, und manchmal, wenn es später geworden war, zog es ihn rasch nach Hause. Doch einmal übersah er, dass ein Kunde noch die Toilette aufgesucht hatte und schloss ihn ein. Der klopfte und schlug gegen die Tür, so dass Nachbarn ihn hörten und den Geschäftsmann informierten. Diese peinliche Episode veranlasste ihn, neue Kontrollen einzuführen, fortan kontrollierte er regelmäßig vor Verlassen des Büros, dass die Fenster geschlossen waren und warf noch einen Blick in die Toilette. Die realistischere Einschätzung seiner begrenzteren Aufmerksamkeit, zumal am Ende des Tages, waren Anlass zu einer neuen metakognitiven Kontrolle, wodurch er sein Defizit kompensieren konnte.

Die 87-jährige Patientin brachte immer wieder ein reichhaltiges Material mit in die Therapiestunde und konnte sich sehr gut auf einen Selbstreflexionsprozess einlassen, nahm dabei auch eine selbstkritische Position etwa im Hinblick auf den früheren Umgang mit ihren drei Töchtern ein. Insbesondere zu einer Tochter, der sie nach eigenen Angaben Unrecht getan habe, und die sich ihr gegenüber sehr distanziert und abwartend verhielt, konnte sie immer wieder auch für sich reflektieren, wo die Grenze zwischen Nähe und Distanz verlief und diese immer wieder neu ausloten. Auch in Bezug auf das hohe Alter, das sie zunehmend deutlich spürte, verhielt sie sich sehr reflexiv, scheute auch Gedanken an das Ende des Lebens nicht. Eines Tages berichtete sie einen Traum, indem sie sich auf einer Brücke befunden habe und dann eine dunkle, sehr tief hängende Wolke kam und sie mitnahm. Sie selbst erlebte diesen Traum als sehr beruhigend, gewissermaßen als eine versöhnliche Todesvorstellung, in der sie sanft in einer Wolke mitgenommen wird. Ihre hoch entwickelte Fähigkeit zur Selbstreflexion, ihre Symbolisierungsfähigkeit sowie ihre sprachliche Kompetenz verhalfen ihr dazu, mit den Einschränkungen des hohen Alters umzugehen.

2.7.3 Therapeutische Überlegungen

Der Fähigkeitsbereich der Selbstreflexion wurde hier aufgefächert in unterschiedliche, damit in Zusammenhang stehende Aspekte. Es ergibt sich dabei kein einheitliches Bild dieses Fähigkeitsbereichs bei Älteren, zumal Untersuchungen fehlen, die explizit vom Konzept der Selbstreflexion ausgegangen wären. Positiv hervorzuheben ist die erhaltene sprachliche Kompetenz Älterer, ist damit doch auch die Grundvoraussetzung gegeben, von einer Psychotherapie zu profitieren. Das Ältere verstärkt Informationen aus sprachlichen Mitteilungen aufnehmen, könnte auch ein wichtiger Hinweis für Therapeuten sein, sprachlich präsent zu sein und ihr eigenes Verhalten immer wieder zu erläutern. Nicht die Zurückhaltung, wie sie in der psychoanalytischen Tradition als sinnvoll erachtet wurde, sondern der intensive verbale Dialog scheint therapeutisch förderlich zu sein. Er bietet die Chance, die Konkretheit und Rigidität, die ihn bei manchen Älteren zunächst einschränkt, abzumildern und ihn mehr symbolisch und imaginativ anzureichern.

Die psychologische *Mindfulness* zählt wohl zu den positiv hervorzuhebenden Fähigkeitsbereichen und kann in der Alterspsychotherapie einen besonderen Stellenwert einnehmen, zumal mit dieser Fähigkeit zahlreiche gesundheitlich positive Effekte verbunden sind. Dabei geht es nicht um ausschließlich darauf ausgerichtete Therapieprogramme, vielmehr können Elemente eines solchen Ansatzes in unterschiedliche Therapien aufgenommen werden. Mindfulness-orientierte Elemente – z.B. Körper- oder Atemübungen – können geeignet sein, den Selbstbezug und schließlich die Bereitschaft zur Selbstreflexion zu erhöhen. Eine im Alter nachlassende Neigung zur Extraversion und eine stärker introvertierte und manchmal auch nachdenklichere Haltung dürfte dem entgegenkommen. Dennoch lassen die allerdings nur wenigen Befunde zur *Selbstreflexionsfähigkeit* im Alter vermuten, dass bei manchen Älteren, insbesondere Hochaltrigen Abstriche zu machen sind, was insbesondere in den Befunden von Peters und Becker (2025) sichtbar wird (▶ Kap. 4.7.3).

2.8 Biografisches Mentalisieren

Rückt die Vergangenheit näher?

Früher wurde das vergangenheitsbezogene Denken Älterer häufig als Hinweis auf beginnende Senilität verstanden; diese Auffassung hat sich jedoch grundlegend gewandelt. Heute ist es selbstverständlich geworden, den Reichtum an Erinnerungen und das Gewordensein der Person als zentralen Bestandteil der Identität älterer Menschen zu betrachten. Auch dienen lebensgeschichtliche Erinnerungen dazu, soziale Kontakte zu stiften und eine kommunikative Verbindung herzustellen. Doch was ist eigentlich das autobiografische Gedächtnis, wie gut funktioniert es im Alter, und welche Rolle spielt es bei psychischen Krankheiten und in der Therapie?

2.8.1 Gerontologische Grundlagen

Autobiografisches Gedächtnis

Das autobiografische Gedächtnis ist kein eigenes Gedächtnissystem, sondern Teil des *episodischen Gedächtnisses*; manchmal werden beide Begriffe auch synonym verwendet. Markowitsch und Welzer (2005) beschreiben das *autobiografische Gedächtnis* als eine bio-psycho-soziale Instanz, die das Relais zwischen Individuum und Umwelt, zwischen Subjekt und Kultur darstellt. Da sich mit Ausnahme des passiven Wortschatzes praktisch alle Gedächtnisleistungen im Alter verschlechtern, ist naturgemäß auch das episodische und damit das autobiografische Gedächtnis betroffen. Der Abbau beginnt bereits früh, verläuft dann langsam aber kontinuierlich über die Lebensspanne. Episoden aus dem früheren Leben werden weniger detailreich erinnert und es sind Einbußen bezüglich des Quellengedächtnisses zu erwarten, d.h. die erinnerten Episoden verlieren ihre räumliche und zeitliche Einbettung, bleiben aber in ihrem inhaltlichen Kern erhalten (Markowitsch & Welzer, 2005). Habermas, Diel und Welzer (2013) sprechen von einer *Semantisierung des Gedächtnisses* im Alter, da das semantische Gedächtnis das Lebens- und Weltwissen umfasst, also die unspezifischen, generalisierten Erinnerungen, die erhalten bleiben. Die Verschlechterung umfasst auch die Fähigkeit, intern generierte und extern wahrgenommene Informationen, also Phantasie und Realität, zu unterscheiden. In entsprechenden Experimenten zeigte sich, dass Ältere stärker als Jüngere Elemente in ihre Schilderung einfügen, die nicht unmittelbar Teil der biografischen Episode sind (»off-topic-speech«), sondern diese kontextualisieren bzw. mit anderen Lebensbereichen oder dem Selbst verknüpfen. Habermas et al. (2013) zufolge kommt dieser Form der »anreichernden« Erinnerung eine sinngebende Funktion zu. Damit öffnen sich natürlich Möglichkeiten, biografische Inhalte sinnverändernd zu erinnern.

Entscheidend für das aktuelle Befinden ist nun aber die Qualität der Erinnerungen, und da zeigt sich, dass aktuelles Wohlbefinden mit positiven Erinnerungen einhergeht. Die vergangenheitsbezogene Zeitperspektive ist zwar im Alter von Bedeutung, aber Ältere leben nicht nur in der Vergangenheit. Vielmehr können sie auch Gedanken an die Zukunft angstfrei zulassen, allerdings treten diese seltener als bei Jüngeren auf. Grundsätzlich aber scheint eine Balance in der Zeitperspektive, d. h. ein ausgewogenes Denken an Vergangenheit, Gegenwart und Zukunft mit höherem Wohlbefinden einherzugehen (Desmyter & De Raedt, 2012, Webster & Ma, 2013).

Affekte und Erinnerungen

Autobiographische Erinnerungen beziehen sich besonders häufig auf generationenbezogene, identitätsstiftende Ereignisse oder Entwicklungsabschnitte, zumeist aus der Jugend oder dem jungen Erwachsenenalter, was Jansari und Parkin (1996) als *reminiscence bulk* bezeichnet haben. Ein solches Erinnern korreliert negativ mit Depressionen (Gidron & Alon, 2007), da bevorzugt positive Ereignisse erinnert werden, d. h. auch hier ist der Positivitätseffekt wirksam (Kennedy, Mather & Carstensen, 2004).

Er macht sich auch dann bemerkbar, wenn zurückliegende Entscheidungen oder Handlungen bereut werden, etwa im Hinblick auf die Berufs- oder Partnerwahl. *Reue* geht mit erhöhten Depressionswerten einher (Roese et al., 2009). Die Studie von Tassone, Reed und Carstensen (2019) zeigt, dass sich dieses Gefühl im Alter jedoch abschwächt und dass erinnerte biografische Ereignisse mit wachsendem Abstand tendenziell auch mit positiven Gefühlen verbunden werden, d. h. die Bereitschaft, sich selbst zu verzeihen, ansteigt. Mit anderen Worten: Zeit trägt doch dazu bei, Wunden zu heilen. Mullet, Houdbine, Laumonier und Girad (1998) fanden, dass auch die Bereitschaft zu vergeben zunimmt.

Älterwerden hat zur Folge, manches Bedeutsame hinter sich zu lassen, das aber in der Erinnerung wach bleibt. Dabei kann es um einem einst nahestehende oder geliebte Personen gehen oder um Zeiträume oder Orte, die einen besonderen Stellenwert im Leben eingenommen haben. Solche emotional aufgeladenen Erinnerungen gehen mit dem Gefühl der *Nostalgie* einher, das einerseits positive Gefühle und eine Sehnsucht nach dem Vergangenen umfasst, andererseits die Trauer und das Bedauern, es für immer verloren zu haben. Insofern zählt Nostalgie zu den »bittersüßen« und komplexen Emotionen (▶ Kap. 2.3.1) (Hepper, Wildschut, Sedikides, Robertson & Routledge, 2021). Dieses Gefühlsmuster kann in allen Lebensabschnitten, besonders in Übergangsphasen auftreten, doch sprechen die

Befunde für eine Zunahme, wenn sich die Zukunft verkürzt. Auch Einsamkeit, Krankheit oder die Nähe zum Tod können ein wehmütiges Herbeisehnen vergangener Zeiten oder vermisster Personen hervorrufen (Madoglou, Gkinopoulos, Xanthopoulos & Kalamaras, 2017). Ein Gefühl von Heimweh ist im Alter, etwa bei Flüchtlingen oder Vertriebenen, verbreitet (Peters, 2018).

Wurde Nostalgie lange Zeit in die Nähe von Depression oder sogar Suizid gerückt, ist diese Annahme durch neuere Studien widerlegt worden. Hepper et al. (2021) zufolge weisen ältere Menschen mit hohen Nostalgiewerten höhere Werte im Wohlbefinden, im Sinnerleben und in der Qualität sozialer Beziehungen auf als Personen mit geringeren Nostalgiewerten. Auch war dieser Zusammenhang bei älteren Menschen höher als bei jüngeren. Es handelt sich offenbar um ein Gefühlsmuster, dass ein Gegengewicht zu einem belastenden aktuellen Befinden darstellt und damit eine innere Balance wieder herzustellen vermag. So kann es dazu verhelfen, etwa depressive Gefühle aufzuhellen, die Kontinuität des Selbst zu gewährleisten und die Vergangenheit mit der Gegenwart zu verbinden. Voraussetzung für diese positive Wirkung dürfte Ambiguitätstoleranz sein, d. h. die Fähigkeit, Trauer und Wehmut mit den positiven Erinnerungen in einem Gleichgewicht zu halten. Gewinnt das wehmütige Sich-Erinnern im Rahmen einer ängstlich-sorgenvollen Haltung allein die Oberhand, kann dies auch der Vermeidung der Auseinandersetzung mit aktuellen Anforderungen dienen.

2.8.2 Klinische Befunde

Besondere lebensgeschichtliche Belastungen stellen traumatische Erfahrungen etwa im Zusammenhang mit Krieg, Flucht und Vertreibung (Radebold, 2006, Peters, 2018) oder etwa sexueller Missbrauch dar. Das Belastungserleben verstärkt sich im Alter häufig infolge einer *Trauma-Reaktivierung*, wozu in nicht unerheblichem Maße die reduzierte Inhibitionsfähigkeit beiträgt (Floyd et al., 2002). Als Folge von Kindheitstraumata wurde insbesondere in der psychoanalytischen Literatur ein fragmentiertes oder desorganisiertes Gedächtnis bzw. ein eingeschränktes Erinnerungsvermögen betrachtet. In der heutigen Forschung werden diese Folgen unter das Konzept des *generalisierten autobiografischen Gedächtnisses* gefasst. Dieses ist dadurch gekennzeichnet, dass sich die Betroffenen nicht an Details biografischer Ereignisse erinnern können (z. B. »Ich war traurig, als meine Klassenlehrerin im zweiten Schuljahr eine Mobbing-Klage abwies.«) und stattdessen lediglich einen allgemeinen Gesamteindruck erinnern (z. B. »Ich war in der Schule immer traurig.«). Ein eingeschränktes Sich-Erinnern aber, so die Befunde, erhöht die Vulnerabilität im Hinblick auf die Entwicklung und Aufrechterhaltung einer klinischen Symptomatik (Williams et al. 2007), was insbesondere im Hinblick auf Traumafolgestörungen und Depression untersucht wurde.

Bei traumatisierten Personen ist die Erinnerungsfähigkeit i. d. R. beeinträchtigt. In einer Metaanalyse bestätigte sich, dass diese – ohne *Posttraumatische Belastungsstörung* (PTBS) – weniger spezifische, hingegen mehr übergeneralisierte negative Erinnerungen generieren, bei Personen mit einer PTBS war dieser Effekt noch stärker ausgeprägt. Auch die Erinnerung an positive, nicht-traumabezogene Begebenheiten scheint in diesem Falle eingeschränkt zu sein (Ono, Devilly & Shum, 2016). Die Erinnerungsdefizite sind größer, wenn die Traumata bereits in der Kindheit stattgefunden haben.

Es wurden verschiedene Überlegungen entwickelt, diesen Effekt zu erklären (Williams et al. 2007). Zunächst einmal ist davon auszugehen, dass durch eine Generalisierung spezifische schmerzliche Erinnerungen und damit auch negative Affekte vermieden werden. Im Hinblick auf Ältere dürfte auch der Hinweis auf die Beteiligung der Exekutivfunktionen von Bedeutung sein. So zeigte sich, dass Personen mit schlechteren Exekutivfunktionen weniger spezifische Erinnerungen produzierten, weil sie vermutlich Angst haben, negative Affekte hervorzurufen bzw. weitere negative Erfahrungen zu aktivieren, die sie dann weniger gut kontrollieren können. Dies könnte auf die Älteren zutreffen, die nicht bereit sind, über frühere Traumata zu sprechen und bei denen nicht auszuschließen ist, dass bereits spezifische traumabezogene Erinnerungen aktiviert wurden, die nun unter hohem kognitivem Aufwand kontrolliert werden (Floyd, Rice & Black, 2002).

Auch bei Depression wurde das Phänomen der übergeneralisierten autobiografischen Erinnerungen beobachtet. So produzieren sowohl depressive wie auch suizidale ältere Personen ein geringeres Ausmaß spezifischer positiver und ein höheres Maß übergeneralisierter negativer Erinnerungen (Ono et al., 2016, Wilson & Gregory, 2018), d.h. sie generieren eher solche Erinnerungen, die mit ihrer derzeitigen Stimmungslage kongruent sind und erhalten dadurch die Symptomatik aufrecht.

Fallvignette

Die 89-jährige Patientin kam nach einem Suizidversuch in die Therapie. Sie hatte diesen minuziös vorbereitet, doch dann kam wider Erwarten ihr Mann frühzeitig nach Hause. Sie litt an schweren Depressionen, die ihr die Lebensfreude und den Lebenssinn genommen hatten. Sie war 1956 aus Ungarn geflohen, hatte an der Universität in Budapest studiert, die als eines der Zentren des Ungarn-Aufstandes galt. Zum Zeitpunkt der Flucht war sie 19 Jahre alt. Sie schilderte, wie sie über Wien nach Deutschland gereist war, woran sie sich gut erinnern konnte. Doch die genauen Umstände der Flucht schien sie vergessen zu haben, auch war sie zunächst nicht bereit, darüber zu sprechen. Dazu kam es erst im weiteren Verlauf der Therapie, und erst allmählich konnte sie sich auch detaillierter erinnern. Erst Jahrzehnte später, nämlich mit dem Angriff der russischen Armee auf die Ukraine träumte sie erstmals von der Flucht. Im Traum waren Bilder aufgetaucht, wie sie sich im Dunkeln leise über das Feld fortbewegen mussten, um nicht von Soldaten der Roten Armee aufgegriffen zu werden.

Die Ereignisse hatten eine Vorgeschichte, die mit traumatischen Erlebnissen im Zusammenhang mit der Besetzung Budapests durch die Wehrmacht standen, aber auch mit der späteren Einnahme durch die Rote Armee. Auch hier waren die Erinnerungen zunächst nur sehr allgemein, doch im Laufe der Zeit konnte sie erinnern, wie ihr geliebter Hund einen spitzen Schrei von sich gegeben hatte, als die Soldaten ihn erschossen. Die Erinnerungen an die genauen Umstände im Zusammenhang mit der Besetzung ihres Wohnhauses durch die sowjetischen Soldaten kamen erst allmählich mehr zum Vorschein, aber auch die Nähe zur Mutter und zum Kindermädchen, die ihr schützend zur Seite gestanden hätten.

2.8.3 Therapeutische Überlegungen

In der psychoanalytischen Tradition spielte das Erinnern eine große Rolle, dem Wiedergewinnen von Kindheitserinnerungen wurde eine zentrale therapeutische Wirkung zugeschrieben, eine Auffassung, die heute kritisch gesehen wird (Fonagy, Target & Allison 2003). Dennoch stellt die reflexive Auseinandersetzung mit biografischen Erfahrungen eine wichtige Dimension in der Therapie Älterer dar und greift gewissermaßen eine dem Alter innewohnende Tendenz auf, der Vergangenheit mehr Aufmerksamkeit zu schenken. So verwundert es nicht, dass biografischen Themen in der Psychotherapie Älterer einen größeren Raum einnehmen als in der Jüngerer (Peters, 2014a).

Das Ziel besteht darin, biografische Narrative zu generieren und zu *reflexiven Narrativen* weiterzuentwickeln (▶ Kap.4.5.3), um das autobiografische Gedächtnis stärker als identitätsstiftende, emotionale und kommunikative Ressource im Alter zu nutzen. Dabei geht es weniger um die Herstellung einer autobiografischen Kohärenz als um die Förderung einer lebendigen, affektbezogenen Auseinandersetzung mit der eigenen Biografie (Habermas, 2005). Reflexive Narrative kennzeichnet denn auch nicht nur ein größerer Detailreichtum, sondern auch ein vielfältigeres affektives Erleben. Die empirischen Befunde zur Nostalgie haben gezeigt, dass die emotionale Beziehung zur eigenen Biografie als eine bedeutsame gesundheitliche Ressource im Alter zu betrachten ist, die es zu nutzen gilt. Auch die im Alter wachsende Bereitschaft, anderen zu vergeben und sich selbst zu verzeihen, wenn ein Gefühl vorherrscht, im Leben Irrtümer begangen, Sackgassen eingeschlagen oder falsche Entscheidungen getroffen zu haben, kann therapeutisch genutzt werden. Ist die Lebensgeschichte durch traumatische Erfahrungen belastet, sollte sich die Therapie an traumatherapeutischen Ansätzen orientieren und in Einzelfällen durch die Einbeziehung von Stabilisierungs- oder Imaginationstechniken, die auch für ältere Menschen geeignet sind (Reddemann, Kindermann & Leve 2013), erweitert werden.

Die Differenzierung biografischer Erinnerungen hebt die Individualität und Einzigartigkeit des Lebenslaufs hervor und stärkt das Erleben von Lebenssinn und Verbundenheit. Ausdifferenzierte und elaborierte biografische Narrative korrelieren negativ mit Depressivität und positiv mit psychosozialer Eingebundenheit (Baerger & McAdams, 1999). Leahy, Ridout, Mushtaq und Holland (2018) konnten zeigen, dass die Reduktion eines übergeneralisierenden Erinnerungsstils in der Therapie mit positiven Effekten etwa im Wohlbefinden verbunden ist.

2.9 Psychologische Funktionen im Alter – Gewinne und Verluste

In der Vergangenheit stand zumeist ein *Defizitbild des Alters* im Vordergrund, in dem dieser Lebensabschnitt vornehmlich durch Verluste geprägt schien. Dieses war in der gerontologischen Forschung in der jüngeren Vergangenheit zunehmend von einem Positivbild, das die Kompetenzen Älterer betonte, abgelöst worden. Heute können Veränderungen im Alter in vielen Dimensionen detaillierter beschrieben werden, so dass ein differenzierteres Bild entstanden ist, das positive wie negative Aspekte, also Gewinne und Verluste umfasst. Auch die Ausführungen in den letzten Abschnitten orientierten sich an einem solchen Bild des Alters, in dem beide Seiten dieses Lebensabschnittes zum Ausdruck kamen.

Zu bedenken dabei ist die große Unterschiedlichkeit älterer Menschen. Werden manche früh von altersbedingten Einbußen und Verlusten erfasst, können andere ohne größere Einschränkungen bis ins hohe Alter ihr Leben selbständig führen. In einer Arbeit von Nelson und Dannefer (1992), die mehrere hundert gerontologische Studien im Hinblick auf die Varianzen auswerteten, wurde deutlich, dass in der überwiegenden Mehrzahl der Studien die Varianzen in den Stichproben Älterer größer waren als in denen Jüngerer, d.h. Menschen im Alter unterschiedlicher werden. Nicht nur ihre genetische Ausstattung verschafft manchen Vorteile, aber anderen Nachteile für das Alter. Auch die unterschiedlichen Lebenserfahrungen sowie die individuelle Lebensführung kumulieren und schaffen unterschiedliche Voraussetzungen, mit denen Menschen das Alter erreichen.

Diese große Unterschiedlichkeit wird auch durch das Lebensalter selbst beeinflusst, dass wie bereits weiter vorn dargestellt einen immer größer werdenden Zeitraum umfasst und sich in unterschiedliche Phasen untergliedern lässt. Wie bereits weiter vorn dargestellt, hat sich die Unterscheidung in drittes und viertes Lebensalter, die der englische Soziologe Laslett (1995) vorgeschlagen hat, etabliert (▶ Kap. 1.1.2). Während sich im jungen Alter neue Lebensoptionen öffnen können, hebt das hohe Alter die Möglichkeit mehr und mehr auf, so dass auch das psychische Gleichgewicht stärker gefährdet ist. Bei Hochaltrigen handelt es sich um eine zunehmend selektive Gruppe besonders widerstandsfähiger alter Menschen (Petzold, Horn & Müller, 2011). Doch für die Mehrheit ist das hohe Alter eine stressähnliche Anforderungssituation, die beträchtliche Anpassungsleistungen erfordert, so Baltes und Smith (2003) in ihrem Resümee der Berliner Altersstudie. Während Entwicklungsgewinne immer schwerer zu erlangen sind, nehmen Verluste einen breiteren Raum ein und prägen das Leben mehr und mehr.

In Bezug auf die in diesem Kapitel diskutierten struktur- und mentalisierungsbezogenen Dimensionen ist ebenso davon auszugehen, dass sich deren Entwicklung in verschiedenen Phasen des Alters unterscheidet. Während sich die beschriebenen Defizite zunächst vermutlich im alltäglichen Leben normalerweise nur geringfügig bemerkbar machen und i.d.R. gut kompensiert werden können, ist damit zu rechnen, dass sie im Laufe des Älterwerdens stärker hervortreten und im hohen Alter die Lebensmöglichkeiten stärker einschränken werden. Daraus ergeben sich unterschiedliche therapeutische Zielsetzungen und Vorgehensweisen (▶ Kap. 4.7.3).

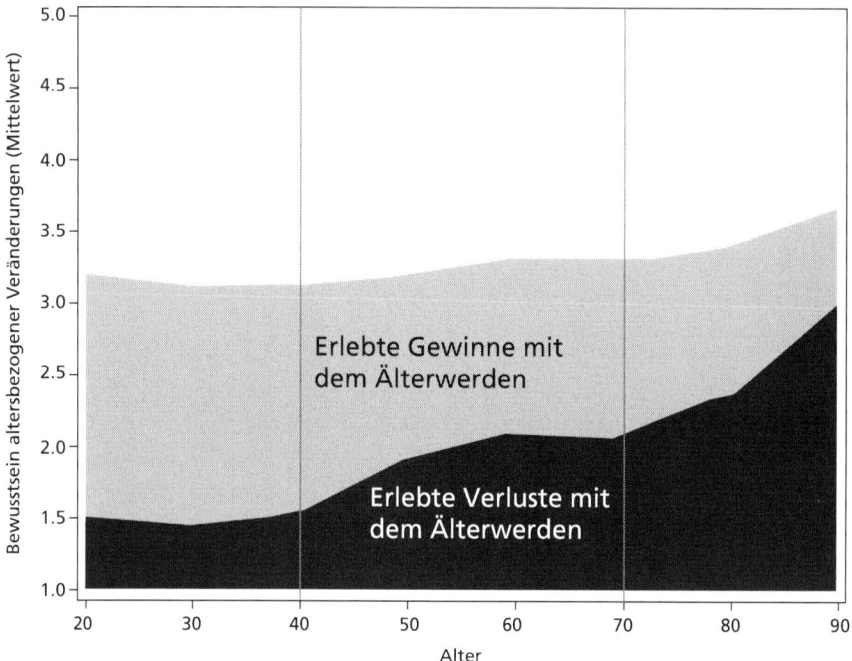

Abb. 2.3: Erlebte Gewinne und Verluste nach Lebensalter (modifiziert nach Wahl, 2024)

2.10 Exkurs: Sind Weisheit und Mentalisierung verwandt?

Schaut man sich Definitionen guten Mentalisierens an, erinnern diese in manchen Aspekten an den Begriff der Weisheit, etwa wenn die Einschätzung von Überzeugungen und das Wissen um deren Relativität oder die Toleranz für unterschiedliche Sichtweisen als Elemente guten Mentalisierens herausgestellt werden (Lindeman & Lipsamen, 2017, Hagelquist, 2018). Die Frage nach der Nähe zum Konzept der Weisheit ist von Bedeutung, wurde diese doch kulturgeschichtlich eng mit Alter in Verbindung gebracht. Gibt es also einen Zusammenhang bzw. Überschneidungen zwischen gutem Mentalisieren und Weisheit, oder ist es gar das Gleiche?

Was wird überhaupt unter *Weisheit* verstanden? Dieses lange Zeit als antiquiert geltende Konzept wurde in der jüngeren Vergangenheit in der Gerontologie rehabilitiert. Möglicherweise gibt es in einer modernen, technisierten, rationalisierten und von Werteverlust bedrohten Welt wieder ein verstärktes Bedürfnis nach einer ganzheitlichen und integrierenden Sicht auf die Welt, die mit dem Konzept der Weisheit assoziiert wird.

Allgemeinhin wird Weisheit mit Lebenserfahrung und Lebenswissen sowie der Fähigkeit verknüpft, im Sinne einer *reifen Selbst- und Weltdistanzierung* über fundamentale Fragen und Dilemmata im Leben zu reflektieren. Dabei wird weisen Menschen eher Ruhe und Gelassenheit sowie Bescheidenheit und Besonnenheit zugeschrieben (Rösing, 2006). Aus philosophischer Sicht hat Assmann (1990) drei Elemente benannt, die Weisheit ausmachen:

- Es muss tief sein: nicht quantitativ kumuliertes Wissen, nicht oberflächlich extensives, nicht abstrakt spezialisiertes Wissen, sondern Einblick ins Wesentliche, Konzentration aufs Wichtige, Einsicht ins Ganze.
- Es muss schwer erreichbar sein: Weisheit ist von persönlicher Interaktion nicht zu trennen, schwer zu übertragen, verdankt sich eher der eigenen Erfahrung und dem empfänglichen Verstand als dem Lehrmeister.
- Es muss wirksam sein: Weisheit muss sich existenziell »verlohnen« (Assmann, 1990, S. 16–17), ist Wissen um ein gelingendes Leben, eine *Ars vivendi* und *moriendi* unter den Bedingungen menschlicher Unvollkommenheit und Gebrechlichkeit. Weisheit bedeutet Einsicht in Grenzen und beschränkte eigene Möglichkeiten, sie beruht auf Selbsterkenntnis und Selbstbeschränkung.

Aus psychologischer Sicht versteht Erikson (1971) unter Weisheit eine Art erfüllter und gelöster Anteilnahme am Leben im Angesicht des Todes. Diese sei dann möglich, wenn die von ihm für das Alter vorgesehene Entwicklungsstufe der Integrität erreicht wird. Schließlich ist auf das Berliner Weisheitsparadigma zu verweisen (Staudinger & Baltes, 1996), das folgende Elemente aufführt:

- Position zwischen den Extremen
- Dynamik zwischen Wissen und Zweifel (Unsicherheitstoleranz)
- Integration von Gegensätzen
- eine gewisse Distanz zu Problemen haben
- eine Balance und Koordination von Fühlen, Denken und Handeln.

Eine Nähe zum Mentalisierungskonzept wird besonders in dem Weisheitskonzept von Ardelt (2004) deutlich, die als ein wesentliches Element die reflexive Fähigkeit anführt, worunter sie versteht: über Selbst-Einsicht verfügen, die Überwindung von Projektionen, die Betrachtung einer Sache aus mehreren Perspektiven, die Reduktion von Selbstzentriertheit, das Verstehen von negativen und widersprüchlichen Seiten des Lebens, seiner Grenzen und seiner Unvorhersehbarkeit.

Staudinger und Baltes (1996) waren es auch, die auf der Basis ihres allerdings stark kognitiv orientierten Weisheitskonzeptes empirische Untersuchungen durchführten und dabei keine Altersabhängigkeit fanden. Weisheit ist demzufolge weder ein Privileg des Alters, wie es in positiven Altersstereotypien unterstellt wurde, noch ist es älteren Menschen vorenthalten, Weisheit zu entwickeln. Den Gedanken Eriksons (1971) aufgreifend, Weisheit als »Gelassenheit im Angesicht des

Todes« zu verstehen, könnte sie dennoch im Alter als eine besonders wertvolle Ressource betrachtet werden. Vermutlich handelt es sich nicht um eine stabile, überdauernde Fähigkeit, sondern um eine Haltung zum Leben und zur Welt, die es angesichts des Näherrückens des Todes immer wieder neu zu erwerben gilt. Staudinger und Baltes (1996) sprechen denn auch von einer »altersspezifischen« Verdichtung, womit gemeint ist, dass Ältere besonders bei Lebensproblemen, die ihre Altersgruppe betreffen, weisheitsbezogenes Wissen bzw. Urteilen erkennen lassen (Glück 2023). Auch diese Sicht, Weisheit als etwas zu betrachten, dass nur temporär bzw. bereichsspezifisch zu erreichen ist, rückt sie in die Nähe der Mentalisierungsfähigkeit. Sind also Mentalisierung und Weisheit eigentlich das Gleiche?

Rakoczy, Wandt, Thomas, Nowak und Kunzmann (2018) haben diese Überlegungen aufgegriffen und sind davon ausgegangen, dass es sich bei Mentalisierung bzw. besonders Theory of Mind (ToM) und Weisheit um zwei Formen bzw. Ebenen der Perspektivenübernahme handelt. Sie gingen der Frage nach, ob und wie es im Alter zu einer Dissoziation dieser beiden Formen der Weltübernahme kommt. Sie haben einerseits typische ToM-Aufgaben ausgewählt, in denen soziale Situationen geschildert werden und die Aufgabe für die Versuchsperson darin besteht, die Intentionen der Beteiligten nachzuvollziehen und zu erklären. Weisheitsaufgaben sind durchaus ähnlich und beschreiben im Allgemeinen ein menschliches Dilemma, über dass die Versuchsperson nun laut nachdenken soll. Die Ergebnisse zeigten wie erwartet einen negativen Zusammenhang von ToM und Alter, aber keinen Zusammenhang von Weisheitsaufgaben und Alter. Die Autoren erklären dieses Ergebnis mit den unterschiedlichen Anforderungen beider Aufgaben. Während sich die Person bei ToM-Aufgaben in die geschilderte Person hineinversetzen muss, und um deren Intentionen nachvollziehen zu können die selbstbezogenen Kognitionen inhibieren muss, kann sie sich bei Weisheitsaufgaben einfach an Stelle der Person setzen, die sich in dem Dilemma befindet, um dieses aus der eigenen Sicht heraus weiterzudenken. Beides beansprucht somit unterschiedliche kognitive Fähigkeitsbereiche, bei ToM-Aufgaben ist es die fluide Intelligenz, und dabei insbesondere die Inhibitionsfähigkeit, die sich im Alter verschlechtert, bei den Weisheitsaufgaben ist es die kristalline Intelligenz, die im Alter weitgehend erhalten bleibt. Der Zugang zur Welt bleibt also älteren Menschen auf dieser Ebene erhalten, und er befähigt sie, zu fundamentalen Fragen menschlichen Lebens und des Weltgeschehens Stellung zu beziehen. Im Bereich der kristallinen Intelligenz spielt sich auch das selbstbezogene Mentalisieren ab, hier scheinen beide Fähigkeitsbereiche zusammenzufallen, oder anders gesagt, eine gute selbstbezogene Mentalisierungsfähigkeit ist Voraussetzung für weisheitsbezogenes Wissen und Urteilen. ToM vollzieht sich normalerweise im Alltag und erfordert »schnelle« Prozesse, die älteren Menschen schwerer fallen. Der Zugang Älterer zur Welt bleibt also differenziert zu bewerten, Schwächen und Stärken des Alters liegen eng beieinander, und letztere sind möglicherweise in einer Welt, die mehr denn je fragmentiert und polarisiert erscheint, gefragt.

Mentalisierung und Weisheit sind also keineswegs als Gegensätze zu betrachten, vielmehr scheinen sie sich von einer pragmatisch-klinischen Perspektive aus betrachtet zu überschneiden bzw. zu ergänzen. Weisheitsbezogene Überlegungen können somit die Therapie durchaus bereichern und ihr besonders bei grundlegenden Lebensfragen eine zusätzliche Perspektive hinzufügen. Die Weisheitstherapie, die vor einem verhaltenstherapeutischen Hintergrund entwickelt wurde, hat sich dies zunutze gemacht, indem sie Patienten mit unlösbaren Problemen und Dilemmata konfrontiert und darauf abzielt, ihre Sicht darauf zu beeinflussen (Linden & Mossakowski 2022).

Die mentalisierungsbasierte Therapie dürfte jedoch eine noch größere Nähe zu weisheitsbezogenen Überlegungen haben, was etwa bei den Kriterien guten Mentalisierens sichtbar wird (► Kap. 4.3.2). Dieser Zusammenhang wurde bislang nicht aufgegriffen, erscheint aber besonders für die Therapie Älterer lohnenswert. Das Alter konfrontiert mit grundlegenden Lebensthemen und -dilemmata, die weisheitsbezogene Überlegungen sinnvoll erscheinen lassen. Das bringt auch Aleida Assmann (1990) zum Ausdruck, wenn sie Weisheit wie folgt beschreibt:

> »Rechtzeitig absehen können, worauf etwas hinausläuft, durch Weitsicht Fehlverhalten meiden und Schaden mindern, Abstand halten und die direkten Impulse zügeln, anerkennen, was sich nicht ändern lässt, hinnehmen, was einem beschieden ist – das sind Haltungen, denen das Prädikat ›weise‹ zugesprochen wird ... Sie setzt voraus, dass man sich mit der Welt, so wie sie nun einmal ist, arrangiert. Es geht in erster Linie um Anpassung und Einpassung, nicht um Veränderung und Neuordnung« (S. 19).

Råbu und McLeod (2018) haben die beruflichen Erfahrungen älterer Therapeuten untersucht und sind dabei von weisheitsbezogenen Überlegungen ausgegangen. Die Ergebnisse zeigen, dass sich der jahrzehntelange Umgang mit existenziellen Erfahrungen und Dilemmata beruflich und persönlich ausgewirkt und berufliches Selbstverständnis und therapeutisches Handeln verändert hat. Dieses war weniger von theoretischen Vorgaben geprägt, zu denen die befragten Therapeuten eine distanziertere Haltung gewonnen hatten, sondern stärker von ihrem Erfahrungswissen und dem Wissen um die grundlegenden Fragen des Lebens, d. h. die älteren Therapeuten verfügten über weisheitsbezogenes Wissen. Man kann davon ausgehen, dass sich dies insbesondere auch in der Therapie älterer Patienten konstruktiv bemerkbar machen dürfte und erfahrene Therapeuten in besonderer Weise für die Behandlung Älterer geeignet sind (► Kap. 4.6.1).

3 Theoretische und transdiagnostische Perspektiven

Das folgende Kapitel beleuchtet die Voraussetzungen und Hintergründe, die im Vergleich zur Beschreibung einzelner Funktionen wie im letzten Kapitel weiter gefasst sind und denen eine übergeordnete Bedeutung zukommt. Zunächst werden, anknüpfend an die bisher vorherrschende Sichtweise, die psychodynamischen Konflikte im höheren Lebensalter beleuchtet, danach folgt die Darstellung der von mir selbst entwickelten Theorie der sekundären Strukturdefizite und schließlich der mentalisierungsorientierten Perspektive. Schließlich werden transdiagnostische Faktoren untersucht, die auf strukturelle bzw. Mentalisierungsdimensionen einwirken. Am Ende des Kapitels werden die neurokognitiven Möglichkeiten für Veränderungen im Alter beleuchtet.

3.1 Psychodynamische Konflikte

Eine wichtige Grundlage moderner Psychodynamischer Psychotherapie ist die *Operationalisierte Psychodynamische Diagnostik (OPD)* (Arbeitskreis OPD, 2024), ein umfassendes Diagnosemanual, das die Achsen Beziehung, Konflikt und Struktur umfasst. Insbesondere bei der Konfliktachse wird die psychoanalytische Tradition einer konfliktorientierten Sicht des Menschen deutlich. Auf ihr werden sieben *repetitiv-dysfunktionale Konflikte* definiert, bzgl. derer eine Einschätzung der Patienten erfolgt; zusätzlich muss beurteilt werden, ob eher ein passiver oder ein aktiver Konfliktmodus vorliegt. Folgende Konflikte werden beschrieben (Arbeitskreis OPD, 2024):

1. *Individuation versus Abhängigkeit:* Bei diesem, alle anderen überlagernden Konflikte geht es um die Suche nach Bindung und Beziehung einerseits, dem Streben nach Unabhängigkeit und Autonomie andererseits. Die eine Seite ist mit Abhängigkeitsangst oder -scham verbunden, die andere mit der Angst vor Bindungsverlust und Einsamkeit.
2. *Unterwerfung versus Kontrolle:* Auf der einen Seite geht es um den Wunsch nach Kontrolle, also die Fähigkeit, das eigene Leben und die Emotionen zu steuern sowie das Innere zu ordnen und zu beherrschen, verbunden mit der Angst vor Kontrollverlust. Unterwerfung auf der anderen Seite ermöglicht die Abgabe von

Selbstverantwortung, verbunden mit der Angst vor Hilflosigkeit und Ausgeliefertsein.
3. *Versorgung versus Autarkie:* Dieser Konflikt bestimmt zu einem erheblichen Teil enge zwischenmenschliche Beziehungen und resultiert aus dem Wunsch nach Versorgung/Geborgenheit, verbunden mit der Angst, das Eigene zu verlieren. Auf der anderen Seite geht es darum, »niemanden zu brauchen« und autark zu sein.
4. *Selbst- und Objektwert:* Diese Konfliktdimension bezieht sich auf die Regulierung des Selbstwertgefühls einerseits und den Wert der Objekte andererseits. So kann das Selbstwertgefühl eingebrochen sein (›Ich bin nichts wert‹), und die Verantwortung dafür bei Anderen gesehen werden, oder nach außen ein überzogenes Selbstwertgefühl demonstriert werden.
5. *Schuldkonflikt:* Hier fühlen sich Betroffene bei egoistischen Tendenzen oder Autonomiebestrebungen schuldig, weil sie gegen verinnerlichte prosoziale Pflichten verstoßen, während das Verhalten der Anderen immer entschuldigt wird. Oder aber die Schuld an einem Misslingen wird grundsätzlich auf Andere geschoben.
6. *Ödipal-sexueller Konflikt:* Beschreibt keine bloßen sexuellen Funktionsstörungen, sondern die Auswirkung der Ambivalenz aus erotisch-sexuellen Wünschen und der Verdrängung derselben auf das gesamte Verhalten und Erleben. Auf der anderen Seite kann die Tendenz bestehen, alles zu sexualisieren und Potenz nach außen hin zu demonstrieren, auch durch Macht und Besitz.
7. *Identitätskonflikt:* Dabei fehlt ein Gefühl für die eigene Identität, die durch Dissonanz bzw. Teilidentitäten geprägt bleibt (Geschlechts- und Familienidentität, soziale, ethnische, religiöse, politische Identität), die sich nicht zu einem Ganzen zusammenfügen. Häufig ist damit die Bereitschaft verbunden, sich rasch zu identifizieren, um Identitätsdefizite zu kompensieren, oder das Sein durch Haben zu ersetzen.

Die Konflikte, so die Annahme, durchziehen das gesamte Leben und sind auch im hohen Lebensalter wirksam. Das Alter nun konfrontiert den Menschen erneut mit diesen Grundkonflikten, die dann unter Berücksichtigung der altersbezogenen Einflüsse und im Hinblick auf eine Anpassung an diesen Lebensabschnitt erneut zu bearbeiten sind (Töpfer, 2024). Von besonderer Bedeutung ist der Konflikt Individuation vs. Abhängigkeit, der etwa reaktiviert wird, wenn Gebrechlichkeit oder Pflegebedürftigkeit die Abhängigkeitsangst oder -scham erhöhen. Im passiven Modus beherrscht den Betroffenen eine große Angst, dass eine Bindung verloren gehen könnte, deshalb wird eine Abhängigkeit erzeugende Beziehung gesucht, im aktiven Modus besteht der Betroffene auf seiner Autonomie und wehrt möglicherweise jede Hilfe ab. Aber auch die anderen Konflikte können im Alter reaktiviert werden und müssen erneut durchgearbeitet werden. Der Konflikt zwischen Kontrolle und Unterwerfung kann aufgrund des Verlustes von Macht und Einfluss erneut bedeutsam werden, der zwischen Autarkie und Versorgung aufgrund von Hilfsbedürftigkeit und Pflege, die den älteren Menschen besonders herausfordern. Der ödipale Konflikt kann sich aufgrund der Gefährdung der Identität als Mann oder Frau infolge körperlicher Veränderungen einschließlich der Veränderungen sexuellen Erlebens und sexueller Funktionen (von Sydow, 1994) sowie veränderter sozialer Rollen erneut stellen. Schließlich ist auch der Selbstwertkonflikt, u. a. aufgrund der Verletzung narzisstischer Fantasien von Unbegrenztheit, Unverletzlichkeit und Unsterblichkeit erneut zu bearbeiten (Peters, 1998).

Den Fortbestand dieser Konflikte im Alter zu konstatieren bedeutet eine veränderte Sichtweise einzunehmen, wird doch damit zugestanden, dass die Konfliktfähigkeit zu den Kompetenzen des Alters zählt. Dies hebt sich von überholten Altersbildern ab, die überwiegend defizitorientiert waren (Radebold, 1992). Mit dieser Konfliktbeschreibung werden die Inhalte dessen beschrieben, womit sich der ältere Mensch auseinandersetzen muss. Die im Folgenden beschriebenen neueren Ansätze fokussieren dagegen eher auf die psychischen Funktionen, die bereits im Kapitel zuvor beschrieben wurden.

3.2 Theorie sekundärer Strukturdefizite

Der in der Psychoanalyse traditionsreiche Begriff der *psychischen Struktur* ist wesentlicher Bestandteil der Operationalisierten psychodynamischen Diagnostik (OPD) (Arbeitskreis OPD, 2024) (▶ Kap. 1.2.2) und beschreibt kurz gefasst die organisierte Kontinuität des psychischen Lebens. Sie besteht aus guten Mentalisierungsfähigkeiten, die zur Regulation von Zuständen, Gefühlen und Beziehungen dienen. Anzustreben ist eine stabile, flexible und funktionsfähige psychische Struktur mit klaren und flexiblen Selbstgrenzen, einer stabilen Selbst-Objekt-Differenzierung und einem integrierten Selbst. Bei einer *strukturellen Störung* erweist sich all dies als labil, bruchstückhaft oder leicht zu destabilisieren, die Mentalisierungsfähigkeit unterliegt dann situativ oder dauerhaft Einschränkungen.

Von diesen Überlegungen ausgehend habe ich (Peters 2014b, 2017a, 2021a) die *Theorie der sekundären Strukturdefizite* formuliert. Diese konstatiert zunächst, dass es den meisten Älteren gelingt, über weite Strecken eine hohe Kontinuität und Stabilität in ihrem Alltag und ihrem Selbsterleben zu erhalten. Dennoch ist insbesondere im hohen Alter mit zunehmender Fragilität und Vulnerabilität zu rechnen, wie sie etwa in den Befunden der Berliner Altersstudie sichtbar werden (Lindenberger, Smith, Mayer & Baltes, 2010). Vor diesem Hintergrund ist auch von einer Zunahme der strukturellen Vulnerabilität auszugehen, die jedoch nicht allein aus früheren Lebensabschnitten resultiert, sondern auch Folge des Altersprozesses selbst sein kann.

Das in ▶ Abb. 3.1 dargestellte Modell geht vom biologischen Altersprozess aus, der zu körperlichen und neuropsychologischen Veränderungen führt, die eine erhöhte *strukturelle Vulnerabilität* zur Folge haben. Weitere Belastungen wie körperliche Erkrankung, soziale Probleme (einschließlich ungünstiger Lebensverhältnisse) und außergewöhnliche Belastungen oder traumatische Erfahrungen treffen auf diese erhöhte strukturelle Vulnerabilität und interagieren mit ihr. In der Folge kann es zu einem »break down« verschiedener strukturbezogener Funktionen kommen,

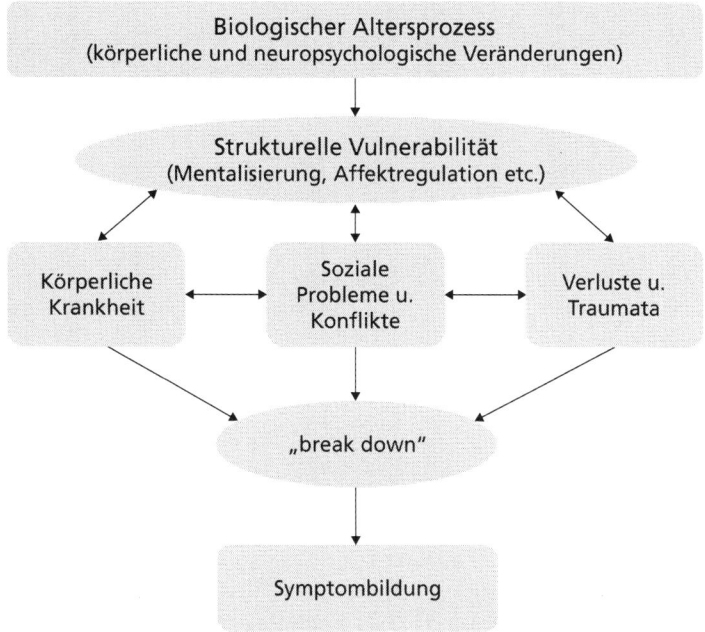

Abb. 3.1: Schaubild zur Theorie sekundärer Strukturdefizite (aus Peters, 2021a)

der strukturelle und Mentalisierungsdefizite sichtbar macht und mit einer klinischen Symptomatik einhergehen kann. Eine dieser strukturbezogenen Dimensionen sind die Theory-of-Mind-Fähigkeiten, wie bereits zuvor in diesem Buch ausführlicher dargestellt (▶ Kap. 2.1.1), zumal sich bei diesen, wie Rudolf (2020) angemerkt hat, mehrere strukturelle Dimensionen kreuzen. Kommt die strukturbezogene Vulnerabilität ins Spiel, ist die klinische Symptomatik zumeist durch eine höhere Komplexität und Vielfalt gekennzeichnet, wie es bei älteren Patienten oftmals der Fall ist (Peters, 2021a). Die in diesem Prozess sichtbar werdenden strukturellen Defizite werden als sekundär bezeichnet, um sie von primären Strukturdefiziten – wie sie etwa bei Persönlichkeitsstörungen zu erwarten sind –, die i.d.R. früh im Leben entstehen, zu unterscheiden.

3.3 Ein Modell des Mentalisierens im Alter

Das Mentalisierungskonzept ist hervorgegangen aus dem *Theory-of-Mind-Konzept*, weist aber auch einen engen Zusammenhang zu anderen Konzepten wie *Mindfulness*, *Psychological Mindedness*, *Empathie* und *Affekt Consciousness* auf (Choi-Kain & Gunderson, 2008). Mentalisieren kann als fundamentaler Bestandteil der menschlichen Identität betrachtet werden und beschreibt das Vermögen, »einen klugen Umgang mit dem Wechselspiel von Innen- und Außenwelt, Verstand und Gefühl sowie Natur und Kultur zu finden« (Bolm 2009, S. 29). Sie lässt sich in einem Spannungsfeld polarer Dimensionen darstellen, wobei Probleme am ehesten dann zu erwarten sind, wenn sich das Mentalisieren temporär oder dauerhaft allein auf einen der Pole verlagert (Choi-Kain & Gunderson 2008). In der Literatur werden zumeist vier Dimensionen beschrieben (Lüdemann, Rabung & Andreas, 2021):

- *Selbst- versus fremdorientiert:* Einerseits geht es um die Fähigkeit, die eigenen inneren mentalen Zustände, d. h. Überzeugungen, Wünsche, Bedürfnisse wahrzunehmen, andererseits die des Gegenübers. Wünschenswert ist eine Balance beider Orientierungen.
- *Automatisch/implizit versus kontrolliert/explizit:* Kontrolliertes Mentalisieren ist ein serieller und relativ langsamer Prozess, der normalerweise verbal ausgedrückt wird und Reflexion erfordert. Im Gegensatz dazu ist das automatische Mentalisieren ein viel schnellerer Prozess, der nur wenig Aufmerksamkeit, Absicht, Bewusstsein und Anstrengung erfordert.
- *Intern versus extern:* Mentalisierung kann sich auf Schlussfolgerungen auf der Grundlage äußerer Anhaltspunkte (z. B. Mimik und Gestik) beziehen oder darauf, was man über die Person oder die Situation, in der sie sich befindet, weiß.
- *Kognitiv versus affektiv:* Die vierte Dimension bezieht sich auf die Unterscheidung, ob die Person mentale Zustände eher kognitiv oder affektiv begreift. Kognitives Mentalisieren umfasst die Fähigkeit, eigene mentale Zustände zu benennen, wahrzunehmen und Gründe für den eigenen inneren Zustand zu finden, während affektives Mentalisieren die Fähigkeit beschreibt, den eigenen affektiven Zustand wahrzunehmen.

Das Konzept der Mentalisierungsfähigkeit bezieht sich auf komplexe bio-psychosoziale Phänomene (Choi-Kain u. Gunderson 2008), d. h. es kann als umfassendes Konzept zur Beschreibung von Gesundheit und Krankheit aufgefasst werden. Entwickelt wurde es im klinischen Kontext im Zusammenhang mit Persönlichkeitsstörungen (Bateman & Fonagy 2015). Inzwischen belegen verschiedene Studien aber auch Zusammenhänge zu zahlreichen anderen Störungsbildern (Ballespí, Vives, Debbané, Sharp, & Barrantes-Vidal, 2018). Peters, Budde, Lindner und Schulz (2022) fanden bei einer Gruppe von Patienten einer psychosomatischen Klinik mit unterschiedlichen Krankheitsbildern Einschränkungen in der Mentalisierungsfähigkeit.

Doch das Konzept hat sich längst aus dem Kontext psychischer Störungen gelöst und wird heute als allgemeine gesundheitserhaltende Fähigkeit konzipiert, d. h. sie geht mit adaptiven bzw. dysfunktionalen Formen der Selbstregulation bei Stressbelastung einher, so Schwarzer et al. (2021) (▶ Kap. 1.2.3). Selbstregulative Fähigkeiten ermöglichen die reflexive Rückbesinnung auf die eigene Person und schaffen damit ein wichtige Voraussetzung, sich mit Anforderungssituationen auseinanderzusetzen. Je weniger diese mentalen Zustände in Stresssituationen als Verstehens- und Interpretationshilfen zur Verfügung stehen, umso größer ist die

Gefahr, diese als Belastung zu erleben und möglicherweise eine psychische Störung zu entwickeln.

Lassen sich nun aus den bisher vorliegenden und in ▶ Kap. 2 dargestellten Befunden allgemeinere Überlegungen im Hinblick auf die Mentalisierungsfähigkeit im Alter ableiten? Auch wenn dies nur sehr vorläufig möglich ist, so ergeben sich doch einige Hinweise auf ein erhöhtes Risiko der *Desintegration* bzw. wachsender *Imbalance*, und zwar am deutlichsten in der Dimension des fremd- und selbstbezogenem Mentalisierens. Die Defizite beim fremdbezogenen Mentalisieren bzw. bei ToM-Fähigkeiten wurden ja bereits beschrieben, während Peters und Schulz (2022b) in der selbstbezogenen Mentalisierungsfähigkeit kaum Veränderungen fanden, die im Großen und Ganzen stabil zu bleiben scheinen. Bestätigung fand dieses Ergebnis in der Studie von Köber, Kuhn, Peters und Habermas (2019), wonach Ältere ebensogut wie jüngere Personen in der Lage sind, Selbstaspekte in biografischen Narrativen zu mentalisieren. Allerdings sind Spreng, Mar und Kim (2008) zufolge bei der Beschäftigung mit der eigenen Biografie die gleichen Bereiche des Temporallappens aktiv wie bei ToM-Aktivitäten, so dass zu vermuten ist, dass auch von ähnlichen Schwierigkeiten auszugehen ist, das Mentale der beteiligten anderen Akteure in der damaligen Episode zu erfassen, was allerdings zu überprüfen wäre. Aufgrund dieser Befunde kann vorläufig die Hypothese einer Imbalance im selbst- und fremdbezogenen Mentalisieren im Alter formuliert werden (▶ Abb. 3.2).

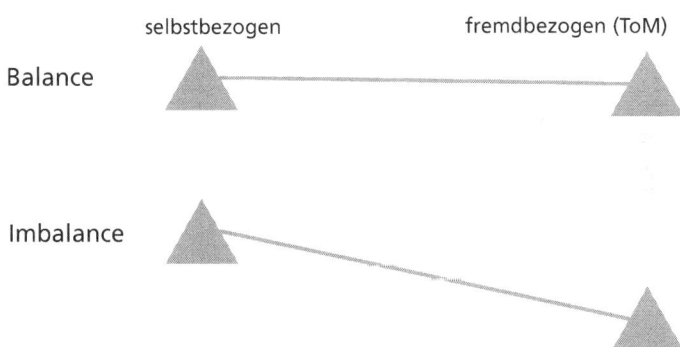

Abb. 3.2: Modell der Mentalisierungsfähigkeit im Alter (die obere Linie beschreibt den wünschenswerten Zustand, die untere die im Alter zu erwartende)

Diese Hypothese gewinnt zusätzliche Plausibilität, bezieht man neuropsychologische Aspekte sowie die im Alter zu beobachtenden Fähigkeiten und Defizite ein (▶ Tab. 3.1). So kann davon ausgegangen werden, dass das selbstbezogene Mentalisieren stärker auf *kristallinen Fähigkeiten* beruht, die im Alter relativ unbeeinträchtigt bleiben und sogar eine Zunahme aufweisen können. Sie beschreiben die langsamen kognitiven Prozesse, die es Älteren ermöglichen, auf ihren Erfahrungsreichtum zurückzugreifen, um Situationen zu meistern.

Andererseits sind die *fluiden Fähigkeiten*, die die schnelle Aufnahme und Verarbeitung von Informationen beschreiben und in Situationen erforderlich sind, die rasches Handeln notwendig machen, stärker von einem Altersabbau betroffen. Hier sind besonders die in den vorausgegangenen Abschnitten diskutierten Konstrukte wie ToM-Fähigkeiten, soziale Interaktion, sozial unerwünschtes Verhalten, Empathie oder »Verbosity« einzuordnen. Zusammenfassend kann festgehalten werden, dass die Mentalisierungsfähigkeit im Alter Stärken und Schwächen aufweist.

Tab. 3.1: Mentalisierungsbezogene Fähigkeiten (selbstbezogen) und Defizite (fremdbezogen) im Überblick

Mentalisierungsfähigkeit	selbstbezogen	fremdbezogen
Neuropsychologie	kristalline Fähigkeiten	fluide Fähigkeiten
Fähigkeitsebene	Soziale Kompetenzen Sprachliche Kompetenz Erzählkompetenz Erfahrungswissen Lebensrückblick Weisheit	Soziale Interaktion Theory of mind Empathie »Verbosity«

3.4 Transdiagnostische Einflüsse

Transdiagnostische Faktoren beschreiben solche Einflüsse, die über verschiedene Störungsbilder hinweg für deren Entstehung und Aufrechterhaltung von Bedeutung sind (Krueger & Eaton, 2015). Die Vorsilbe »trans« kommt aus dem Lateinischen und kann entweder quer/durch (z. B. transatlantisch) oder darüber hinaus (z. B. transzendieren) bedeuten (Fusa-Poli et al. 2019). Auch im Hinblick auf strukturelle Defizite ist von solchen übergreifenden, therapeutisch relevanten Faktoren auszugehen, die im Folgenden dargestellt werden.

3.4.1 Neurokognitives Altern

Die Abbauprozesse des Gehirns, die Teil des normalen Alternsprozesses sind, schlagen sich nicht eins zu eins in den kognitiven Funktionen nieder. Vielmehr ist immer zu berücksichtigen, dass Gehirn und Verhalten in einem dynamischen und reziproken Verhältnis stehen (Lindenberger et al., 2010), d. h., dass die tatsächliche Leistungsfähigkeit von zahlreichen Faktoren beeinflusst wird, von denen einige in den nächsten Kapiteln behandelt werden. Auch ist zu bedenken, dass Abbauprozesse nicht in allen Regionen des Gehirns in gleichem Maße zu erwarten sind. Zwei Regionen sind jedoch von besonderer Bedeutung, nämlich der präfrontale Cortex und der Hippocampus.

Der *präfrontale Cortex* ist die Region im Gehirn, die am stärksten von Abbauprozessen betroffen ist; Raz und Nagel (2007) berichten eine Korrelation von -.56 mit Lebensalter. Die verschiedenen Areale dieses Bereichs des Großhirns haben eine besondere Bedeutung für höhere kognitive Aufgaben, v. a. auch für die Mentalisierungsfähigkeit (Monticelli, Zeppa, Mammi, Penner & Melcarne, 2021). Auf funktioneller Ebene spielt in der jüngeren Vergangenheit das Konzept der *Exekutivfunktionen* eine große Rolle, die das zielgerichtete, koordinierte und flexible Handeln steuern. Auf ihnen basieren aber auch die höheren kognitiven Prozesse, die z. B. beim logischen Denken, dem Lösen komplexer Probleme sowie Planungsaufgaben erforderlich sind (Diamond, 2013, Cristofori, Cohen-Zimerman & Grafman, 2019). MacPherson, Phillips und Della Sala (2002) konnten zeigen, dass die Exekutivfunktionen dem *dorsolateralen präfrontalen Cortex* zuzuordnen sind, der Projektionen aus den sensorischen und motorischen Regionen sowie dem *parietalen Cortex* erhält, während der *ventromediale präfrontale Cortex* enger mit dem *Limbischen System* verbunden ist und damit eine größere Bedeutung im Hinblick auf Emotionen hat. Manche Autoren unterscheiden aufgrund dessen zwischen zwei Top-down-Prozessen, den affektiv neutraleren (»*cool EF*«) und den in motivational und emotional bedeutsamen Situationen ablaufenden Prozessen (»*hot EF*«) (Zelazo & Carlson, 2012). Im Einzelnen werden unter Exekutivfunktionen folgende Aufgaben zusammengefasst:

- *Inhibition* (hemmende Kontrolle): Kontrolle der eigenen Aufmerksamkeit, selektive Aufmerksamkeit, Kontrolle des eigenen Verhaltens und der eigenen Gedanken und sich über innere Impulse hinwegzusetzen oder äußeren Herausforderungen zu widerstehen. Es geht also auch darum, nicht impulsiv oder voreilig zu handeln.
- *Selbstbeobachtung:* emotionale Kontrolle und Fehlererkennung.
- *Arbeitsgedächtnis:* Informationen im Gedächtnis behalten und verarbeiten (z. B. eine Information mit einer anderen in Beziehung setzen, Informationen zur Lösung eines Problems verwenden)
- *kognitive Flexibilität:* Wechseln von Perspektiven oder Herangehensweisen an ein Problem, flexibles Anpassen an neue Anforderungen, Regeln oder Prioritäten (z. B. beim Wechsel zwischen Aufgaben), kreatives Denken (»über den eigenen Tellerrand sehen«).

Welche Bedeutung haben diese Überlegungen hinsichtlich des Alters? Dass die Verluste, die im *präfrontalen Cortex* im Alter zu erwarten sind, nicht ohne Folgen für die Exekutivfunktionen bleiben, ist inzwischen gut belegt. Defizite wurden zunächst bei der Inhibition und der Interferenzkontrolle nachgewiesen (Hasher, Stoltzfus, Zacks, Rypma & Zacks, 1991). Die Inhibition wird als kognitiver Basismechanismus angesehen, der die Widerstandsfähigkeit gegenüber Störreizen (Interferenzen) steuert und Voraussetzung für gute Leistungen und effektives Handeln ist. Vereinfachend ist die Interferenz als empirisch beobachtbarer Störprozess durch irrelevante Reize zu beschreiben. Die Widerstandsfähigkeit gegen solche Störprozesse, die sich in der Inhibitionsfähigkeit zeigt, gilt als eine kognitive Basisleistung, deren Effizienz im Alter nachlässt. Dieser Effekt verstärkt sich in Konflikt- oder

Stresssituationen, d. h. die kognitive Hemmung und Aufmerksamkeitskontrolle sind dann noch stärker reduziert. Hasher und Zacks (1988) sprechen von einer Tendenz zum »wander off the goal path«, was auch darauf zurückzuführen ist, dass es weniger gelingt, Verarbeitungsprozesse metakognitiv zu überwachen und zu steuern (Palmer, David & Fleming, 2014). Die Defizite beschränken sich aber nicht auf die Inhibitionsfähigkeit, sondern umfassen auch die anderen oben aufgeführten Funktionen.

Inzwischen liegt eine Fülle von Ergebnissen vor, die einen Zusammenhang von exekutiven Defiziten und psychopathologischen Symptomen im Alter zeigen, was sowohl für Depressionen (Snyder, 2013), Angststörungen (Yochim, Mueller & Segal, 2013) als auch posttraumatische Symptome gilt (Polak, Witteveen, Reitsma & Olff, 2012). Peters und Schulz (2024) fanden eingeschränkte Exekutivfunktionen in einer klinischen Stichprobe mit multiplen Symptomen nur in der Gruppe der über 60-Jährigen, nicht jedoch bei den 40- bis 60-Jährigen, und Peters und Peters (2025) diskutieren Exekutivfunktionen als basalen transdiagnostischen Faktor bei psychischen Erkrankungen im Alter.

Während sich Defizite in den Exekutivfunktionen häufig der Selbstwahrnehmung entziehen, werden Gedächtnisprobleme eher wahrgenommen und subjektiv als besonders belastend empfunden. Verantwortlich für Gedächtnisprobleme sind v. a. Altersverluste im *Hippocampus*, aber auch in frontalen Strukturen. Folgende Gedächtnissysteme, von denen 2–5 dem *Langzeitgedächtnis* zuzuordnen sind, können genannt werden (Brand & Markowitsch 2004):

1. *Kurzzeit- und Arbeitsgedächtnis:* Da dieses v. a. präfrontal gesteuert wird, sind hier Altersverluste zu erwarten, die sich besonders bei komplexen Aufgaben bemerkbar machen.
2. *Episodisches Gedächtnis:* Dieses umfasst Episoden und Ereignisse einer Person mit räumlichem, zeitlichem und situativem Bezug (z. B. die Erinnerung an den ersten Skiurlaub). Leistungseinbußen treten bereits früh auf und setzen sich kontinuierlich fort. Betroffen dabei ist auch das Quellengedächtnis, d. h. die Erinnerung an Ort und Zeit des Ereignisses. Die Einbußen können durch entsprechende Abrufhilfen reduziert werden.
3. *Semantisches Gedächtnis:* Dieses repräsentiert das allgemeine Weltwissen ohne persönlichen Bezug (z. B. das Wissen, was der Satz des Pythagoras bedeutet). Zwar kann der Zugriff verlangsamt sein, aber die Wortbedeutung und das lexikalische Gedächtnis bleiben erhalten.
4. *Perzeptuelles Gedächtnis.* Diese Funktion ermöglicht das Erkennen von Gegenständen und Objekten aufgrund von Bekanntheits- oder Familiaritätsurteilen. Auch hier sind eher geringe Alterseinbußen zu erwarten.
5. *Prozedurales Gedächtnis:* Umfasst Fertigkeiten (z. B. Fahrradfahren) und Handlungsabläufe. Die Befunde zu Alterseinbußen sind nicht einheitlich.
6. *Prospektives Gedächtnis:* Bezieht sich auf das beabsichtigte Handeln (z. B. etwas aus dem Keller holen), Alterseinbußen sind hier zu erwarten.

Altersverluste in den Exekutivfunktionen und Gedächtnisleistungen sind bisher ausschließlich im Hinblick auf Trainingsprogramme, die etwa in der neurologischen Rehabilitation angewendet werden, berücksichtigt worden. Im Hinblick auf die Psychotherapie älterer Menschen wurden sie bisher kaum diskutiert (▶ Kap. 4.4.4).

3.4.2 Bindungstheorie

Die *Bindungstheorie* ist in der mentalisierungsorientierten Theorie von zentraler Bedeutung (Luyten & Fonagy, 2015). Sie bezog sich zunächst auf die Entwicklung in der Kindheit und wurde später auf das höhere Erwachsenenalter ausgedehnt (van Asche, Luyten, Bruffaerts, Persoons, Van de Ven & Vandenbulcke, 2013; Peters, 2019c). Ausgangspunkt vieler Überlegungen ist dabei die Annahme, dass das Alter – ähnlich wie die Kindheit – mit größerer Ungewissheit, Belastungen und Bedrohungen sowie unvermeidlichen Verlusten verknüpft ist, so dass gehäuft Situationen auftreten, die zu einer Aktivierung des Bindungssystems führen. Von besonderem Interesse ist die Frage, ob das Bindungssystem bzw. der Bindungsstil im Alter unverändert bleibt. Bestätigt wurde in den Studien die Bedeutung einer *sicheren Bindung*, sie führt zu mehr Wohlbefinden, aber auch Gefühle von Traurigkeit, Ärger oder Angst können eher zugelassen werden und die Regulation von Emotionen gelingt besser. Die Ergebnisse der Studien zur Häufigkeit sicher gebundener Älterer gehen recht weit auseinander und reichen von 10 bis 50%. Einige Studien fanden eine negative Korrelation von Bindungssicherheit und Alter (Magai, Hunziker, Mesias & Culver, 2000).

Zwei andere Befunde aber sind überraschend konsistent: Die Abnahme *unsicher-verstrickter Bindungen* und die starke Zunahme von Älteren mit *unsicher-vermeidenden Bindungsmustern* (van Asche et al. 2013, Peters & Schulz, 2022c). Personen mit unsicher-verstricktem Bindungsstil zeichnen sich durch ein reduziertes Mentalisierungsniveau aus. Ihre Darstellung von Beziehungserfahrungen ist inkonsistent und inkohärent sowie durch Verstrickungen mit Bindungspersonen gekennzeichnet. Auffallend ist weiterhin die Abhängigkeit von Anderen, der Mangel an eigener Identität und die Überbewertung von Bindungen. Die Mentalisierungsfähigkeit ist eingeschränkt und Affekte, besonders Angst, sind eher unterreguliert. Den Studien zufolge findet sich dieses Bindungsmuster nur noch bei ca. 10–15% der Älteren (Magai et al., 2000). Vermutet wird, dass eine nachlassende physiologische Reaktivität, aber auch die Ausbildung von Interaktionsroutinen zu dieser Abnahme beitragen. Andererseits kann man davon ausgehen, dass Verstrickungen insbesondere mit Ehepartnern oder Kindern weiterhin bestehen können.

Personen mit unsicher-vermeidenden (abweisenden) Bindungen, die bei Unsicherheit ihr Bindungsverhalten reduzieren, also gewissermaßen paradox reagieren, bekunden ein vermeintlich hohes Wohlbefinden, so dass sie sich von außen betrachtet kaum von Personen mit einer sicheren Bindung unterscheiden. Sie weisen aber ein hohes Maß an Verdrängung auf und neigen beispielsweise zur Idealisierung ihrer Kindheit, an die sie sich allerdings kaum erinnern können. Auch beschreiben sie wenig negative Affekte wie Angst oder Ärger, so dass ein hohes Maß an Konfliktvermeidung angenommen wird. In einer experimentell hergestellten Konfliktsituation wiesen sie dann jedoch eine erhöhte Herzrate auf, was als Dissoziation von selbsterlebten Affekten und physiologischen Reaktionen interpretiert wurde (Jain & Labouvie-Vief, 2010), d. h. die Unterschiede zur sicheren Bindung werden vornehmlich in Stresssituationen deutlich. Übereinstimmend stellen die Studien einen deutlichen Anstieg dieses Bindungstypus im Alter fest, einige Studien fanden über 60% oder sogar mehr unsicher-vermeidend gebundene Ältere (von Asche et al. 2013).

Die Frage, warum dieser Bindungstyp im Alter so häufig auftritt, kann nicht eindeutig beantwortet werden. Zunächst liegt die Vermutung nahe, dass bei frühen Belastungen, Verlusten oder Trennungserfahrungen unsichere Bindungen ein Leben lang bestanden haben (Patterson, Smith, Smith, Yager & Grant, 1992). Dabei scheinen auch die Bedrohungen und Trennungs- und Todeserfahrungen im Zusammenhang mit Krieg, Flucht und Vertreibung bedeutsam, die mit einer besonderen Vulnerabilität im Alter verbunden sind (McCarthy & Davies, 2003, Peters, 2018a). Auch könnte die strenge Erziehung, die diese Kohorte i. d. R. erfahren hat, zu unsicheren Bindungen geführt haben (Peters, 2019c). Es ist also nicht ausgeschlossen, dass bei bisherigen Kohorten Älterer die Häufigkeit unsicherer Bindungen besonders hoch ist. Dennoch sollte nicht davon ausgegangen werden, dass allein die Langzeitwirkungen früher Kindheitserfahrungen von Bedeutung sind, vielmehr dürften auch die Einflüsse des Alters selbst zu einer Zunahme unsicher-vermeidender Bindungen beitragen. Dabei können neben den Verlusten wie Todesfällen oder krankheitsbedingten Einschränkungen auch Zurückweisungen im sozialen Kontext von Bedeutung sein. Das Gefühl, als älterer Mensch nicht mehr attraktiv zu sein und einen Verlust an sozialer Resonanz zu erfahren, könnten zu einem Rückzug in eine unsicher-vermeidende Bindung beitragen, die dann als selbstprotektive Strategie zu verstehen wäre. Allerdings weisen auch Jain und Labouvie-Vief (2010) darauf hin, dass es sich eher um die Maskierung einer zugrunde liegenden Verletzlichkeit handelt, wenn eine vermeintliche Unabhängigkeit an den Tag gelegt wird. Deswegen folgern sie, dass diese Älteren in Konflikt- oder Belastungssituationen besonders anfällig sind und mit einem »break down« reagieren können (Peters, 2019c).

In Bezug auf den Zusammenhang von Bindung und Mentalisierung im Alter legte Peters (2022c) an einer klinischen Stichprobe mittelalter (40–59) und älterer Patienten (>60) erhobene Befunde vor. Es zeigte sich, dass in einer klinischen Stichprobe älterer Patienten beide Typen unsicherer Bindungen deutlich stärker ausgeprägt waren als in einer nicht-klinischen Vergleichsstichprobe. Beide Bindungstypen weisen auch hohe negative Korrelationen mit der Mentalisierungsfähigkeit auf, d. h. eine gut entwickelte Mentalisierungsfähigkeit setzt Bindungssicherheit voraus. Beide klinisch bedeutsamen Konstrukte sind also eng miteinander verbunden.

3.4.3 Stress und Trauma

Obwohl der Begriff *Stress* häufig umgangssprachlich genutzt wird, ist er doch auch ein bedeutender Fachbegriff, der einen Zustand von Druck, Belastung und Anspannung beschreibt. Stress und Mentalisierung sind Antipoden, kann doch Stress vorübergehend oder dauerhaft die explizite Mentalisierungsfähigkeit einschränken bzw. strukturelle Defizite zum Vorschein bringen oder verstärken. Auf der anderen Seite verstärkt Stress das implizite Mentalisieren, d. h. unter Anspannung erfolgt der Rückgriff auf automatisierte Prozesse (Fonagy et al., 2015). Wie aber wirkt Stress auf ältere Menschen, und wie bedeutsam ist er im Hinblick auf deren Mentalisierungsfähigkeiten?

Ältere berichten eine geringere Anzahl alltäglicher Stressereignisse, was darauf zurückzuführen ist, dass sie Ihr Leben so eingerichtet haben, dass solche Ereignisse vermieden werden. Dennoch sind sie auf Dauer nicht vollständig zu verhindern, und insbesondere langandauernde Belastungen wie Einsamkeit, Verluste oder körperliche Krankheiten beanspruchen die physiologischen und kognitiven Ressourcen Älterer in besonderer Weise.

Mrozek und Almeida (2004) diskutieren die Frage, ob Ältere unempfindlicher gegenüber Stress werden, wie manchmal behauptet, oder empfindlicher. Sie führen dann jedoch eine Reihe von Studien an, die einen *kindling effect* belegen, also eine größere Sensitivität gegenüber Stress. So haben ältere Menschen größere Probleme, anhaltende emotionale Erregung zu modulieren (Charles, 2010). Altersbedingte Veränderungen in der Physiologie und eine verringerte Reservekapazität erschweren die Rückkehr zum Ausgangsniveau (▶ Kap. 2.4.1). Auch wird angenommen, dass die größeren Schwierigkeiten, die Erregung herunterzuregulieren, zu einer Abnutzung des physiologischen Systems führt (Graham, Christian & Kiecolt-Glaser, 2006). Auch kognitive Funktionen sind betroffen; so scheint sich länger bestehender Stress negativ auf die Funktion des Hippocampus auszuwirken und damit Gedächtnisleistungen zu beeinträchtigen (Mayr, 2012). Auch der zeitliche Aspekt ist von Bedeutung, wie Palgi (2015) zeigen konnte. Er untersuchte die Reaktionen auf Raketenangriffe im Süden Israels und fand zunächst ähnliche Stressreaktionen bei jüngeren und älteren Menschen. Je länger der Beschuss jedoch dauerte, umso stärker unterschieden sich beide Gruppen, d. h. die Älteren zeigten nun stärkere Veränderungen in kognitiven Funktionen und in der Stimmung.

Von Bedeutung dabei ist auch der Anstieg des *Cortisolspiegels* in Stresssituationen. Kurzfristig ist diese Erhöhung im Hinblick auf den Umgang mit Stress durchaus funktional, weil er die Aufmerksamkeit und die Leistungsfähigkeit des Organismus stärkt. Bleibt der Cortisolspiegel jedoch längerfristig erhöht, sind negative gesundheitliche Folgen sowie kognitive Leistungseinschränkungen zu erwarten. Genau dies aber ist bei Älteren der Fall, deren Cortisolspiegel insbesondere in den Abendstunden erhöht ist und deren Organismus eine stressbedingte Erhöhung weniger gut regulieren kann, so dass negative Stressfolgen bei Älteren wahrscheinlicher werden (Römmler, 2022). Wuttke-Linnemann, Nater, Ehlert und Ditzen (2019) konnten zeigen, dass Musikhören bei Älteren den Cortisolspiegel reduziert.

Zu den stärksten Stressereignissen zählen frühe Traumata, so dass sich die Frage erhebt, welche Spuren diese im höheren Lebensalter hinterlassen. Peters (2022d) konnte an einer Stichprobe von Patienten im mittleren und höheren Alter zeigen, dass potentiell traumatische Ereignisse im Lebenslauf mit einer reduzierten Bindungssicherheit im Alter einhergingen. Bindungsbezogene Vermeidung war oft mit sexueller Gewalt durch Familienmitglieder/Bekannte oder Fremde verbunden,

Naturkatastrophen und schwere Unfälle korrelierten dagegen stärker mit bindungsbezogener Angst. Ebenso fand sich ein Zusammenhang der Anzahl potentiell traumatischer Ereignisse mit reduzierten Mentalisierungsfähigkeiten bei älteren Patienten mit psychischen Störungen (Peters, 2021c). Belastungsereignisse im Lebenslauf – nicht allein in früher Kindheit, sondern auch in darauffolgenden Lebensphasen – sind eine Hypothek im Hinblick auf das Altern. Eine durch diese Ereignisse im Lebenslauf hervorgerufene Vulnerabilität verschlechtert die Voraussetzungen, mit den Herausforderungen des Alters umzugehen.

3.4.4 Altersbild

Bei Altersbildern handelt es sich um mentale Strukturen, die unter gesellschaftlichen und kulturellen wie auch persönlichen Gesichtspunkten betrachtet werden können (Göckenjan, 2000). Die Bedeutung der Selbstwahrnehmung des Alters – also des *persönlichen* im Unterschied zum *gesellschaftlichen Altersbild* – wurde in zahlreichen Untersuchungen nachgewiesen. So zeigen Befunde Wirkungen eines *negativen Altersbildes* auf unterschiedliche gesundheitliche Aspekte, ja sogar im Hinblick auf eine reduzierte Lebenserwartung (Levy, Pilver & Pietrzak, 2003). Wurm und Benyamini (2014) konnten nachweisen, dass ein negatives Altersbild mit verstärkten depressiven Symptomen im späteren Leben in Zusammenhang steht. Darüber hinaus zeigte eine in den USA durchgeführte Studie mit über 2000 älteren Militärveteranen (55 bis 93 Jahre), dass diejenigen mit einem negativen Altersbild eine größere Häufigkeit an psychiatrischen Symptomen aufwiesen als die mit einem positiveren Altersbild (Levy et al., 2014). Sowohl die Häufigkeit von Selbstmordgedanken (30,1 % vs. 5,0 %), von Angstsymptomen (34,9 % vs. 3,6 %) als auch Posttraumatischen Belastungsstörungen (18,5 % vs. 2,0 %) war erhöht. Peters (2023c) fand ebenfalls ein negativeres Altersbild in einer klinischen Stichprobe mit vorwiegend depressiven und Angsterkrankungen gegenüber einer nicht-klinischen Stichprobe. Dieser Unterschied war bereits im mittleren Alter (40–54 Jahre) sichtbar, in der ältesten Gruppe (über 70 Jahre) aber schwächer ausgeprägt. Das dürfte darauf zurückzuführen sein, dass sich in diesem Alter in der nicht-klinischen Stichprobe die positive Ausrichtung des Altersbildes abgeschwächt hatte. Offenbar ist doch kaum mehr auszublenden, dass Alter auch mit negativen Erfahrungen verbunden ist und Altersvorstellungen mit zunehmendem Lebensalter stärker mit Verlust assoziiert sind (Wurm & Huxold, 2012).

Einen Erklärungsansatz für die Entwicklung und die Wirkung von Altersbildern bietet die *Stereotype Embodiment Theory* (Levy, 2009). Diese geht davon aus, dass Menschen bereits von früh an mit Altersstereotypien konfrontiert werden und diese internalisieren. Kulturell verankerte Altersstereotypien sind überwiegend negativ ausgerichtet und verbinden Alter mit Abbau und Verlust; sie können aber auch positive Inhalte haben, etwa dass Ältere weise sind. Neben diesen auch medial vermittelten Stereotypien sind persönliche Erfahrungen etwa mit Großeltern von Bedeutung. Diese internalisierten Altersstereotypien bleiben lange Zeit unbewusst und werden selbst-relevant, wenn ein Bewusstsein des eigenen Älterwerdens entsteht. Erst dann werden sie aktiviert und allmählich Teil des Selbstkonzeptes.

Kornadt, Kessler, Wurm, Bowen, Gabrian und Klusmann (2020) haben eine Fülle personaler, lebenslaufbezogener und soziokultureller Einflussfaktoren diskutiert, die im Rahmen dieses Prozesses darauf Einfluss nehmen, ob nun das eigene Alter eher positiv oder eher negativ erlebt wird. Im Hinblick auf personale Faktoren etwa scheinen die Variablen Kontrollüberzeugung, Optimismus oder Gesundheit als Moderatorvariablen von Bedeutung zu sein (Dutt & Wahl, 2018, Wentura, Dräger & Brandtstädter, 1997).

Peters (2023c) hat nun Ergebnisse vorgelegt, die zeigen, dass das persönliche Altersbild auch mit Bindung und Mentalisierung in Zusammenhang steht, d. h. der Integrationsprozess des Altersbildes in das eigene Selbstbild von diesen beiden Faktoren beeinflusst wird. In Bezug auf Bindung ist es die unsicher-vermeidende Bindungsorientierung, die mit einem negativen Altersbild einhergeht. Diese Älteren sehen ihr eigenes Alter weniger positiv, auch meiden sie eher Kontakte mit Gleichaltrigen. Dieser Zusammenhang wird mit ansteigendem Alter stärker, d. h. das Vermeidungsverhalten und die negative Sicht des Alters verstärken sich. Das erlebte Alter bleibt hier implizit und wird weniger reflektiert, es scheint etwas Fremdes zu bleiben, das nicht in das Selbstbild integriert wird.

Auch zur Mentalisierungsfähigkeit zeigte sich ein Zusammenhang: Gute Mentalisierungsfähigkeit ging mit einem positiveren Altersbild einher. Das Alter kann dann mehr explizit reflektiert und zu einer bewusst wahrgenommenen Instanz im eigenen Selbstbild werden. Der Prozesscharakter des Mentalisierens verweist zudem darauf, dass es darum geht, in die Auseinandersetzung mit dem sich vollziehenden Altersprozess einzutreten. Gute Mentalisierungsfähigkeiten schaffen die Voraussetzung, einen solchen Prozess aktiv zu gestalten.

3.5 Ist Entwicklung im Alter möglich? – Neurokognitive Plastizität

Im Rahmen des Defizitmodells wurden positive Veränderungen im Alter nicht für möglich gehalten, schien doch ein Rückbildungsprozess unvermeidlich und Chancen für psychotherapeutische Prozesse nahezu ausgeschlossen. Heute können die neuropsychologischen Veränderungen sehr viel differenzierter beschrieben werden, so dass Möglichkeiten, aber auch Grenzen von Entwicklung sichtbar werden.

Nachdem erste Ergebnisse bekannt geworden waren, die zeigten, dass im Gehirn Nervenzellen auch im Alter neu gebildet werden können (*adulte Neurogenese*), war ein großer Optimismus im Hinblick auf die *Neuroplastizität* im Alter entstanden. Doch Kempermann (2008) hat diesen Optimismus gedämpft, indem er darauf hinwies, dass solche Neubildungen bisher nur im *Hippocampus* beobachtet werden konnten, und zudem die Bedeutung dieser neuen Nervenzellen bislang nicht vollständig geklärt ist. Die Hoffnungen, die sich mit dieser Entdeckung einst verbanden, gingen also nicht in Erfüllung. Doch wie ist es dann um die *neurokognitive Plastizität* im Alter bestellt?

Eine Reihe von Trainingsprogrammen zur Verbesserung kognitiver Fähigkeiten wie etwa Gedächtnistrainings wurden in der Vergangenheit entwickelt und als Nachweis des Fortbestehens von Veränderungsmöglichkeiten ins Feld geführt. Doch ihre Effektivität ist umstritten, insbesondere im Hinblick auf die Dauerhaftigkeit erzielter Veränderungen und ihren Transfer auf alltägliche Situationen (Hertzog, Kramer, Wilson & Lindenberger, 2009). Nun hat aber ein von Lövdén, Bäckman, Lindenberger, Schaefer und Schmiedek (2010) entwickeltes Modell neue Perspektiven geschaffen. In diesem Modell wird zunächst zwischen Flexibilität und Plastizität unterscheiden. Erstere meint die bessere Nutzung vorhandener neuronaler Strukturen, und das scheint das Ziel herkömmlicher Trainingsprogramme zu sein, die etwa die flexible Anwendung von Strategien trainieren. Die Veränderungen bleiben dann auf die Verhaltensebene beschränkt, so dass man auch von *Verhaltensplastizität* sprechen kann. Neurokognitive Plastizität geht weiter und meint die Veränderung neuronaler Strukturen, d. h. die Verknüpfung oder Verstärkung *synaptischer* oder *axialer Verbindungen* oder ein Anwachsen der *Myelinisierung* von Axonen. Die Modellannahme ist nun, dass bei einem »Mismatch« von situativen Anforderungen und vorhandenen Strukturen ein Anpassungsdruck entsteht, der strukturelle Veränderungen hervorruft. In Trainingsprogrammen, die auf diesem Modell basieren, werden die Aufgaben so ausgewählt, dass ständig eine leichte, am individuellen Leistungsniveau orientierte »Überforderung« des vorhandenen Potentials hervorgerufen wird, so dass sich dieses nach oben hin anpassen muss, d. h. sich die Strukturen verändern müssen. Tatsächlich scheinen darauf basierende Programme etwa zur Verbesserung exekutiver Funktionen kognitive, aber auch neuronale Veränderungen und damit bessere Transfereffekte hervorzubringen (Nguyen, Murphy & Andrews 2019). Ist die Diskrepanz allerdings zu groß, bleibt der erwünschte Effekt aus.

Lassen sich diese neurokognitiven Befunde auf die Psychotherapie übertragen? Bei jüngeren Patienten gibt es dafür bereits Hinweise, etwa auf die Reduktion der Überreaktion limbischer Areale nach einer Psychotherapie bei Angstpatienten (Schiepek, 2018) oder die Abnahme der Hyperreaktivität im *Amygdala-Hippocampus-Komplex* nach einer Psychodynamischen Therapie bei depressiven Patienten (Buchheim, Viviani & Kessler, 2012). Man kann vermuten, dass in einer Psychotherapie – dabei ist besonders an die mentalisierungsbasierte Psychotherapie zu denken – das mentale System durch die Aufforderung zur mentalen Neubetrachtung, zur Selbstreflexion und zum Perspektivenwechsel so herausgefordert wird, dass eine ständige leichte »Überforderung« hervorgerufen wird. Damit würde ein »Mismatch« entstehen, das einen Anpassungsdruck hervorruft, der wiederum zu strukturellen Veränderungen führt, beispielsweise im Hinblick auf eine Verbesserung der Flexibilität oder metakognitiver Fähigkeiten. Wenn sich ein solcher Effekt bezogen auf Trainingsprogramme nachweisen lässt, sollte er ebenso bei einer Psychotherapie zu erwarten sein. Evaluationsstudien jedenfalls zeigen, dass sich nach einer Psychotherapie auch kognitive Funktionen verbessert hatten (Mackin et al. 2014), und es ist wahrscheinlich, dass dem auch neurokognitive Veränderungen zugrunde liegen, was bislang allerdings nicht untersucht wurde (▶ Kap. 4.4.4).

3.5 Ist Entwicklung im Alter möglich? – Neurokognitive Plastizität

Eine Studie von Noice und Noice (2006) kann als weiterer Hinweis angeführt werden, dass eine umfassende Anregungssituation besonders günstige Effekte hervorbringen kann. Die Autoren haben mit älteren Menschen ein Theaterstück geprobt und zur Aufführung gebracht, womit für die Teilnehmer unterschiedlichste Anforderungen verbunden waren: Textverständnis, verbales Lernen, Erlernen von Handlungsabläufen, Abrufen des Gelernten, verbunden mit imaginativen Vorstellungen des Geschehens, aber darüber hinaus auch zahlreiche soziale und sozialkognitive, emotionale und motorische Anforderungen. Eine solch »ganzheitliche« Anforderungssituation hat offenbar vielfältige positive Effekte, die in der Evaluation sichtbar wurden. Dieses Ergebnis kann einerseits als Hinweis auf die Relevanz kreativtherapeutischer Ansätze, wie sie zum Teil in Kliniken angeboten werden, interpretiert werden (▶ Kap. 5.4), andererseits aber auch darauf, dass in einer Psychotherapie eine umfassende kognitive und emotionale Anregung und ein lebendiger Austausch wünschenswert ist, um eine ausreichende neuronale Aktivierung zu gewährleisten und die erwünschten Lernprozesse in Gang zu setzen.

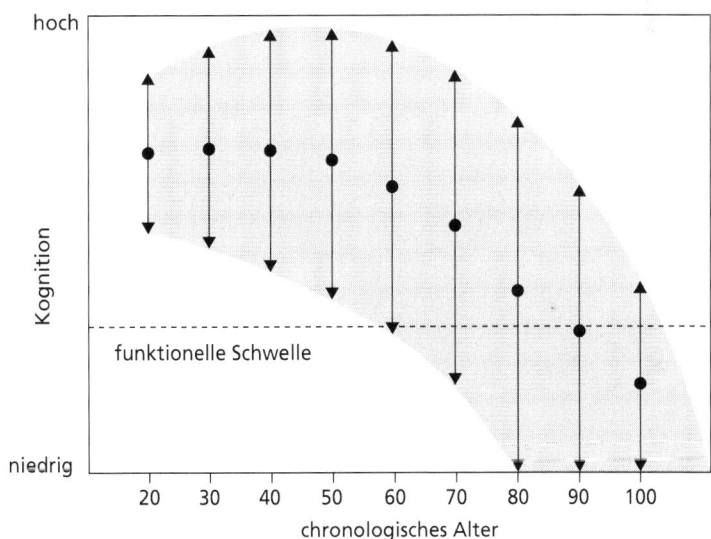

Abb. 3.3: Darstellung der Zone möglicher kognitiver Entwicklung im Erwachsenenalter eines bestimmten Individuums. Die schwarzen Punkte zeigen einen allgemeinen Entwicklungstrend des Individuums unter typischen Umständen an. Die oberen und unteren Kurven zeigen optimale und suboptimale Grenzen, die die Zone der Möglichkeiten definieren (grau schattierter Bereich). Aufwärts- und Abwärtsbewegungen in einem bestimmten Alter (Pfeile) werden durch biologische, verhaltensbezogene und umweltbedingte Einflüsse beeinflusst. Die funktionelle Schwelle gibt einen Punkt an, an dem die zielgerichtete Kognition in der Ökologie beeinträchtigt wird (aus Hertzog, Kramer, Wilson & Lindenberger, 2009)

Insgesamt wird heute ein differenziertes Bild vom Alter gezeichnet, das Baltes (1999) »*Hoffnung mit Trauerflor*« benannt hatte. Damit wird beschrieben, dass zahlreiche Funktionen erhalten bleiben oder sogar verbessert werden können, aber auf der anderen Seite Abbauprozesse unvermeidlich sind, die besonders im hohen Alter zunehmen. Abb. 3.3 zeigt dies in Bezug auf die kognitiven Möglichkeiten auf anschauliche Weise, wobei die obere Linie eine optimale und die untere eine suboptimale Entwicklung zeigt. Die Schwellenlinie beschreibt die Grenze, unterhalb derer mit erheblichen Einschränkungen im alltäglichen Verhalten zu rechnen ist. Zu erkennen ist ein Korridor, in dem Veränderungen stattfinden können, also individuelle Abwärts-, aber eben auch Aufwärtsprozesse möglich sind. Er beschreibt die Plastizität, auf die auch eine psychotherapeutische Behandlung Einfluss zu nehmen vermag. Nicht zu übersehen ist jedoch, dass der Korridor mit steigendem Alter enger wird und nach unten weist, was auch als Hinweis auf begrenztere Erfolgsaussichten für Psychotherapie im hohen Alter zu verstehen ist.

4 Ressourcenorientierte Therapie mit älteren Patienten

Nachdem bei der Diskussion der strukturbezogenen Dimensionen bereits einige therapeutische Überlegungen angestellt wurden, geht es im folgenden Kapitel um deren Erweiterung, Vertiefung und Zusammenführung. Basierend auf den in diesem Buch in den Vordergrund gerückten neueren Entwicklungen in der Psychodynamischen Psychotherapie möchte ich ein Konzept zur Behandlung älterer Patienten und Patientinnen entwickeln, bei dem die Leitidee der Ressourcenorientierung das verbindende Element darstellt.

4.1 Ressourcenorientierung – Eine Frage der Haltung

Ressourcenorientierte Therapie zeichnet sich nicht in erster Linie durch eine spezielle Therapiemethode oder -technik aus, sondern durch die Haltung in der Begegnung mit den Patienten. Diese sollte dadurch gekennzeichnet sein, sie als gleichberechtigte Partner zu betrachten und ihnen mit Offenheit, Zugänglichkeit, Transparenz und nicht zuletzt mit Zuversicht zu begegnen. Dies setzt voraus, den Blick nicht allein auf die Defizite der Patienten zu richten, sondern gleichermaßen auch auf die sichtbaren oder auch verborgenen Stärken und Potentiale. In der Vergangenheit war eine solche Haltung gegenüber älteren Patienten keineswegs selbstverständlich. Vielmehr hegten Therapeuten erhebliche Vorbehalte ihnen gegenüber, beginnend bei Freud (1975/2014), der eine große Skepsis gegenüber der Behandlung Älterer zum Ausdruck gebracht hatte. Diese Skepsis bzw. defizitorientierte Sicht hat sich bis in die jüngere Vergangenheit hinein gehalten, wie eine Reihe von Untersuchungen in den letzten Dekaden des vergangenen Jahrhunderts gezeigt haben (Ford & Sbordone, 1980, Shmotkin, Dyal & Lomranz, 1992). Aus den Ergebnissen ging hervor, dass eine große Mehrheit der Therapeuten die Behandlung Älterer für nicht erfolgversprechend hielt. Sie äußerten Vorbehalte gegenüber ihrer Veränderungsfähigkeit, fürchteten chronifizierte Krankheitsbilder und offenbarten ein überwiegend negatives Altersbild. Sind diese Vorbehalte stärker ausgeprägt, kann die Folge sein, älteren Menschen eine Therapie ganz vorzuenthalten oder sie von vornherein auf eine Kurztherapie zu begrenzen, was bei Älteren häufiger als bei Jüngeren der Fall ist (Peters et al., 2013).

Dennoch stellt sich die Situation heute differenzierter dar. Einer neueren Studie aus dem Jahre 2022 zufolge hat sich die Bereitschaft, Ältere zu behandeln, deutlich erhöht; die Angaben konnten zudem mit einer gleichgerichteten Befragung von 2012 verglichen werden (Peters et al., 2013, Peters et al.,2024a): Der Prozentsatz derer, die angaben, Ältere sehr gern zu behandeln, ist seit 2012, also in einer Dekade, von etwa 7 auf über 30 % gestiegen. Hingegen ist der Anteil derer, die angaben, Ältere ungern oder sehr ungern zu behandeln, von 18 auf 9 % gesunken. Auffallend war allerdings, dass der Anteil derer, die die neutrale Kategorie »weder-noch« gewählt hatten, mit ca. 25 % unverändert geblieben war. Ein Teil bleibt auch weiterhin offen ablehnend, was auf ca. 30 % der Befragten zutrifft, die angaben, keine Älteren zu behandeln (Peters et al., 2024a).

Doch nicht allein das, was Therapeuten offen bekunden, ist von Bedeutung, sondern auch das eher subtil wirksame. Solche verdeckten Vorbehalte konnte eine weitere Studie aufdecken, die sich mit der Einschätzung der Mentalisierungsfähigkeit älterer und jüngerer Patienten befasst hat (Peters & Becker, 2025). Diese wird von Therapeuten bei Älteren im Vergleich zu Jüngeren als eingeschränkter eingeschätzt, was als durchaus valides Urteil zu betrachten ist. Bedeutsamer sind daher die damit verbundenen Folgen, denn bei älteren Patienten führt die Wahrnehmung von Defiziten in der Mentalisierungsfähigkeit eher zu einer skeptischen Einschätzung der therapeutischen Arbeitsbeziehung, der Prognose u. a. (Peters & Becker, 2025). Bei jüngeren Patienten hängen diese Einschätzungen weniger mit der Beurteilung der Mentalisierungsfähigkeit zusammen, mit anderen Worten, bei Älteren werden andere, gewissermaßen strengere Beurteilungsmaßstäbe als bei Jüngeren angelegt. Die Ergebnisse lassen somit vermuten, dass die Wirkung eines negativen Altersbildes nicht völlig aufgehoben ist, sondern subtil fortbesteht. So fanden Lederman und Shefler (2022) in einer neueren Studie Hinweise auf *Ageism* auch bei erfahrenen Therapeuten, die der Therapie Älterer grundsätzlich positiv gegenüberstanden, deren implizite Vorbehalte aber auch in der Therapie getriggert werden konnten. Vorbehalte von Therapeuten, etwa die einer geringeren Offenheit Älterer (Lederman & Shefler, 2022), können im Sinne einer »Self Fulfilling Prophecy« in weniger positive Behandlungsverläufe und -ergebnisse münden. Dennoch zeigen die oben geschilderten Veränderungen in der Einstellung zur Behandlung Älterer, dass sich Altersbilder nicht nur in der Gesellschaft, sondern auch bei den Psychotherapeuten selbst im Wandel befinden. Als Mitglieder der Gesellschaft reagieren sie auf den veränderten Altersdiskurs mit einer Anpassung ihrer eigenen Einstellungen, auch wenn tieferliegende Vorbehalte sich vermutlich erst allmählich verändern werden.

Um die besondere Herausforderung von Therapeuten zu verstehen, ist zu berücksichtigen, dass sie in der Therapie häufig auf eine emotional herausfordernde Weise mit dem konfrontiert sind, was Älterwerden ausmachen kann. Was ist damit gemeint? Therapeuten, die Ältere behandeln, gewinnen einen tiefen Einblick in das, was Altwerden bedeutet, manchmal mit seinen neuen Freiheiten und Chancen, in der Therapie aber vor allem seinen Zumutungen und Abgründen. Dadurch erleben sie »hautnah« mit, wie die Älteren nach einer inneren Balance suchen, ja manchmal darum ringen, sie zurück zu gewinnen, wenn sie diese etwa infolge existenzieller Herausforderungen oder Grenzsituationen verloren hatten. Für

Therapeuten bedeutet dies, unmittelbar mitzuerleben, was auch ihnen eines Tages bevorstehen könnte; in gewisser Weise erleben sie in den Patienten die eigene vorweggenommene Zukunft. Dies weckt insbesondere dann Ängste, wenn Therapeuten ihrem eigenen Altern mit Angst begegnen; Peters, Becker und Jeschke (2024b) konnten zeigen, dass dann die Behandlung Älterer eher als Stress erlebt wird. Stehen Therapeuten ihrem eigenen Alter aber offen gegenüber, werden sie diese Erfahrung eher stressfrei und als Bereicherung für ihr eigenes Leben empfinden. Dann werden sie auch eher bereit sein, den älteren Patienten mit einer positiven Grundhaltung zu begegnen und einen Blick nicht nur für seine Probleme, sondern ebenso für seine Ressourcen aufbringen. In den folgenden Abschnitten wird diese Ebene immer wieder thematisiert, insbesondere in den Abschnitten über die Besonderheiten in der Therapie Älterer.

4.2 Diagnostik – Konflikt- oder Strukturfokus?

Die diagnostischen Aufgaben unterscheiden sich bei den Älteren nicht grundsätzlich von denen bei anderen klinischen Gruppen. Im Sinne der in diesem Buch entwickelten Überlegungen rückt allerdings die Frage in den Vordergrund, ob eher ein Konflikt- oder ein Strukturfokus der Therapie zugrunde gelegt werden sollte. Zunächst einmal geht es dann darum, den psychodynamischen Konflikt zu beschreiben, der dem Leben des Patienten am stärksten seinen Stempel aufgedrückt hat und der es möglicherweise auch jetzt im Alter dem Patienten erschwert, die anstehenden Entwicklungsaufgaben zu bewältigen (Peters, 2004, Töpfer, 2024). Da aber strukturelle Defizite im Alter zunehmen, sollte deren Erfassung besondere Aufmerksamkeit geschenkt werden, d. h. es sollte geprüft werden, ob im Hinblick auf die in diesem Buch diskutierten psychologischen Funktionen Defizite festzustellen sind. Gleichermaßen sollten aber auch mögliche Stärken des Patienten in den Blick genommen werden, d. h. es geht um einen »doppelten Blick«, wie Fürstenau (1994) es formulierte.

Bei der Diagnostik älterer Patienten stellen sich einige weitere Aufgaben, die auch weiteren Aufschluss über die Frage des Konflikt- oder Strukturfokus zu geben vermögen:

- *Biografisch-historische Dimension:* Eine biografische Anamnese – schriftlich oder mündlich – gehört zu den zentralen Aufgaben zu Beginn einer jeden Psychodynamischen Psychotherapie. Diese erhält bei Älteren eine zusätzliche Dimension, auf die insbesondere Radebold (2004) hingewiesen hat, nämlich die Berücksichtigung des historisch-gesellschaftlichen Kontextes, der für das Leben der Älteren bedeutsam gewesen ist. Radebold hatte v. a. die Kriegskindergeneration im Blick, bei der zu berücksichtigen ist, inwieweit Patienten von den Ereignissen des Zweiten Weltkrieges oder von Flucht und Vertreibung betroffen und möglicherweise traumatisiert worden sind (Radebold, 2006, Peters, 2018a). Aber

auch bei nachfolgenden Generationen können diese oder spätere historische Ereignisse auf die persönliche Entwicklung Einfluss genommen haben.
- *Soziale Diagnostik:* Angesichts steigender Altersarmut insbesondere bei älteren Frauen sollte die materielle Situation der Patienten erfasst werden. Auch die Einschätzung der Wohnsituation und der Anzahl und Verlässlichkeit sozialer Beziehungen sind im Hinblick auf das Einsamkeitsrisiko sowie möglicher sozialer Unterstützung bedeutsam.
- *Körperliche Diagnostik:* Die körperliche Diagnostik stellt bei älteren Patienten aufgrund häufiger somatischer Krankheiten eine wichtige Ergänzung dar, so dass die Einbeziehung ärztlicher Berichte oder Kontakt zum Hausarzt hilfreich sein können.
- *Neuropsychologische Diagnostik:* Neuropsychologische Veränderungen bilden eine wichtige Dimension in der Therapie Älterer, so dass es sinnvoll ist, sich einen Eindruck zu verschaffen und gegebenenfalls auch testpsychologisch zu überprüfen (Ivemeyer & Zerfaß 2002).

Strukturelle Defizite sind dann zu vermuten, wenn bei diesen Themenbereichen Auffälligkeiten oder besondere Belastungen festzustellen sind: Sind bereits lebensgeschichtlich strukturelle Defizite etwa im Sinne von Entwicklungsstörungen oder einer Persönlichkeitsstörung zu erkennen? War der Patient früh im Leben »Brüchen« oder traumatischen Erlebnissen ausgesetzt? Lebt er oder sie in einer sozial prekären Situation und könnten Einsamkeitsgefühle die Vulnerabilität erhöhen? Kann er auf ein System sozialer Unterstützung zurückgreifen? Liegen körperliche Erkrankungen vor, die sich auch auf das psychische Befinden oder das soziale Leben auswirken? Schließlich stellt sich die Frage, ob neuropsychologische Defizite die Funktionsfähigkeit des Patienten einschränken. All diesen Themen sind Hinweise für die Gestaltung der Therapie und insbesondere auch zur Klärung der grundsätzlichen Frage zu entnehmen, ob ein Konflikt- oder Strukturfokus im Vordergrund der Therapie stehen sollte. Grundsätzlich gilt, dass eine konfliktorientierte Therapie bei höherem Strukturniveau indiziert ist, während eine struktur- bzw. mentalisierungsbasierte Therapie bei mäßigem oder niedrigem Strukturniveau bevorzugt werden sollte. Immer aber werden beide Dimensionen mehr oder weniger von Bedeutung sein, doch die in diesem Buch referierten Befunde sprechen dafür, dass bei Älteren ein strukturbezogener Fokus häufiger in den Vordergrund rückt, während die konfliktorientierte Therapie an Bedeutung verliert. Allerdings kann das zu unterschiedlichen Phasen der Therapie durchaus wechseln, so dass zunächst die Arbeit an der Struktur im Vordergrund steht, zu einem späteren Zeitpunkt aber die Arbeit an Konflikten, so wie in der folgenden Fallvignette.

Fallvignette

Der 83-jährige Patient war in die Therapie gekommen, nachdem er seine verschiedenen ehrenamtlichen Tätigkeiten aufgegeben hatte, so dass der damit verbundene Verlust an sozialer Beteiligung und Ansehen von Beginn an Thema war. Mehr Aufmerksamkeit erforderten jedoch die strukturellen Defizite, die nicht in seiner Persönlichkeit begründet, sondern Folge des Alterungsprozesses waren. Da die deutlich jüngere Ehefrau des Patienten berufstätig und auch sonst sehr aktiv war, verbrachte er viel Zeit allein zu Hause. Doch er vermochte seinen Tag kaum zu strukturieren, schaute viel Fernsehen, was ihn sehr unzufrieden machte, verpasste keine Bundestagsdebatte, wodurch er sich das Gefühl einer Beteiligung am politischen Geschehen erhielt. Seine eigenen Angelegenheiten bekam er kaum noch geregelt, und es kam zu einigen beunruhigenden Situationen, die ihm völlig entglitten zu sein schienen. Eingebracht durch die Ehefrau, der Veränderungen ihres Mannes aufgefallen waren, entstand der Verdacht einer dementiellen Entwicklung, die sich in einer Gedächtnissprechstunde jedoch nicht bestätigte. Im Laufe des therapeutischen Prozesses und durch die Sicherheit in der therapeutischen Beziehung, die er immer wieder betonte, schien sich diese strukturelle Vulnerabilität mehr und mehr zu reduzieren. Auch schien der Patient allmählich seinen Aktionsradius den reduzierten kognitiven Möglichkeiten anzupassen, so dass er seltener in Überforderungssituationen geriet, wodurch sich auch die therapeutische Thematik veränderte. Nicht nur wurden Spannungen in der ehelichen Beziehung sichtbar, auch die Beziehung zum gemeinsamen 25-jährigen Sohn, die er zunächst immer als besonders positiv dargestellt hatte, erschien zunehmend problematisch. So scheute er sich lange Zeit, seine Freundin vorzustellen, und dies war nicht der einzige Anlass für den Eindruck, dass er sich für ihren alten Vater schämte. Es traten also erst jetzt, im fortgeschrittenen Verlauf der Therapie, die Beziehungskonflikte in den Vordergrund, die nun bearbeitet werden konnten.*

4.3 Therapeutische Ziele

Therapeutische Ziele, die am Beginn der Therapie mehr oder weniger explizit ausformuliert werden sollten, dienen der Schaffung einer Orientierung, auf die Therapeuten wie auch Patienten immer wieder Bezug nehmen können, um den Fortschritt in der Therapie zu überprüfen. Zudem haben sie eine motivationsfördernde Wirkung und dienen dazu, »kritische« Therapiephasen zu überwinden, weil sie über diese hinaus auf einen angestrebten Zustand verweisen. Auch wenn Therapieziele auf unterschiedlichen Ebenen formuliert werden können, so sollten sie doch gemeinsam darauf ausgerichtet sein, die Symptomatik zu reduzieren und die Lebensqualität zu verbessern.

4.3.1 Hoffnung und Vertrauen

Viele ältere Patienten fühlen sich demoralisiert, wenn sie in die Psychotherapie kommen. Eine von Zuversicht getragene positive Lebenseinstellung ist ihnen abhandengekommen, von der Zukunft erwarten sie nicht mehr viel. Dieses basale Lebensgefühl zu verändern, sollte zunächst zentraler Fokus der Therapie sein.

Diese Überlegungen haben in jüngster Zeit auch Eingang in die mentalisierungsbasierte Therapie gefunden, in der das Konzept des *epistemischen Vertrauens* an

Bedeutung gewonnen hat. Darunter wird das basale Vertrauen in eine Person als sicheres Objekt bzw. sichere Informationsquelle verstanden (Fonagy & Allison, 2014, Sperber et al. 2010). Aus der Sicht des Mentalisierungskonzeptes handelt es sich um ein Ergebnis früher sicherer Beziehungserfahrungen. Es ist grundlegend, um sich in der Welt sicher bewegen zu können, ermöglicht soziales Lernen und die Weitergabe kulturellen Wissens. Im Alter wird dieses Vertrauen durch Verluste, körperliche Einschränkungen oder Altersdiskriminierung erschüttert, was zur Verstärkung von Rückzug und Vermeidung beitragen kann. Damit geht das Risiko einher, *epistemisches Misstrauen* zu entwickeln, der Welt also mit Skepsis und Verachtung zu begegnen (Knox, 2016), ein Vorgang, der auch Einfluss auf die Zunahme unsicher-vermeidender Bindungen im Alter haben dürfte (▶ Kap. 4.4.2).

Daraus resultiert für Therapeuten, den primären Fokus auf die (Wieder-)Herstellung von Vertrauen in soziale Beziehungen zu richten. Da für Therapeuten Mentalisieren bedeutet, *den Anderen im Blick zu haben* (»Holding mind in mind«), kann aus dieser Perspektivenübernahme bei Patienten das Gefühl erwachsen, wahrgenommen zu werden und Resonanz zu erfahren, wodurch epistemisches Vertrauen gefördert wird. Entsteht dieses zunächst in der therapeutischen Beziehung, kann es sich im Laufe der Therapie auf die soziale Welt der Patienten ausweiten und Vertrauen und Hoffnung ins Leben zurückbringen.

4.3.2 Gutes Mentalisieren als Ziel

Weiter vorn wurde bereits ausgeführt, dass *gutes Mentalisieren* eine gesundheitliche Ressource und damit auch ein Therapieziel darstellt (▶ Kap. 3.3). Doch wie kann dieses Ziel detailliert ausformuliert werden? Hilfreich erscheint eine von Luyten, Malcorps, Fonagy und Ensink (2019) entwickelte und von Sharp und Bevington (2022) überarbeitete Liste von Kriterien guten Mentalisierens, der Merkmale schlechten Mentalisierens gegenübergestellt sind (▶ Tab. 4.1). Sie liefert Anhaltspunkte für Stand und Fortschritt des therapeutischen Prozesses und ermöglicht immer wieder, die Zielsetzung und therapeutische Schwerpunktsetzung zu überprüfen.

Die in ▶ Tab. 4.1 aufgeführten Merkmale guten Mentalisierens werden noch ergänzt durch weitere allgemeine Merkmale: *Beziehungsaspekte* (Kontemplation und Reflexion, Neugierde, Fähigkeit zu vergeben, Bewusstsein für Auswirkungen, nicht-paranoide Haltung, Gegenseitigkeit und Abwechseln), *Wahrnehmung eigener mentaler Funktionen* (Entwicklungsperspektive, realistischer Skeptizismus, Bewusstsein für innere Konflikte, selbstreflexive Haltung, Bewusstsein für Auswirkung von Affekten, Anerkennung der Bedeutung des Unbewussten und Vorbewussten, Glaube an Veränderbarkeit), *Selbstdarstellung* (ausgeprägte Fähigkeit zuzuhören und zu erklären, reiches Innenleben, autobiografische Kontinuität), *allgemeine Werte und Einstellungen* (Zurückhaltung, Bescheidenheit und Mäßigung, Flexibilität, Humor, »Geben und Nehmen«, Verantwortung und Rechenschaftspflicht).

Tab. 4.1: Merkmale guten und schlechten Mentalisierens (Sharp & Bevington, 2022)[9]

Gutes Mentalisieren	Schlechtes Mentalisieren
• Sicherheit bei der mentalen Erforschung und Offenheit für Entdeckungen; innere Freiheit und Interesse daran, auch schmerzhafte Erinnerungen und Erfahrungen zu erforschen. • Anerkennung der Undurchsichtigkeit und Vorläufigkeit mentaler Zustände • echtes Interesse an den mentalen Zuständen des Selbst und anderer sowie deren Beziehung zueinander • adaptive Flexibilität beim Wechsel von automatischem zu kontrolliertem Mentalisieren • Anerkennung der Veränderlichkeit mentaler Zustände, einschließlich des Bewusstseins für die Entwicklungsperspektive (d. h., dass die eigene Bindungsgeschichte die aktuellen Beziehungen zu sich selbst und anderen beeinflusst) • Integration kognitiver und affektiver Merkmale des Selbst und anderer (»embodied mentalization«) • Gefühl der realistischen Vorhersagbarkeit und Kontrollierbarkeit mentaler Zustände • Fähigkeit, Stress im Umgang mit anderen zu regulieren • entspannt und flexibel, nicht auf einen Standpunkt »festgefahren« • kann verspielt sein, mit Humor, der eher einbezieht als verletzt oder distanziert • Probleme können durch einen Kompromiss zwischen der eigenen und der Perspektive anderer gelöst werden. • beschreibt die eigene Erfahrung, anstatt die Erfahrungen oder Absichten anderer Menschen. • vermittelt eher das Gefühl, »Verantwortung« für das eigene Verhalten zu übernehmen, als dass es einem »passiert«. • offen und neugierig gegenüber den Perspektiven anderer Menschen und erwartet, dass die eigenen Ansichten durch die Ansichten anderer erweitert werden.	• Dominanz von unreflektierten, naiven, verzerrten, automatischen Annahmen • unbegründete Gewissheit über die inneren mentalen Zustände des Selbst und/oder anderer • starres Festhaltung an der eigenen Perspektive oder übermäßige Flexibilität beim Wechseln der Perspektive • übermäßige Konzentration auf äußere oder innere Merkmale des Selbst und anderer oder völlige Vernachlässigung von einem oder beiden Aspekten (»Mind-Blindness«) • Unfähigkeit, sowohl die eigene als auch die Perspektive anderer zu berücksichtigen • Betonung entweder der kognitiven oder der affektiven Aspekte der Mentalisierung (d. h. übermäßig analytisch gegenüber überwältigt von den Gemütszuständen des Selbst und/oder anderer) • übermäßig spärliche oder übermäßig detaillierte Mentalisierung • konzentrieren sich auf externe Faktoren (z. B. Regierung, Schule, Kollegen, Nachbarn). • konzentrieren sich auf »leere«, rein verhaltensbezogene Persönlichkeitsbeschreibungen (z. B. »müde«, »faul«) oder Diagnosen. • mangelndes Interesse an mentalen Zuständen oder defensive Versuche, Mentalisierung zu vermeiden, indem man aggressiv oder manipulativ wird, Verleugnung einsetzt, das Thema wechselt oder sich anderweitig unkooperativ verhält (z. B. »Ich weiß es nicht«). • mangelnde Gegenseitigkeit und keine abwechselnde Gesprächsführung in der Kommunikation

In dieser umfassenden Beschreibung guten Mentalisierens wird deutlich, dass es sich dabei um einen wesentlichen Bestandteil einer reifen Persönlichkeit handelt,

---

9 Aus dem Englischen übersetzt von Meinolf Peters

wie sie verschiedentlich in der Persönlichkeitspsychologie beschrieben worden ist (Asendorf, 2007, Rudolf, 2015).

4.3.3 Sich das Alter aneignen

Altern ist keine Krankheit, wie es in überkommenen negativen Altersstereotypen, beginnend bei Aristoteles (Nühlen-Graab, 1990) durchaus unterstellt wurde, aber doch eine einflussreiche Variable, die sich durch das Leben der Menschen und damit auch die Krankheitsbilder zieht. Daher sollte es als roter Faden der Therapie immer wieder zum Thema werden. Allerdings kann sich der Einfluss des Alters individuell ganz unterschiedlich darstellen, ist es doch zunächst nicht mehr als eine kalendarische Angabe. Dabei sollten folgende Themen immer wieder aufgegriffen werden (▶ Kap. 5.4.3):

1. *Aktives Altern und seine Grenzen:* In der Gerontologie hat das Konzept des aktiven Alters einen normativen Stellenwert gewonnen, und tatsächlich sind die Vorteile von sozialer, körperlicher und kognitiver Aktivität nicht zu bestreiten. Insofern kann in der Ausdehnung dieser Aktivitäten insbesondere bei depressiven Patienten auch ein zentrales Therapieziel gesehen werden. Und doch sollte sich die Therapie nicht darauf beschränken, sind doch Verluste und Einschränkungen im Laufe des Alters nicht zu umgehen. Dann aber kommt es auf die Fähigkeit der Patienten an, Schwierigkeiten standzuhalten, vom Schicksal zugemutetes Leiden auszuhalten und unverrückbare Grenzen anzuerkennen. Die dazu erforderliche Haltung, die auch mit dem Begriff der *Resilienz* beschrieben werden kann (Staudinger & Grewe, 2001), geht häufig mit einer veränderten Einstellung zum Leben einher (Rüegger, 2006), d. h. mit einer wachsenden Nachdenklichkeit, Introvertiertheit und Spiritualität.
2. *Altersbilder:* Auf die Bedeutung von Altersbildern wurde weiter vorn in diesem Buch bereits hingewiesen (▶ Kap. 3.4.4) und auch deren Bedeutung für die gesundheitliche Entwicklung herausgestellt (Wurm, 2023). Somit sollte es auch ein Therapieziel sein, das eigene Altersbild kennenzulernen, es zu reflektieren und eine differenzierte Vorstellung vom eigenen Alter zu entwickeln, dass auch die positiven Möglichkeiten dieses Lebensabschnittes einbezieht (▶ Kap. 4.5.4).
3. *Geragogische Aspekte:* Zwar steht in einer Psychotherapie die affektive und kognitive Auseinandersetzung mit Lebensaufgaben und Beziehungsproblemen im Vordergrund, jedoch ist auch Wissensvermittlung hinsichtlich des Themas Alter sinnvoll; Nuevo, Wetherell, Montorio, Ruiz und Cabrera (2009) beispielsweise fanden einen negativen Zusammenhang von Wissen über Altersveränderungen und Sorgen vor dem Alter, die somit durch Wissen abgemildert werden können. Dieses Wissen kann den Entwicklungsaufgaben oder -dimensionen des Alters zugeordnet werden (Peters, 2004). Beispielhaft können folgende Inhalte berücksichtigt werden:
    - Wissen über körperliche Veränderungen, die beispielsweise die Leistungsfähigkeit unterschiedlicher Organe betreffen oder die die Gangsicherheit re-

duzieren und die Sturzgefahr erhöhen, so dass die Notwendigkeit regelmäßiger Bewegung sichtbar wird.
- Wissen über kognitive Veränderungen, das etwa der besonders bei den jüngeren Älteren sehr verbreiteten Demenzangst entgegenwirken kann.
- Wissen über soziale Veränderungen und die vielfältigen Wirkungen sozialer Aktivitäten, denen eine präventive Bedeutung etwa im Hinblick auf die Entwicklung von Depressionen oder von Einsamkeit zukommt.
- Wissen über Wohnen im Alter, mögliche Veränderungen (einschließlich Unterstützungsmöglichkeiten etwa für Umbaumaßnahmen) oder Wohnalternativen.
- Wissen über Hilfsmöglichkeiten im Alter (Beratungsstellen, zugehende Dienste, Pflegestützpunkte)
- Wissen über unterschiedliche Verfügungen (Patientenverfügung und Vorsorgevollmacht).

Sicherlich könnte diese Liste, bei der es in umfassender Weise auch um Gesundheitsvorsorge geht, fortgesetzt werden. Therapeuten sollten über diesbezügliche Basisinformationen verfügen, können ansonsten auch auf andere Informationsquellen wie etwa Beratungsstellen oder Schriften verweisen, bzw. diese empfehlen.

Fallvignette

Der 75-jährige Patient kam nach einem Psychiatrieaufenthalt wegen einer schweren Depression in die Behandlung. Er war isoliert und litt unter Einsamkeit, ein Herzinfarkt hatte seine Leistungsfähigkeit reduziert, was sich auch in einer erektilen Dysfunktion zeigte. Dennoch wollte er von seinem Alter zunächst nichts wissen. Im Winter floh er regelmäßig in südliche Länder, in denen er mehrere Häuser besaß. Auch die dunkelhäutigen Frauen hatten es ihm angetan, und als er damals, vor vielen Jahren, mit einer gerade geehelichten südländischen Schönheit im weißen Cabriolet durch die Stadt gefahren war, hatte er dies als den Höhepunkt seines Lebens empfunden. Obwohl ihn diese Frau schon vor Jahren verlassen hatte, reiste er jedes Jahr aufs Neue in den Süden in der Hoffnung, doch noch eine würdige Nachfolgerin zu finden. Doch die jungen Frauen, die er kennenlernte, waren vor allem an seinem materiellen Wohlstand interessiert, womit viele Enttäuschungen verbunden waren.

Dieses Thema zog sich wie ein roter Faden durch die Therapie und nur ganz allmählich schien sich eine Veränderung anzubahnen. Er verbrachte mehr Zeit an seinem eigentlichen Wohnort und schien sich darauf einlassen zu können, was sich in einigen vernachlässigten Kontakten zeigte, die er wieder aufnahm. Auch an diesem Ort besaß er mehrere Häuser, und am liebsten vermietete er seine WG-Zimmer an junge ausländische Studentinnen. Immer wieder berichtete er erfreut, dass eine junge hübsche asiatische oder afrikanische Studentin eingezogen sei. Es mache ihm Freude, diese zu unterstützen, sich in der für sie fremden Welt zurecht zu finden. Der Therapeut kommentierte, nun brauche er gar nicht mehr in die Welt hinaus reisen, die Welt komme ja jetzt zu ihm. Doch etwas anderes schien noch bedeutsamer zu sein, denn er schilderte, überhaupt nicht mehr den Drang zu verspüren, diesen jungen Frauen näher zu kommen, ihnen zu begegnen und sie zu betrachten genüge ihm. Dieser sinnlich-

> *rezeptive Modus, den er für sich entdeckt hatte, verschaffte ihm eine neue Erfahrungsebene und einen anderen Bezug zu seiner Mitwelt. Der Patient fand im weiteren Verlauf zu mehr innerer Ruhe und Gelassenheit.*

Bei dem geschilderten Patienten verwoben sich die drei genannten Ebenen, dem Thema Alter Bedeutung zu geben: Sein negatives Altersbild zu differenzieren und neue Möglichkeiten zu entdecken, das Alter mit seinen vielfältigen Veränderungen zu thematisieren und sein begrenztes Wissen zu ergänzen, neue soziale Aktivitäten zu entwickeln und eine modifizierte Haltung zum Umgang mit Frauen zu erproben.

4.4 Interventionsmöglichkeiten – Zwischen Problem- und Ressourcenaktivierung

Im folgenden Kapitel werden Interventionsmöglichkeiten beschrieben, die den drei Richtungen der Psychodynamischen Psychotherapie entnommen sind und besonders günstig für ältere Patienten erscheinen. Bei diesem Thema wird das Forschungsdefizit besonders deutlich, so dass v. a. klinische Überlegungen und die therapeutischen Erfahrungen des Autors ausschlaggebend für die nachfolgenden Kapitel waren.

4.4.1 Das Spektrum an Interventionsmöglichkeiten

Die klassischen psychoanalytischen Parameter wie die Bearbeitung frühkindlicher Konflikte, das Gewinnen von Einsicht durch Deutungen oder auch technische Parameter wie die freie Assoziation, die gleichschwebende Aufmerksamkeit und eine zurückgenommene, eher beobachtende Haltung, treten in den neueren Entwicklungen der Psychodynamischen Psychotherapie in den Hintergrund. In Abkehr von dieser Grundhaltung können drei Prinzipien formuliert werden, die für alle drei in diesem Buch einbezogenen Varianten Psychodynamischer Psychotherapie kennzeichnend sind:

1. Die aktive Präsenz der Therapeuten, die von Winnicott (1965) schon vor langer Zeit gefordert wurde, bedeutet, Patienten ein »*wirkliches Gegenüber*« zu sein und sich von ihnen emotional affizieren zu lassen. Ziel dabei sollte sein, die therapeutische Beziehung in Richtung einer sicheren Bindung zu etablieren (Sable, 2000) und der latenten Angst vor Verlust an sozialer Resonanz, die bei älteren Menschen fast immer im Spiel ist, entgegenzuwirken.
2. Gemeinsam ist auch, was Allen et al. (2011) mit Bezug auf die mentalisierungsbasierte Therapie formuliert hatten, nämlich der Vorrang *erfahrungsnaher*

4.4 Interventionsmöglichkeiten – Zwischen Problem- und Ressourcenaktivierung

Interventionen, was bedeutet, möglichst nah am Erlebten und den zu bewältigenden Entwicklungsaufgaben zu bleiben.
3. In der mentalisierungsbasierten Therapie beschreibt die *mentalisierte Affektivität* die Fähigkeit, die subjektive Bedeutung der eigenen Affektzustände zu ergründen, worin Fonagy, Gergely, Jurist und Target (2004) das Herzstück der therapeutischen Arbeit sehen. Auch dieses Element hat eine umfassende Bedeutung und zudem eine lange Tradition in der Psychotherapie, v. a. in der klientenzentrierten Psychotherapie nach Rogers (1977).

Über diese Grundsätze hinaus verfügen alle Varianten Psychodynamischer Psychotherapie über eine breite Palette von Interventionsmöglichkeiten (Rudolf, 2014), die teils allen gemeinsam sind, sich teils unterscheiden. Auch die Psychodynamische Psychotherapie, die sich noch stärker an den psychoanalytischen Grundlagen orientiert, geht in ihrem Interventionsrepertoire weit über die klassische Trias von Klarifikation, Konfrontation und Deutung hinaus (Pancheri, 1998, Rudolf, 2014, Gumz, Horstkotte, & Kästner, D. 2014). Weiter noch als diese haben sich die strukturbezogene und mentalisierungsbasierte Psychotherapie von den psychoanalytischen Grundlagen entfernt (Schulz-Venrath & Döring, 2011). In der strukturbezogenen Psychotherapie stehen *spiegelnde Interventionen* sowie das *Prinzip Antwort* im Vordergrund (Rudolf, 2020). Spiegeln bedeutet, Patienten das, was Therapeuten wahrnehmen, rückzumelden, ihnen also gewissermaßen ein Bild von sich selbst zurückzugeben. Das ermöglicht es ihnen, dieses mit dem Bild, dass sie von sich selbst haben, abzugleichen und letzteres zu überprüfen und zu erweitern. Das Prinzip Antwort, das ursprünglich der psychoanalytisch-interaktionellen Psychotherapie entstammt (Heigl-Evers & Heigl, 1983), betont das Dialogische des therapeutischen Gespräches, fokussiert also auf das, was zwischen Patienten und Therapeuten geschieht, während auf die Deutung des Inneren weitgehend verzichtet wird (Heigl-Evers & Nitschke, 1995). In der mentalisierungsbasierten Therapie wird hingegen die aktive Exploration und das *Prinzip Frage* favorisiert (Bolm, 2009, Allen, Fonagy & Bateman, 2011). Ausgehend von einer Haltung der Neugier geht es darum, offene und den Prozess vertiefende Fragen zu stellen, d. h. immer wieder von einer metakognitiven Ebene aus den Reflexionsprozess anzuregen.

Neben diesen »Kernelementen« kommen zahlreiche weitere Interventionsmöglichkeiten in Betracht. Dabei entsteht der Eindruck, dass das aus der Tradition der klientenzentrierten Psychotherapie (Rogers, 1977) hervorgegangene Prinzip der *nicht-direktiven Äußerungen*, also die Verbalisierung der Patientenäußerungen v. a. im Hinblick auf ihren emotionalen Gehalt, inzwischen gewissermaßen »unbemerkt« Bestandteil aller Formen Psychodynamischer Psychotherapie geworden ist. Es handelt sich um eine Form des *aktiven Zuhörens*, bei dem der Patient im Zentrum der Aktivität verbleibt, darauf vertrauend, dass er selbst die Selbstexploration weiterführen wird, während sowohl beim Spiegeln wie bei Fragen die Aktivität vom Therapeuten ausgeht.

Man könnte insofern eine Trias formulieren, die weite Bereiche therapeutischer Gespräche kennzeichnet und die sich auf drei unterschiedliche therapeutische Traditionen zurückführen lassen: *fragende Äußerungen – nicht-direktive Äußerungen –*

spiegelnde bzw. antwortende Äußerungen. Diese Interventionstechniken können sich auf unterschiedliche Inhalte und Zielsetzungen beziehen, wie der umfangreicheren Liste in ▶ Tab. 4.2 zu entnehmen ist. Einige dieser Interventionsmöglichkeiten dienen zunächst der Schaffung einer therapeutischen Beziehung und einer geeigneten Atmosphäre von Akzeptanz und Resonanz (Basisinterventionen), weitere gehen darüber hinaus und regen zu Neubetrachtungen und Veränderungen an (Sharp & Bevington, 2022). Man könnte auch sagen, dass einige der vorgeschlagenen Interventionen einen stärker supportiven, andere einen mehr herausfordernden Charakter haben. Rudolf (2020) unterscheidet drei Grundhaltungen: sich hinter den Patienten stellen, sich neben ihn stellen, sich ihm gegenüberstellen oder ihm vorausgehen, auch darin unterscheiden sich die aufgeführten Interventionsformen.

Tab. 4.2: Übersicht Interventionsformen

Intervention	Beschreibung/Ziel	Quelle	Beispiel
Basisinterventionen			
Explorieren, Klären	Narrative verstehen, differenzieren, Ablauf der Ereignisse, Folgen etc.	PP, MBT	»Wie genau hat sich das abgespielt, können Sie das noch einmal genau schildern?«
Empathische Validierung	Validierung emotionaler und mentaler Inhalte, Herstellung von Resonanz und Sicherheit	PP, MBT	»Da haben Sie sich ….. gefühlt.«
Spiegelnde Interventionen	Mitteilung, was der Therapeut wahrnimmt, was ihm auffällt etc.	SP	»Mir fällt auf, dass Sie bei diesem Thema immer leise werden.' «…. immer ihren Bruder erwähnen.»
Antwortende Mitteilungen	Therapeut stellt dem Patienten seine eigene Wahrnehmung bzw. eigene Empfindungen zur Verfügung	SP	»Wenn ich Ihnen zuhöre, geht es mir …«
»Challenge«	unkonventionelle Äußerungen, Zuspitzungen, Humor	MBT	»Ich glaube, dass können sie besser …« »Mit Ihnen ist aber auch nicht immer gut Kirschen essen …«
Strukturierende Interventionen	aktive Unterstützung des Patienten, konkrete Hilfen	SP	»Können Sie sich vorstellen, eine solche Hilfe anzunehmen?«
Vertiefende bzw. fokussierende Interventionen			
Affekte explorieren	Affekte weiter differenzieren, Wahrnehmung schulen, kontextualisieren	PP, SP, MBT	»Wie hat sich das genau angefühlt?«

Tab. 4.2: Übersicht Interventionsformen – Fortsetzung

Intervention	Beschreibung/Ziel	Quelle	Beispiel
»Embodied Cognition«	Ausdrucksverhalten, nonverbales Verhalten menta-lisieren	MBT	»Sie haben eben so tief geatmet.«
Selbstreflexion fördern	Erkundung von Wünschen, Bedürfnissen, Vorbehalten, Selbstbild, Altersbild etc.	PP, SP, MBT	»Was hat Sie dazu gebracht, sich so zu verhalten?« »Was war ihr Ziel?«
Perspektivenwechsel anregen	vermutete Absichten, Intentionen, Gefühle etc. des Gegenübers (zirkuläres Fragen)	MBT	»Wie könnte er das gesehen haben?«, »Wie mag er sich gefühlt haben?« »Was würde er sagen?«
Empathie erkunden	emotionale Reaktion auf Verhalten des Gegenübers	MBT	»Wie fühlten Sie sich dabei?« »Was hat das in Ihnen ausgelöst?«
Ressourcenförderung	bessere Wahrnehmung und positive Bewertung von Fähigkeiten		»Sie scheinen gar nicht zu bemerken, wie gut Ihnen das gelingt.«
Existenzielle Fragen	Erkundung von Einstellungen, Werten, Sinn, Lebensgefühl etc.	MBT	»Wie denken Sie über Ihr Leben?«, »Wie sieht Ihr überwiegendes Lebensgefühl aus?«
Interpretationen/Deutungen	Zusammenhänge herstellen, Aspekte des dynamischen Unbewussten hervorheben	PP	»Vielleicht bereitet es Ihnen Angst, diese Gefühle zuzulassen« »Vielleicht müssen Sie solche Wünsche abwehren«, »Vielleicht hat es damit zu tun, dass ...«

Die in ▶ Tab. 4.2 aufgeführten Interventionsformen sind keineswegs vollständig, und die Zuordnung zu den Varianten Psychodynamischer Psychotherapie ist nicht eindeutig. Insgesamt unterscheiden sich die Therapierichtungen weniger, als es auf den ersten Blick erscheinen mag.

4.4.2 Von der Intervention zum therapeutischen Gespräch

In einer Therapiestunde sollten die verschiedenen Interventionsformen zusammenwirken und zu einem kohärenten Prozess verschmelzen, so dass das Verhalten des Therapeuten nicht technisch, sondern authentisch wirkt. Dann kann sich das Gespräch allmählich entfalten und intensivieren, und im besten Fall in einen emotionalen und veränderungsrelevanten Moment münden, von Stern (2005) als *Now Moment* beschrieben. Wiederholen sich solche Momente, kann sich der therapeutische Prozess entwickeln und Veränderung stattfinden.

Die Basiselemente bilden zunächst einmal die Grundlage des therapeutischen Gesprächs. Eine Therapiestunde beginnt i. d. R. mit einem Narrativ, das sich durch klärende Fragen entfalten und differenzieren kann (▶ Kap. 4.5.2). Die darin enthaltenen emotional und mental bedeutsamen Momente sollten empathisch validiert werden, wodurch die therapeutische Beziehung konstituiert und die bei Älteren zumeist reduzierte Bindungssicherheit erhöht wird. Spiegelnde Interventionen, die gelegentlich durch antwortende Mitteilungen, also das eigene Erleben des Therapeuten ergänzt werden, etablieren eine reflexive Beziehungsebene und stoßen dadurch direkter therapeutische Veränderungen an. Im Verlauf der Therapie können sie auch konfrontativer werden. Ihre Wirkung liegt vor allem darin, die Subjekt-Objekt-Differenz erfahrbar zu machen und dadurch ToM-Fähigkeiten zu verbessern, ist der Patient doch aufgefordert, die Intentionen des Therapeuten nachzuvollziehen.

Rudolf (2020) diskutiert die Frage, ob nicht auch eine Haltung des *Erbarmens* angebracht sein könnte, wie in der interaktionellen Psychotherapie nach Heigl-Evers vorgeschlagen wurde. Gemeint ist damit die Anerkennung von Leid und Anteilnahme, ohne das Mitleid in den Vordergrund treten sollte. Da ältere Patienten häufig nach Schicksalsschlägen in eine Psychotherapie kommen, könnte in diesen Fällen eine solche Haltung durchaus angebracht sein. Gelegentlich kann der Therapeut Äußerungen des Patienten zuspitzen und übertreiben bzw. sie mit Humor versehen (*Challenge*), so dass dem Gespräch ein kreatives Moment hinzugefügt wird. Zudem kann es bei Älteren erforderlich sein, das Gespräch durch strukturierende Interventionen zu ergänzen, von Greenberg (2009) mit Blick auf Ältere als *concrete interventions* bezeichnet. Dazu zählt beispielsweise Verhaltensplanung, die Aufnahme sozialer Aktivitäten u. a., andererseits auch die Organisation konkreter Hilfen in der alltäglichen Lebensgestaltung.

Weitere Interventionen dienen dazu, das Gespräch zu vertiefen oder auf bestimmte Themen bzw. Funktionen zu fokussieren. An erster Stelle sind dabei die Affekte zu nennen, deren Wahrnehmung es weiter zu verbessern und zu differenzieren gilt; insofern handelt es sich um eine Fortführung bzw. Vertiefung der empathischen Validierung. Bei Älteren werden häufig passiv-negative Gefühle im Vordergrund stehen, die behutsam durch aktiv-negative und durch positive Gefühle ergänzt werden sollten, so dass sich das Spektrum emotionalen Erlebens erweitert. Da Affekte zumeist auch eine körperliche Ausdrucksebene haben, kann diese in den therapeutischen Austausch einbezogen werden.

Gelingt es, eine reflexive Beziehungsebene zu entwickeln, wird dadurch gewissermaßen eine *exzentrische Position* etabliert, um einen Begriff des Anthropologen Hellmuth Plessner (2003) aufzugreifen, der es als ein Charakteristikum des Menschen betrachtete, sich auf seine Mitte beziehen zu können. Dies setzt voraus, neben sich stehen zu können, ohne sich zu verlassen, d. h. der Mensch braucht einen Abstand zu seinem erlebenden Zentrum, um sich selbst zu erkennen. Dann rücken Aspekte der Persönlichkeit und des Selbstbildes (einschließlich des Altersbildes) in den Fokus, oft eingebettet in eine biografische Perspektive. Die fremdbezogene Reflexion bzw. der Perspektivenwechsel, der auf die Differenzierung der ToM-Fähigkeiten abzielt, und die Selbstreflexion verschränken sich und ermöglichen eine genauere Analyse des Interaktionsverhaltens und der Beziehungen des Patienten. Schließlich sind in der Alterspsychotherapie häufiger existenzielle Themen von Bedeutung, die auf grundlegende Werte, Überzeugungen und Sinnelemente verweisen, deren Reflexion die Therapie zu einer existenziellen Psychotherapie werden lässt, wie sie besonders von Yalom (1989) beschrieben wurde.

Das Ziel des therapeutischen Gesprächs wurde von Fonagy et al. (2015) wie folgt beschrieben: Es geht darum, einen kontrollierten, reflektierten, innerlich fokussierten, kognitiv komplexen und präfrontal gesteuerten Mentalisierungsprozess anzustoßen. Dieser Zielsetzung kommt über die mentalisierungsbasierte Psychotherapie hinaus eine gewisse Allgemeingültigkeit zu. Zu erkennen ist, dass dabei auch die Förderung neuropsychologischer Aspekte, insbesondere der Exekutivfunktionen, impliziert ist (▶ Kap. 4.4.4).

4.4.3 Von der Deutung zur Reflexion

Umstritten in der zeitgenössischen Psychodynamischen Psychotherapie ist der Stellenwert von *Deutungen*, der zentralen Interventionsform der klassischen Psychoanalyse (Firmansyah et al., 2021). Die kritische Haltung gegenüber Deutungen entwickelte sich in der Therapie von Persönlichkeitsstörungen, wo sich zeigte, dass sie oft wenig hilfreich sind, weil sie eine Fähigkeit zur Selbstbeobachtung voraussetzen, die bei diesen Patienten zumeist nicht gegeben ist. Auf eine ähnliche Grenze stoßen Deutungen auch bei vielen älteren Patienten, jedenfalls dann, wenn strukturelle Defizite vorliegen bzw. die Fähigkeit zur Selbstreflexion eingeschränkt ist.

Auch in der strukturbezogenen und mentalisierungsbasierten Therapie werden Deutungen eher zurückhaltend betrachtet und nur in Ausnahmefällen als sinnvoll erachtet. Dies hat damit zu tun, dass diese Therapieformen einen Interaktionsrahmen konstituieren, in dem sich Therapeuten und Patienten in einer symmetrischen Beziehung begegnen. Deutungen hingegen schaffen eine asymmetrische Beziehung und sind Mitteilungen, die in eine Richtung gehen, nämlich vom Sender zum Empfänger; Cremerius (1979) hatte schon früh das paternalistische Denken kritisiert, dass einer Deutung häufig anhafte. Durch eine Deutung kann im besten Falle Einsicht entstehen, kaum aber das Selbstwirksamkeitserleben sich erweitern und das Gefühl der Selbstermächtigung wachsen.

Dennoch verlieren sie nicht völlig ihren Wert, zumal sich im Laufe der Zeit unterschiedliche Formen von Deutungen entwickelt haben. Neben den sog. *gesättigten Deutungen*, die Eindeutigkeit und Abgeschlossenheit suggerieren und auf die sich die Kritik v. a. bezieht, können *ungesättigte Deutungen*, die Metaphern und Bilder enthalten und der Mehrdeutigkeit des Unbewussten Raum lassen, geeignet sein, den Reflexionsprozess anzuregen (Will, 2018). Andere Autoren sprechen lieber von *Interpretation* (Pancheri, 1998) und verzichten auf den unbedingten Bezug auf das Unbewusste, den eine Deutung ausmacht. Eine Interpretation weist einem Verhalten oder Erleben eine Bedeutung zu, die über das hinausgeht, was die Person selbst diesem Verhalten oder Erleben zugeschrieben hat, sollte sich aber nicht allzu weit davon entfernen (Gumz, Horstkotte & Kästner 2014).

Deutungen haben ihre einst zentrale Stellung verloren, stattdessen ist das Prinzip der *Reflexion* in den Vordergrund gerückt. Diese ist im eigentlichen Sinne keine Interventionsform, sondern eher ein Interventionsziel. Reflexion beschreibt den Weg, den Therapeuten zusammen mit ihren Patienten zu gehen versuchen, zu dem sie sie motivieren und anregen, sei es durch Fragen, durch Spiegeln oder gelegentlich auch durch Interpretationen.

Was aber ist mit Reflexion, einem Konzept mit langer philosophischer Tradition (Wagner 1980), genau gemeint? Reflexion beschreibt einen Prozess der kognitivaffektiven Strukturierung bzw. Umstrukturierung, der voraussetzt, aus der Unmittelbarkeit des Erlebens und Verhaltens herauszutreten; Dewey (1989) hat von einer »denkenden Erfahrung« gesprochen. Sie bedeutet zunächst die sorgfältige Betrachtung eines Themas, einer Erfahrung, einer Idee, einer Aufgabe oder einer spontanen Reaktion, um deren Bedeutung besser verstehen zu können. Das Wesen der Reflexion besteht darin, den Sinn von Erfahrungen für das eigene Leben zu erforschen. In Anlehnung an Chrost (2021), die den Begriff der Reflexion für die pädagogische Arbeit untersucht hat, kann das Vorgehen wie folgt beschrieben werden: Am Anfang sollte man den Gegenstand bzw. das Thema oder das Ereignis beschreiben, der das Wesen des Erkennens ist, indem man die Frage stellt: Was macht ihn aus? Wie ist er? Was genau ist gewesen? Dann ist es wichtig, die relevanten und emotional besetzten Merkmale daraus zu gewinnen, indem man nach der Antwort auf die Frage sucht: Warum und was hat mich daran besonders bewegt oder aufgewühlt? Erst dann sollte man das Verständnis für Folgen vertiefen, die sich aus dem Verstandenen für mich und für andere ergeben. Die Reflexion, die die Vertiefung des Verständnisses von Folgen widerspiegelt, kann mithilfe von Fragen erfolgen: Wie hat sich das auf mein Leben und andere Menschen ausgewirkt, was kann daraus noch folgen? Was wird das Ergebnis sein? Und weiter Chrost (2021, S. 64):

> »Das Reflektieren sollte dazu führen, dass man die eigene Denkweise, die Überzeugungen, Fähigkeiten und die eigene Wertschätzung sowie Lebenseinstellung besser kennen lernt und zu gestalten weiß, d. h. eine genauere Vorstellung davon gewinnt, wer man ist und wer man in Bezug auf andere sein kann. Hilfreich dabei können folgende Fragen werden: Was leitet mich und warum? Welche Gefühle werden in mir wach im Zusammenhang damit, worüber ich nachdenke? Bin ich wegen dieser Reaktion beruhigt und wenn nicht, wieso?«

Reflexion kann sich in unterschiedliche Richtungen entfalten, nach innen oder mehr nach außen, auf die eigene Person oder eher auf Andere, mehr kognitiv oder mehr affektiv oder stärker auf implizite oder auf explizite Annahmen richten. Es können also die unterschiedlichen Dimensionen des Mentalisierens in den Fokus rücken. Dabei geht es nicht nur um Inhalte, sondern mehr um den Prozess als solchen, wobei die in diesem Buch behandelten psychologischen Funktionen von Bedeutung sind. Indem sie nicht allein auf eine kritische Prüfung und Analyse des Gegebenen zielt, sondern auch auf die Konstruktion von Bedeutungen und eine zukunftsorientierte Perspektive (Aeppli & Lötscher, 2016), ist sie nicht allein defizit-, sondern ebenso ressourcenorientiert ausgerichtet. Auch die Beziehung unterscheidet sich dabei von der im klassischen psychoanalytischen Setting. Während bei der Deutung der Patient Empfänger ist, der im besten Falle eine Einsicht gewinnt, erfolgt die Reflexion in einer kollaborativen Beziehung (Wallin, 2016). Hier ist der Patient Akteur, der sich in einem kleinschrittigen Prozess das anzueignen versucht, was ihm im Leben widerfahren ist. Somit verbleibt die Reflexion eher im Hier und Jetzt, während die Deutung stärker auf ein Dort und Damals verweist. In diesem Prozess kann der Patient ein Gefühl von Selbstwirksamkeit und Selbstermächtigung erfahren.

4.4.4 Neuropsychodynamische Modifikationen

Die in diesem Buch bereits dargelegten neuropsychologischen Grundlagen des Altersprozesses, insbesondere in Exekutivfunktionen und in Gedächtnissystemen, sind auch für die Psychotherapie bedeutsam. Ziel ist, das komplexe Verhältnis von neuronalen Veränderungen einerseits und Erleben und Verhalten andererseits im therapeutischen Prozess zu berücksichtigen (Böker, 2016). Bisher wurden diese Einflüsse nur im Rahmen der kognitiven Verhaltenstherapie diskutiert (Dreer, Copeland & Cheavens, 2011), im Hinblick auf eine psychodynamische Therapie Älterer steht die Diskussion noch am Anfang.

Grundlegend erscheint zunächst einmal, dass Therapeuten die potentielle Bedeutung dieser Dimension bewusst ist und sie bereit sind, sie in ihre therapeutischen Überlegungen einzubeziehen. Es geht dabei nicht nur um die Beachtung möglicher beginnender dementieller Prozesse bzw. leichter kognitiver Beeinträchtigungen, sondern um den Einfluss neuropsychologischer Veränderungen auf Störungsbilder im Alter (Peters & Peters, 2025) sowie auf psychologische Funktionen, wie sie in diesem Buch untersucht wurden. Zunächst einmal besteht das Ziel darin, bestehende Defizite zu reduzieren. Erste Ergebnisse zeigen, dass die Verbesserung der Exekutivfunktionen im Rahmen einer Verhaltenstherapie, aber auch einer supportiven Psychotherapie, die einige Merkmale einer Psychodynamischen Psychotherapie aufwies, möglich ist (Mackin et al. 2014). Auch für den stationären Bereich liegen einige Hinweise auf Verbesserungen kognitiver Funktionen vor (Zahlen-Symboltests und Zahlen-Verbindungstest) (Peters & Hübner, 2004). Wunner, Reichhart, Strauss und Söllner (2018) konnten ebenso Verbesserungen in verschiedenen kognitiven Leistungsmaßen nach einer gerontopsychosomatischen tagesklinischen Behandlung nachweisen.

Verbesserungen sind jedoch immer nur in einem begrenzten Umfang möglich, so dass es wichtig ist, über zu beobachtende Veränderungen etwa des deklarativen Gedächtnisses, das der Selbstbeobachtung gut zugänglich ist, aber auch andere kognitive Veränderungen, die weniger gut zu beobachten sind, aufzuklären, um eine realistische Selbsteinschätzung zu erleichtern. Bedeutsam ist, dass Gedächtnisleistungen keineswegs allein vom Zustand des Hippocampus abhängig sind, sondern auch von der Stimmungslage und dem Selbstbild. Beides kann zu einer mangelnden neuronalen Aktivierung führen, wodurch etwa die gedächtnisbezogene Leistungsfähigkeit negativ beeinflusst und damit auch das negative leistungsbezogene Selbst(Alters-)bild verstärkt wird (Hertzog et al., 2009). Ziel sollte sein, vorhandene Defizite in das eigene leistungsbezogene Selbstbild zu integrieren bzw. eine realistische Einschätzung von Defiziten zu erlangen.

Einige technische Hinweise für die psychotherapeutische Praxis können aber doch formuliert werden:

- *»Slow down«:* Die Verlangsamung der neuronalen Prozesse sollte sich auch im Therapieprozess widerspiegeln, d. h. es geht um ein *»slow down«* der Therapie, was eine Feinabstimmung zwischen Patient und Therapeut erforderlich macht. Vor allem sollte genügend Zeit gelassen werden, dass sich Gedanken oder Gefühle ausreichend entfalten und differenziert wahrgenommen werden können. Hilfreich könnte es dabei sein, an bedeutsamen Stellen des Gesprächs innezuhalten (*stop and rewind*), um sie intensiver zu erleben und zu reflektieren und dadurch auch besser im Gedächtnis zu verankern.
- *Aktivität:* Normalerweise reduziert sich die neuronale Aktivität im Alter bzw. wird weniger leicht ausgelöst, woraus folgt, dass der Therapeut mehr Anreize geben sollte. Dazu passt der Befund, demzufolge autobiografische Erinnerungen im Alter leichter aktiviert werden, wenn ausreichend Abrufhinweise gegeben werden (Markowitsch & Welzer, 2005). Auch kann es sinnvoll sein, Themen aktiv aufzugreifen und zu verfolgen.
- *Zielorientiert:* Neuronale Aktivität hängt bei Älteren stärker von verschiedenen Einflussfaktoren ab, v. a. auch von der Motivation. Somit erscheint es sinnvoll, immer wieder das Ziel der Therapie bzw. die Bedeutung einzelner Themen zu reflektieren: Warum ist das wichtig für mich? Wobei hilft mir das? Warum sollte ich das tun?
- *Strukturiert:* Vieles, was in diesem Buch dargelegt wurde, spricht dafür, die Therapie stärker zu strukturieren. Dies könnte folgendes bedeuten:
  - Zunächst könnte am Anfang der Therapiestunde nach der vorausgegangenen Stunde gefragt werden: Hat den Patienten das Besprochene weiter beschäftigt, ist etwas daraus gefolgt usw.? Auch weiter zurückliegende Themen sollten aktiv wieder aufgegriffen werden. Es geht darum, mehr Kontinuität herzustellen, eventuell auch durch das Führen eines Therapietagebuches.
  - Am Ende einer Therapiestunde könnte es förderlich sein, den Patienten zu bitten, noch einmal auf die Stunde zurückzublicken: »Was war wichtig heute, hat Sie etwas besonders angesprochen, was nehmen Sie mit?«
  - Hilfreich sind auch Anregungen, Themen weiter nachzugehen, sie zu erforschen, etwas auszuprobieren etc. Wöller (2022) spricht in diesem Zusammenhang von »sitzungsverbindenden Reflexionen und Übungen«, die dazu beitragen können, mehr Kontinuität zu schaffen.
  - Manche älteren Patienten bringen Materialien, v. a. Fotos als externe Gedächtnis- und Erinnerungshilfen mit in die Therapie; in der Lebensrückblicktherapie wird dieses Vorgehen systematisch eingesetzt (Forstmeier & Maercker, 2024). Therapeuten sollten darauf positiv reagieren, es vielleicht sogar anregen.

Insbesondere die strukturierenden Interventionen können helfen, Gedächtnisfunktionen auszugleichen (»*Auxiliary memory function*«; Pancheri, 1998). Wichtig erscheint es aber, bei diesen Modifikationen nicht einem negativen Altersstereotyp zu folgen, sondern sie auf jeden einzelnen Patienten abzustimmen.

4.5 Facetten des therapeutischen Prozesses – Vom Erleben zum Reflektieren

Im Weiteren werden einige zentrale Facetten des Therapieprozesses näher beleuchtet und in ihrer Bedeutung für die Behandlung Älterer reflektiert. Der Gedanke der Reflexion durchzieht die behandelten Themen auf jeweils spezifische Weise.

4.5.1 Rahmenbedingungen, Resonanz und emotionale Begegnung

Äußere Faktoren wie die Beschaffenheit der Räumlichkeiten haben eine Signalwirkung für Patienten und Patientinnen, ja es ist anzunehmen, dass Ältere besonders sensibel darauf reagieren (Peters, 2006). Die sogenannten *Priming-Experimente* beschreiben ein Phänomen, das durchaus auf die therapeutische Situation übertragen werden kann. In den Experimenten wurden ältere Menschen »geimpft«, indem ihnen entweder positive oder negative Informationen oder Bilder zum Alter dargeboten wurden. Diese »Impfung« wirkte sich in unterschiedlicher Weise aus, etwa auf das Gangbild. Bei einem negativen Priming bewegte sich der ältere Mensch langsamer und gebeugter fort als bei einem positiven Priming, das mehr Energie verlieh. Auch bei anschließend durchgeführten Leistungs- oder Gedächtnistests zeigten sich entsprechende Unterschiede. Ähnlich kann man es in der therapeutischen Praxis beobachten, auch dort werden Patienten zahlreiche Signale zumeist unbewusst registrieren, die unterschiedliche Gefühle hervorrufen und ihr Verhalten beeinflussen. Es spielt also eine Rolle, welche Signale die Therapeuten durch ihre Haltung, aber auch durch die Raumgestaltung – z. B. eine altersgeeignete Bestuhlung – aussendet.

Ein weiteres Element, den therapeutischen Prozess anzustoßen, kann in Informationen darüber bestehen, was ein therapeutisches Gespräch bzw. eine Psychotherapie ausmacht. Im Vordergrund stehen sollte eine Einladung zu größtmöglicher Offenheit und der gemeinsamen Erforschung spezifischer Situationen, Lebensumstände und bedeutsamer Beziehungen, bei denen aber das innere Erleben besonders bedeutsam sei. Auch kann darauf hingewiesen werden, dass es sinnvoll sein kann, sich mit der eigenen Lebensgeschichte zu befassen, um daraus Lehren zu ziehen und unter Umständen sich wiederholende Muster zu entdecken, von denen man sich möglicherweise befreien kann. Es geht also darum, die Patienten für eine selbstreflexive Haltung zu gewinnen. Ergänzend kann es auch ratsam sein, darüber aufzuklären, was realistischerweise von einer Psychotherapie zu erwarten ist und es nicht immer um Lösungen, sondern mehr um neue Sichtweisen und Erlebnismuster geht, die das Leben erleichtern können.

Die meisten Älteren sind heute durchaus informiert, was Psychotherapie ist und dass in ihr eine Gesprächskultur praktiziert wird, die sich von Alltagsgesprächen unterscheidet. Bei jenen allerdings, die damit weniger vertraut sind, kann es sinnvoll sein, diesen psychoedukativen Hinweisen mehr Raum zu geben. Dies sollte jedoch geschehen, ohne dabei eine pädagogische Haltung einzunehmen, vielmehr hat es sich bewährt, solche Informationen eher en passant einfließen zu lassen.

All diese Informationen, äußeren Hinweisreize und atmosphärischen Signale können geeignet sein, älteren Patienten das Gefühl zu geben, willkommen zu sein, Ängste ablegen zu können und *Resonanz* zu erfahren, so dass sie in die Patientenrolle hineinfinden können. Dies ist umso wichtiger, als ältere Menschen in unserer Gesellschaft häufig wenig Resonanz erfahren, sondern ihnen eher das Gefühl vermittelt wird, unerwünscht zu sein oder gar zu stören. Zwar hat sich dies mit dem Wandel des Alters für die jüngeren Älteren abgeschwächt, aber Hochaltrige fühlen sich weiterhin häufiger ausgegrenzt oder übersehen. Dies belegen auch Studien zur Kommunikation in Hausarztpraxen, wo Ärzte mit Älteren nicht nur kürzer sprechen, sondern ein Gespräch mit begleitenden Angehörigen bevorzugen (Geissler, 2007).

Trotz der Bedeutung all dieser Aspekte hängt die Etablierung einer therapeutischen Beziehung weniger von äußeren Merkmalen und Informationen als von einer Reihe von Faktoren ab, die in der Begegnung zwischen Patient und Therapeut angesiedelt sind. Vor dem Hintergrund der mentalisierungsbasierten Therapie spricht Allen (2011) von »Meeting the minds« und betont damit das zentrale Merkmale von Mentalisierung, nämlich sich mit anderen Menschen verbinden zu können. Entscheidend dafür ist, ob der Therapeut den mentalen und affektiven Zustand des Patienten zu erfassen vermag, wofür wiederum ausschlaggebend ist, ob er sich in die innere Lebenswelt eines älteren Menschen versetzen kann. Nur wenn sich der Patient gesehen und verstanden fühlt, wird es auch zu einer emotionalen Begegnung kommen (»*affective attunement*«) und ein »dyadischer Rhythmus« entstehen können, wie in neueren psychoanalytischen Arbeiten betont wird (Beebe & Lachmann, 2004). Sable (2000) geht von bindungstheoretischen Überlegungen aus und beschreibt die therapeutische Beziehung als einen genuinen emotionalen Kontakt, d. h. als eine spezifische Art und Weise des Miteinanders, in dem positive Gefühle evoziert werden. Insofern ähnelt diese Beziehung der frühen Mutter-Kind-Beziehung, sodass auch das bindungstheoretische Konzept der *mütterlichen Feinfühligkeit* herangezogen werden kann, sie zu beschreiben (Holmes, 2012). Fonagy, Luyten, Allison und Campbell (2018) sehen eine feinfühlige therapeutische Haltung durch empathische Resonanz, Eingestimmtheit und Spiegelung charakterisiert. Anders als in der frühen Mutter-Kind-Beziehung ist der Therapeut jedoch weniger emotional involviert. In gewisser Weise, so Holmes (2012), stellt die therapeutische Beziehung einen Mikrokosmos von Bindung und Trennung dar, was ebenfalls mithilfe des Konzepts der *sicheren Bindung* beschrieben werden kann (Sable, 2000).

All diese Überlegungen beleuchten Aspekte, die weit über das klassische Übertragungskonzept der Psychoanalyse hinausgehen. Ohnehin zeigen Untersuchungen mit älteren Therapeuten, dass mit der Zunahme von Erfahrung Therapeuten sich von theoretischen Vorgaben stärker lösen und sich eher auf einen authentischen Kontakt zum Patienten einlassen (Råbu & McLeod, 2018), was vermutlich die Beziehungsaufnahme zum älteren Patienten erleichtern dürfte.

Fallvignette

Frau M., 75 Jahre alt, kam mit einer Polyneuropathie aus einer neurologischen in die psychosomatische Klinik. Sie lief mit einem Rollator, zeigte sich ziemlich mürrisch und ließ die jüngere Therapeutin ihre Skepsis spüren. Doch dann erzählte sie im Erstgespräch doch recht viel, um am Ende die Frage zu stellen: »Müssen Sie das wirklich alles wissen?« Angesichts dieser Frage fühlte sich die Therapeutin zunächst irritiert, ihr ging durch den Sinn, Erklärungen abzugeben, Formulierungen wie »Das ist in einer Klinik so« oder »Ja, alles das ist wichtig für die Therapie« gingen ihr durch den Kopf. Doch sie ließ sich nicht zu einer solchen Äußerung hinreißen, sondern sagte nach einer Weile: »Es scheint sie zu überraschen, aber auch zu irritieren, so viel erzählt zu haben.« Damit öffnete sich eine Tür, die Patientin erzählte weiter. Sie berichtete von ihrer Einsamkeit, ihrer Erfahrung, dass an den persönlichen Geschichten niemand interessiert sei, auch von ihrem Misstrauen u.a., so dass das Gespräch beim nächsten Termin fortgesetzt werden musste.

In dem beschriebenen Fall scheint eine solch emotionale Begegnung stattgefunden zu haben, auch wenn die Gefahr bestand, dass die Patientin ihre eigene Skepsis zu rasch überspringt. Dann kann diese nach dem Gespräch wiederkehren und ein Schamgefühl entstehen lassen. Es gilt also, diesen Prozess einfühlsam zu steuern und nicht nur auf eine Öffnung der Patientin hinzuwirken, sondern ebenso darauf zu achten, dass sie nicht ihre eigenen Werte und Ängste außeracht lässt.

4.5.2 Vom Erzählen zum Reflektieren

Obwohl das Altersstereotyp überwiegend negativ ausgerichtet ist, enthält es auch positive Elemente, wozu die Vorstellung zählt, dass ältere Menschen gute Erzähler sind. Tatsächlich greifen Ältere häufiger in der Therapie auf diese Kommunikationsform zurück und teilen sich erzählend mit (Peters 2019b). Welchen Stellenwert hat nun das Erzählen in der ressourcenorientierten Psychodynamischen Therapie?

Die *narrative Psychotherapie* und das *Erzählen* haben in der jüngsten Vergangenheit größere Aufmerksamkeit erfahren (Boothe, 2011). In der narrativen Therapie werden Geschichten als Basiserfahrungen betrachtet, die bestimmen, wie sich Menschen fühlen, wie sie sich verhalten und wie sie Sinn aus neuen Erfahrungen schöpfen. Geschichten organisieren die Informationen über das Leben einer Person. Narrative Therapie fokussiert auf die Art und Weise, wie wichtige Geschichten »geschrieben« und »neu geschrieben« werden. Die Biografie wird in Erzählungen sichtbar, die eine besondere Form haben, indem sie einen Spannungsbogen schaffen bzw. einer szenisch-dramatischen Darstellung folgen. Dadurch gelingt es dem Erzähler, sein Gegenüber anzusprechen und einzubeziehen.

Die Älteren zugeschriebene Erzählkompetenz kann auf mehrere Aspekte zurückgeführt werden: Zunächst einmal dürften sich darin kohortenspezifische Einflüsse spiegeln, hatte doch in einer nicht-medialisierten Welt das Erzählen im Alltagsleben der Menschen eine herausgehobene Bedeutung für die Bildung von Gemeinschaft und sozialem Zusammenhalt (Schachtner & Schachtner, 1988).

Zum anderen entspricht das Erzählen aber auch einer Form des sozialkognitiven Funktionierens, die der Verlangsamung der Informationsverarbeitungsprozesse als einer zentralen Dimension neuropsychologischen Alterns Rechnung trägt. Erzählen kann als eine »langsame« Form des Denkens und Sich-Mitteilens betrachtet werden und beruht auf der im Alter lange Zeit unbeeinträchtigt bleibenden kristallinen Intelligenz (Kray & Lindenberger, 2007). Zudem bietet die nachlassende Präzison des autobiografischen Gedächtnisses Spielraum für selbstwertdienliche Uminterpretationen. Auch wenn Ältere manchmal zu konkretistischem Erzählen oder bei beginnenden kognitiven Defiziten zur Weitschweifigkeit neigen, bildet das Erzählen doch eine fundamentale Form der Selbst- und Weltvergewisserung im Alter.

Der narrative Dialog in der Therapie erfüllt zahlreiche Funktionen (Peters, 2019b):

- *Herstellung von Sicherheit und Kontrolle:* Erzählen kann ein Gefühl von Beteiligtsein hervorrufen und bewirken, sich in einer fremden Situation nicht ausgeliefert zu fühlen, sondern sie mitgestalten und Kontrolle über sie erlangen zu können. Es impliziert, das eigene Leben in den Vordergrund zu rücken und als etwas Bedeutsames zu betrachten und kann damit Selbstaufwertung und Stabilisierung bewirken (Grimm & Boothe, 2007).
- *Herstellung von Beziehung:* Erzählen dient dem Zweck der Selbstbegünstigung, wie Boothe (2011) herausstellt, d. h. es ist auf eine positive Resonanz und Zustimmung angelegt. Indem es auch in Therapeuten eine Wirkung erzeugt, versetzt es sie in die Rolle des validierenden Zuhörers und wirkt dadurch vertrauensbildend.
- *Generativität:* Erzählen kann der Herstellung von Generativität dienen, womit die Weitergabe von Erfahrungen und Lebenswissen an Jüngere – hier Therapeuten –, gemeint ist. Damit leistet sie nicht nur einen Beitrag zur Herstellung von Verbundenheit, sondern auch von Lebenssinn (McAdams & Aubin, 1998)

Doch Erzählen allein ist noch keine Therapie, es kann allenfalls der Anfang davon sein. Erzählungen sind abgeschlossene Narrative, und diese gilt es zu öffnen und »durchlässig« zu machen, indem implizit Enthaltenes explizit gemacht wird. Dies ist bereits Teil des beginnenden therapeutischen Prozesses, der dazu anregt, neue Zusammenhänge herzustellen, Verknüpfungen mit dem Selbst zu entdecken, sinnerzeugende Elemente hinzuzufügen sowie bedeutsame Beziehungen besser zu verstehen. Dadurch wird die innere Verarbeitung von Lebenserfahrungen angeregt und Lebenssinn erzeugt. Geschlossene Narrative werden dann neu geschrieben und wandeln sich allmählich zu *reflexiven Narrativen*.

4.5.3 Vom biografischen Narrativ zur »erarbeiteten« Identität

Auf die Bedeutung von Narrativen in der Therapie Älterer wurde im letzten Abschnitt hingewiesen. Häufig handelt es sich dabei um *biografische Narrative*, die das

Gewordensein widerspiegeln und damit wichtiger Bestandteil der individuellen Identität sind. Zumeist sind es Beziehungs- bzw. Bindungsnarrative (Boothe & Walter, 2024), die in der Therapie Älterer eine besondere Rolle spielen (Peters, 2014a). Aber auch hier gilt wie bereits weiter vorn ausgeführt, dass es sich zumeist um »geschlossene« Narrative bzw. generalisierende Erinnerungen handelt, die ein eingeschränktes Mentalisierungsniveau aufweisen. Wenn zugrundeliegende traumatische Erfahrungen reaktiviert wurden, sind diese Narrative jedoch oftmals bereits aufgebrochen, so dass bisher kontrollierte Affekte hervorgetreten sind, die noch keinen Ort in der Erzählung gefunden haben (Peters, 2021c). Hinzu kommt, dass Erzählungen oftmals nicht nur individuell-biografisch ausgerichtet sind, sondern auch den historischen Lebenskontext thematisieren. In ihnen veräußert sich das *historisch-narrative Denken*, das Ältere zu Zeitzeugen werden lässt (Straub 1998), was besonders bei der Kohorte von Bedeutung ist, die Krieg, Flucht und Vertreibung miterlebt hat (Radebold, 2006, Peters, 2018a).

Die Reflexion biografischer Narrative ist vermutlich Bestandteil einer jeden Therapie mit Älteren. Eine explorierende und validierende therapeutische Haltung, die Interesse erkennen lässt, kann die Erinnerungtätigkeit anregen. Handelt es sich um Beziehungsnarrative, scheint es Älteren besser zu gelingen, das eigene Selbst und die beteiligten Affekte zu reflektieren als das Mentale der beteiligten anderen Akteure in der damaligen Episode (▶ Kap.2.8.1). Auch hier bedarf es also der therapeutischen Anregung und Unterstützung, um den Blick für die anderen Akteure zu »schärfen«, auch um sich gegebenenfalls aus einer ausschließlichen Opferperspektive zu befreien. Wenn es gelingt, einen veränderten Blick auf die Motive und Intentionen der damaligen Akteure, beispielsweise die eigenen Eltern oder Geschwister zu entwickeln, kann daraus eine versöhnlichere Perspektive erwachsen, die allerdings im Fall von Missbrauch und Misshandlungen etwa an Grenzen stößt. Auch dann aber kann es unter Umständen gelingen, Verknüpfungen zu heutigen Beziehungskonflikten herzustellen, weil sich möglicherweise etablierte Beziehungsmuster über lange Zeit perpetuiert haben. Wie kann nun das therapeutische Vorgehen beschrieben werden?

1. Ältere generieren entweder spontan biografische Erinnerungen, oder aber sie sollten dazu angeregt werden (»*Gab es schon ähnliche Erlebnisse früher?*«); bei Älteren können Abrufhinweise die Aktivierung von Gedächtnismaterial erleichtern (Markowitsch u. Welzer 2005).
2. Da sich manche Erinnerungen durch zahlreiche Wiederholungen verfestigt haben, übergeneralisiert oder aber zu Mythen geronnen und Teil einer spezifischen Form der Selbstpräsentation geworden sind, sollten sie insbesondere dann, wenn sich die Darstellung auf allgemeine Anmutungen oder auf die äußeren Abläufe beschränkt, so genau wie möglich exploriert werden. Dies kann bereits zu einer ersten »Lockerung« führen und neue Aspekte oder weitere Erinnerungen hervorbringen.
3. Nun gilt es, die erinnerte Episode besser zu mentalisieren, das heißt, Patienten anzuregen, die eigenen damaligen Affekte sowie die Motive und Intentionen wie auch die der beteiligten Akteure zu erkunden. Dadurch können das eigene Selbst

und die beteiligten Akteure in neuem Licht erscheinen, so dass sich das Narrativ verändert.
4. Schließlich kann die erinnerte Episode in einen breiteren Lebenskontext eingeordnet werden, ihr Stellenwert im Lebenslauf und ihre Folgen etwa im Hinblick auf die Bildung von Einstellungen und Werten und die Gestaltung von Beziehungen sind abzuschätzen und im Hinblick auf die Gegenwart zu bewerten.

Ziel ist es, die biografischen Narrative reflexiv zu erweitern und zu öffnen, so dass sie in einem veränderten Licht erscheinen können. Auch gilt es zu prüfen, ob neben den problematischen und belastenden Erinnerungen auch das Gelungene einen Platz finden kann. Insbesondere dann, wenn dieses bisher im Verborgenen lag, bietet sich die Möglichkeit, es neu zu entdecken und zu würdigen. Es geht also darum, die Biografie elaborierter und differenzierter betrachten zu können und lebensgeschichtliche Kontinuität herzustellen. Dieser Prozess wird zumeist mit Gefühlen von Trauer, Nostalgie oder Wehmut verbunden sein, geht es doch auch um den Blick auf das Unerreichte und nicht mehr Erreichbare, also die nicht mehr erfüllbaren Wünsche und Lebensträume (▶ Kap. 2.8.1). Oftmals gelingt es dadurch, das gelebte Leben versöhnlicher zu betrachten. Versöhnung aber gelingt eher, wenn das, worum es bei einer Versöhnung geht, klarer zu erkennen ist.

Eine solche aufgearbeitete Lebensgeschichte kann zentraler Bestandteil einer *erarbeiteten Identität* werden, die Marcia (1966) ursprünglich für Adoleszente beschrieben hatte. Dieser Identitätsstatus ist gekennzeichnet durch ein hohes Maß an Exploration als auch Verbundenheit mit bestimmten Werten, Überzeugungen und Lebenszielen, die sich in den Narrativen herauskristallisieren und in der Rückschau neu gewürdigt werden können. Gleichwohl sollte es Ziel sein, eine Verbindung zum gegenwärtigen Leben und zum eigenen Alter herzustellen, das dadurch eine autobiografische Einbettung erfahren kann. Einer solchen Identität kommt eine hohe sinnstiftende Bedeutung zu, sie beruht auf einer sicheren Bindung und gewährleistet psychische Stabilität (Peters, 2013). Allerdings sollte eine erarbeitete Identität nicht als geschlossenes Konstrukt verstanden werden, sondern als offenes System, dass sich im Zuge des weiteren Altersprozesses ständig weiterentwickeln kann. Auch Habermas (2005) weist darauf hin, dass es im Hinblick auf das autobiografische Erinnern weniger um das Produkt der Lebensgeschichte und deren Integration als vielmehr um die Förderung einer lebendigen, affektbezogenen Auseinandersetzung geht.

4.5.4 Die reflexive Aneignung des Alters

Im Vordergrund der therapeutischen Gespräche werden häufig Themen stehen, die mit den Entwicklungsaufgaben des Alters verbunden sind (Radebold, 1992, Peters, 2004). Die Reaktion auf diese Aufgaben und der Umgang mit ihnen werden beeinflusst von der Einstellung zum eigenen Alter, die sich wie ein roter Faden in verschiedensten Themen auffinden lässt. Ziel sollte es dann sein, diese impliziten Themen zu expliziten Themen zu machen. So wird der Prozess der *Aneignung des*

Alters (Peters, 2013) angeregt, was voraussetzt, dass Therapeuten einen »Blick« für dieses Lebensthema haben (▶ Kap. 8).

Eine Auseinandersetzung mit dem eigenen Alter kann mehrere Schritte umfassen, die keineswegs in der folgenden Reihenfolge bearbeitet werden müssen.

1. Zunächst geht es darum, den Blick in die Vergangenheit zu richten und die eigenen Erfahrungen mit älteren Menschen, mit Großeltern oder anderen bedeutsamen Älteren zu beleuchten und zu verstehen, wie das eigene Altersbild früh im Leben entstanden ist.
2. Dann können – je nach Alter des Patienten – mehr gegenwartsbezogene Erfahrungen mit älteren Menschen in den Vordergrund rücken, etwa die Frage, wie die eigenen Eltern gealtert oder gestorben sind.
3. Schließlich kommen die eigenen Alterserfahrungen ins Spiel: Wann hat man selbst erstmals gespürt, dass man älter wird, was hat einen darauf aufmerksam gemacht, wie hat sich das angefühlt und welchen Stellenwert hat es im eigenen Denken und Fühlen gewonnen?
4. Nicht zuletzt geht es dann um die Frage, wie Patienten sich das eigene Alter vorstellen, was sie sich wünschen, was sie fürchten, wie sie dann leben möchten bis hin zu der Frage, ob sie sich den eigenen Tod vorstellen können.

Diese Reihenfolge ist nicht zwingend, vorrangig ist die Anregung einer Auseinandersetzung mit dem Altersbild und dem Erleben eigenen Alterns, um dieses zu explizieren und zu differenzieren. Bedeutsam ist dabei auch die Wertung, d. h. seine positive oder negative Ausrichtung, wobei es wichtig erscheint, auch positive Aspekte ausfindig zu machen und zu integrieren, so wie es in dem folgenden Gesprächsbeispiel möglich war.

Gesprächsbeispiel

Pat. (selbst Therapeut, 70 Jahre): Ich habe eine junge Kollegin in Supervision, habe mit ihr fünf Sitzungen vereinbart, sie muss dann für die Prüfung ihre Fälle abgeben. Ich habe ihr zugesagt, dass ich sie schon vorher lese, merke jetzt, dass ich das zeitlich gar nicht schaffe. Und mit dem Geld ist das auch so eine Sache, sie scheint wenig Geld zu haben, vermutlich werde ich ihr entgegenkommen.

Ther.: Was hat Sie bewogen, diese Zusage zu machen? Welches Gefühl lag dem zugrunde?

Pat.: Ich laufe immer wieder in diese Falle, wie früher bei der Mutter, habe immer alles gemacht, um ihren Vorwürfen zu entgehen, als ob ich immer Schuld abtragen müsste.

Ther.: Ja, dieses Muster regt sich immer wieder. Aber Sie wirken gerade gar nicht bedrückt darüber, sondern sehr engagiert. Könnte Sie in diesem Falle noch etwas anderes angetrieben haben?

Pat.: Ja, könnte sein, ich möchte auch die junge Kollegin fördern, zumal es sich bei ihr um eine sehr begabte Kollegin handelt, die möchte ich schon unterstützen.

Ther.: Also Sie möchten auch etwas tun, dass es mit unserem Berufsstand gut weitergeht, zumal die Tiefenpsychologie heute einen schweren Stand hat. Da

> *wollen Sie vielleicht einen Beitrag leisten und eine junge, begabte Kollegin fördern. Das bezeichnet man ja auch als generativ, etwas von seinen Erfahrungen weiterzugeben, etwas zu erhalten, das kann im Alter etwas sehr Wichtiges sein.*
> Pat.: *Ach ja, dann bekommt es einen ganz anderen Sound. Irgendwann muss ich ja auch meine Berufstätigkeit beenden.*

In dem beschriebenen Gesprächsausschnitt spiegelt das berichtete Narrativ zunächst ein vertrautes Deutungsmuster des Patienten wider. Doch im Gespräch zeichnet sich auch ein alternatives, zukunftsorientierteres Muster ab, das ein Schritt hin zu einer individuellen Altersidentität sein könnte.

4.5.5 Ressourcen aktivieren und integrieren

Die Aktivierung und Stärkung innerer Ressourcen des Patienten sollte von Beginn an im Blick des Therapeuten und damit inhärenter Bestandteil der therapeutischen Arbeit sein und kontinuierlich die Problemaktualisierung ergänzen. Grundsätzlich geht es dabei um alle positiven und kreativen Fähigkeiten, Gedanken und Phantasien, die möglicherweise im Patienten »schlummern« oder doch bisher keinen Platz in seinem Selbstbild gefunden haben. Ziel sollte es dann sein, diese durch eine *positiv-konnotierende Grundhaltung* (Fürstenau, 1994) sichtbarer zu machen und als positive Elemente in das Selbstbild zu integrieren.

Fallvignette

Eine 84-jährige Patientin berichtete immer wieder von Krankheits- und Todesfällen in ihrem Umfeld, worunter sie sehr litt, es schien, als ob sie diese geradezu anzog. Lange dachte der Therapeut, es sei Ausdruck ihrer Depression, immer nur das Negative zu sehen. Doch irgendwann drängte sich ihm eine andere Sicht auf, gewann er doch aufgrund ihrer Schilderungen den Eindruck, dass sie ein besonderes Geschick hatte, in schicksalhaften Situationen auf Menschen zuzugehen und diese auf einfühlsame Weise anzusprechen, wofür diese sehr dankbar waren. Besonders gern schrieb sie dann einen Brief, in den sie ihr ganzes Einfühlungsvermögen und ihre literarischen Fähigkeiten, die ihr Mann ihr immer wieder bescheinigte, legen konnte. Als der Therapeut ihr spiegelte, dass sie da offenbar über eine besondere Fähigkeit verfüge, in einer solchen Situation die richtigen Worte zu finden, war sie sehr erstaunt, sie hatte darin nie eine Fähigkeit gesehen.

Bei Älteren dürften auch die Erkundung biografischer Ressourcen von besonderer Bedeutung sein, d. h. das, was im Leben gelungen ist, aber möglicherweise nicht genügend gewürdigt wird. Dabei kann es auch um sinnstiftende Lebensinhalte gehen, die irgendwann aufgegeben oder vernachlässigt worden sind. Ebenso aber kann es um eine Erkundung dessen gehen, was in früheren Krisen, Konflikten oder bei Verlusten hilfreich gewesen ist und auch in der gegenwärtigen Situation erneut hilfreich sein könnte; von Wöller (2022) wird dieses Vorgehen als *Stressabsorptionstechnik* beschrieben.

Fallvignette

Der 78-jährige Herr A. war zunächst als Musiker recht erfolgreich gewesen, hatte sich dann jedoch von seiner Band getrennt und die Musik ganz aufgegeben. Er hatte einen anderen Berufsweg durchaus erfolgreich eingeschlagen, war auch viel gereist, was jetzt nicht mehr möglich war. Da seine Frau ihn verlassen hatte, litt er sehr unter seiner Einsamkeit und einem Sinndefizit. Die Musik spielte in seinem Leben keine Rolle mehr, bis er eine Einladung zu einem Musikerstammtisch erhielt, wo er zahlreiche frühere Weggefährten wiedertraf. Dieses Treffen besuchte er jetzt regelmäßig, und die Musik hatte auf diesem Wege wieder einen Stellenwert in seinem Leben gewonnen und verhalf ihm auch aus der Sinnkrise und der Einsamkeit heraus.

Bei der Diskussion zum Umgang Älterer mit Konflikten (▶ Kap. 2.4.1) war bereits auf die besondere Bedeutung der Uminterpretation von Geschehnissen als Strategie Älterer zur Affektregulation hingewiesen worden (Isaacovitz, 2022). Zwar mögen diese manchmal wie »Beschönigungen« erscheinen, doch gilt es, diese auch als Ressource zu betrachten und therapeutisch zu nutzen, wie in dem folgenden Gesprächsausschnitt, in dem es dem Patienten möglich war, eine altersbedingte Einschränkung selbstwertdienlich umzudeuten.

Gesprächsbeispiel

Ein 86-jähriger Patient hatte vor einiger Zeit mit dem Auto einen Pfosten umgefahren und überlegt, ob er weiter Auto fahren solle. So kam es zu folgendem Gespräch:
Pat.:   Meine Tochter hat mich hierhergefahren, doch mir wurde schlecht, was ich eigentlich aus der Kindheit kenne, jetzt kommt es wieder. Wir haben gewechselt und ich bin gefahren, das geht besser.
Ther.: Das macht Ihnen richtig Sorgen, was da los ist?
Pat.:   Ja, es macht mir Sorgen. Aber eigentlich fahre ich ohnehin nur noch wenig Auto. In die Stadt fahre ich mit dem Bus. Das hat Vorteile, ich kenne viele Leute, mit denen ich reden kann. Sogar die Busfahrer kenne ich. Neulich hatte ich mein Ticket vergessen, der hat mich trotzdem mitgenommen.
Ther.: Ja, im Alter ist es wichtig, nicht nur auf das zu schauen, was nicht mehr geht, sondern v. a. auch auf das, was weiterhin geht und das schätzen zu lernen. Und vielleicht kommt sogar etwas Neues hinzu.

Neben inneren Ressourcen gilt es auch externe Ressourcen wie soziale Beziehungen und Aktivitäten sowie Interessen zu stärken, also alles das, was Patienten mehr äußeren Halt und Lebenssinn zu vermitteln vermag. Die Aktivierung innerer wie äußerer Ressourcen dient der Überwindung einer passiven Erwartungshaltung, der Generierung positiver Affekte und der Entwicklung eines Gefühls von Selbstwirksamkeit, was mit einer Stärkung des beobachtenden, erwachsenen Ichs verbunden ist. Ressourcenaktivierung kann die Hoffnung entstehen lassen, dass es möglich ist, Probleme zu lösen, schwierige Phasen zu überwinden oder einen Weg des Umgangs auch dann zu finden, wenn etwas unwiederbringlich verloren ist. Hoffnung lässt zukunftsbezogene positive Phantasien entstehen, die es stärker zu verankern und mit Inhalt zu füllen gilt.

4.6 Einige Besonderheiten der Therapie – Zwischen »Familiarität« und Fremdheit

In den vorherigen Abschnitten wurden thematische Charakteristika und Schwerpunkte der Therapie Älterer beschrieben. In den folgenden Kapiteln soll das Atmosphärische und emotional Herausfordernde, das die Therapie Älterer häufig nicht nur für Patienten, sondern auch für Therapeuten mit sich bringt und zu einer besonderen Erfahrung macht, genauer betrachtet werden. Es geht um ein tieferes Verständnis dessen, was Psychotherapie mit Älteren ausmachen kann und sie von der Behandlung Jüngerer unterscheidet.

4.6.1 Haben es ältere Therapeuten leichter als jüngere?

Einer eigenen Erhebung zur psychotherapeutischen Versorgung älterer Menschen zufolge behandeln ältere Therapeuten etwa dreimal so viel ältere Patienten wie ihre jüngeren Kolleginnen und Kollegen (Peters et al., 2024a). Es hat den Anschein, als würden altershomogene Beziehungen eher gesucht, altersheterogene gemieden (Peters, 2023a). Dazu tragen vermutlich auch die Patienten selbst bei, weil sich ältere Patienten bevorzugt ältere Therapeuten suchen. Eine erhebliche Bedeutung kommt allerdings auch den Therapeuten zu, und dabei bestehen erhebliche Unterschiede zwischen und jüngeren und älteren. Hinweise darauf sind bereits den Studien zu entnehmen, die sich mit der beruflichen Entwicklung von Psychotherapeuten beschäftigt haben. Im Allgemeinen bestätigte sich, dass jüngere Therapeuten mehr Stress in ihrem Beruf erleben und sich schneller mit Behandlungsfällen überfordert fühlen. Mit zunehmender Erfahrung aber erleben sich Therapeuten kompetenter und weniger gestresst, sie lösen sich zunehmend von engen theoretischen Vorgaben und werden offener und flexibler (Dorociak, Rupert & Zahniser, 2017).

Von besonderem Wert für ein besseres Verständnis dieser Entwicklung sind auch die Arbeiten von Orlinskky und Rønnestad (2015). Sie haben sich mit der Frage beschäftigt, wie sich der therapeutische Stil im Laufe des Berufslebens verändert. Dazu definierten sie zwei Stile, nämlich *Healing Involvement (heilendes Involvement)* und *Stressful Involvement (aufreibendes Involvement)*. Ersteres beschreibt eine therapeutische Haltung, die durch ein Gefühl der klinischen Wirksamkeit und des persönlichen »Flow« im Kontext eines warmherzig bestätigenden Arbeitsbündnisses gekennzeichnet ist. Auch ist damit ein Vertrauen darauf verbunden, mit auftretenden Schwierigkeiten konstruktiv umgehen zu können. Stressful Involvement hingegen beschreibt eine Haltung, die rascher zu Stress führt und einen konstruktiven Umgang mit Problemen erschwert, für die dann eher die Patienten verantwortlich gemacht werden. Zudem fühlen sich Therapeuten in der Therapie eher ängstlich oder gelangweilt. Die Ergebnisse zeigten nun, dass Healing Involvement im Laufe des Berufslebens zu-, Stressful Involvement aber abnimmt.

Daran anknüpfend habe ich selbst mit dem von den Autoren entwickelten Fragebogen (siehe Peters et al., 2024b) eine Untersuchung durchgeführt und dabei zwischen der Behandlung jüngerer und älterer Patienten unterschieden (<40 und >65 Jahre). Nun zeigte sich, dass die von Orlinskky und Rønnestad (2015) beschriebene Entwicklung des therapeutischen Stils nur in der Therapie älterer, nicht jedoch in der jüngerer Patienten zu beobachten war (Peters, Becker & Jeschke, 2024c, d), d. h. ältere Therapeuten (>60 Jahre) fühlen sich in der Therapie älterer Patienten wohler, entspannter und kompetenter als jüngere Therapeuten (<40 Jahre), die sich deutlich unwohler, gestresster und weniger kompetent erleben. Dieses Unwohlsein in der Behandlung älterer Patienten war auch schon vorher verschiedentlich beschrieben worden (Boschann, Krähnke, Wiegand-Grefe & Kessler, 2022), und es stellt sich die Frage, warum das so ist.

Jüngere haben eine skeptischere Sicht von älteren Patienten, trauen ihnen etwa weniger zu, ein tragfähiges Arbeitsbündnis einzugehen und halten sie insgesamt für weniger geeignet für eine Psychotherapie (Peters et al., 2024c, d). Bei diesen Vorbehalten spielt ein negatives Altersbild eine Rolle, aber auch Schwierigkeiten im Umgang mit der *umgekehrten Übertragung*. Dieses Konzept war entwickelt worden, um die Folgen der Altersdifferenz in der therapeutischen Beziehung zu erklären (Radebold, 1992; Peters, 2019d). Es geht davon aus, dass Therapeuten nicht wie sonst in der Position der Eltern wahrgenommen werden, sondern eine Umkehrung stattfindet, d. h. Patienten sehen die jüngeren Therapeuten oder Therapeutinnen in der Rolle des Sohnes oder der Tochter. Eine solche Fremdwahrnehmung kann durchaus mit dem Druck verbunden sein, sich mit dieser angetragenen Rolle zu identifizieren und die damit verbundenen Erwartungen zu erfüllen, was mit einem Unwohlsein verbunden sein kann. Aber auch gerontologische Erklärungen können herangezogen werden, um Spannungen, die aus einer großen Altersdifferenz in der therapeutischen Beziehung resultieren, zu erklären. So bevorzugen ältere Menschen eher einen konfliktvermeidenden Kommunikationsstil und sind im alltäglichen Umgang mit anderen eher auf Sicherung von Wohlbefinden und Harmonie aus (▶ Kap. 2.6.1), so wie von der Theorie der sozioemotionalen Selektivität vorhergesagt (▶ Kap. 1.2.4). Jüngere Menschen hingegen pflegen einen Interaktionsstil, der stärker von Durchsetzung, Abgrenzung und Selbstbehauptung geprägt ist (Lang, 2004). Diesen mehr konfrontativen Stil vermeiden sie allerdings im Umgang mit älteren Menschen und verhalten sich dann eher passiv und submissiv, weshalb sie sich im Kontakt mit Älteren manchmal »unecht« und unwohler fühlen als im Umgang mit Gleichaltrigen (Birditt & Fingerman, 2003). Diese Kommunikationsunterschiede aber können sich auch in der Therapie bemerkbar machen, wenn sich die jüngeren Therapeuten eher eines vorsichtigen, ganz auf den Älteren ausgerichteten Kommunikationsstils bedienen, der aber nicht unbedingt ihre eigene Kommunikationspräferenz widerspiegelt.

Alles dies bedeutet nun keineswegs, dass jüngeren Therapeuten von der Therapie Älterer abgeraten werden sollte, und manchmal bietet die Enkel-Großeltern-Konstellation sogar Vorteile. Verschiedene Studien zeigen zudem, dass jüngere Therapeuten auch Sympathie und Zuneigung für ihre älteren Patienten zu entwickeln vermögen, wobei auch die Erfahrungen, die sie mit älteren Menschen, besonders den Großeltern gemacht haben, von Bedeutung sind (Boschann et al., 2022). Doch im Allgemeinen bleibt ihre Haltung durch eine nicht aufgelöste Ambivalenz gekennzeichnet (Peters, 2021d), und es fällt ihnen schwerer, sich in der Therapie älterer Patienten stressfrei und kompetent zu fühlen. Auf der anderen Seite zeigen unsere Ergebnisse aber auch, dass sich jüngere Therapeuten in der Therapie jüngerer Patienten deutlich wohler, kompetenter und entspannter erleben und sich darin nicht von den älteren Kolleginnen und Kollegen unterscheiden (Peters et al. 2024c, d).

Die Ergebnisse legen die Schlussfolgerung nahe, dass die Kombination »älterer Patient-älterer Therapeut« zu einer besseren Passung führt. Dabei scheint die biografische auch eine therapeutische Nähe zu erleichtern (Peters 2023a). Therapeuten stehen vor den gleichen Entwicklungsaufgaben wie ihre älteren Patienten, oder haben bereits das Altern oder Sterben der eigenen Eltern miterlebt. Dieser Erfahrungsschatz erleichtert eine verständnisvollere Sicht auf die älteren Patienten und Empathie für sie. Hinzu kommen Gemeinsamkeiten bezüglich weiterer Merkmale im Hinblick auf kohortenspezifische- bzw. Sozialisationserfahrungen. Die jetzt in ein höheres Lebensalter vorrückenden Kohorten haben die Aufbruchsstimmung in den 1960er Jahren erlebt, was einen gemeinsamen Erfahrungshintergrund schafft. Die Wahrscheinlichkeit ist relativ groß, dass damit auch eine Schnittfläche an Gepflogenheiten, Werten und Einstellungen verbunden ist. Aus diesen Ergebnissen folgt, dass ältere Therapeuten, die heute zumeist weit über die Regelaltersgrenze hinaus therapeutisch tätig sind, eine besondere Verantwortung in der therapeutischen Versorgung älterer Patienten haben (Schierock & Strauss, 2023).

4.6.2 Zum Umgang mit einer reduzierten »personalen Distanz«

Ich habe zahlreihe Fortbildungen in Alterspsychotherapie durchgeführt (▶ Kap. 7), und zu den Einstiegsszenarien gehört die Frage an die Teilnehmerinnen und Teilnehmer (überwiegend Ärzte und Psychologen), worin sich denn nach ihrer Erfahrung die Therapie Älterer von der Jüngerer unterscheide; anders gesagt: »Was halten Sie für spezifisch für die Therapie Älterer?« (Peters, 2021d).

Bei den Antworten waren weniger die Nennungen im Hinblick auf diagnostische Besonderheiten oder thematische Unterschiede interessant als vielmehr Schilderungen, die das Atmosphärische betrafen. Manche nehmen offenbar eine stärker vertrauliche, ja »familiäre Atmosphäre« in der Therapie Älterer wahr. Dies machten sie etwa an persönlicheren Fragen fest, die Ältere eher als Jüngere stellen, wenn sich der Patient erkundigt, wie der Urlaub war oder Beobachtungen mitteilt, die eine fürsorgliche Haltung zum Ausdruck bringt bzw. verdeutlicht, das er sich einen persönlicheren Umgang wünscht (›Sie sehen so erschöpft aus, sie brauchen auch mal Urlaub‹). Auch wird verschiedentlich darauf hingewiesen, dass Ältere besonders dankbare Patienten seien, die wertzuschätzen wissen, wenn der Therapeut aufmerksam und empathisch zuhört. Das dies bei Therapeuten nicht ohne Echo bleibt, fanden Lindner, Fricke und Peters (2021) in Interviews mit Therapeuten zu ihren Erfahrungen mit älteren Patientinnen. So äußerte eine der Befragten: »Und manchmal läuft man ja auch in eine Gefahr, da so ein bisschen therapeutisch zu säuseln. Oder, ich sage mal, in etwas Pädagogisches zu verfallen.«

Diese Eindrücke bestätigen sich auch in empirischen Studien, die nicht nur den besonderen Einfluss der Qualität der therapeutischen Beziehung in der Behandlung älterer Patienten belegen (Mace et al. 2017), sondern auch Hinweise darauf liefern, dass der therapeutischen Beziehung von Älteren noch mehr Bedeutung beigemessen wird als von Jüngeren. Peters und Hübner (2002) fanden in einer Befragung von Patienten einer psychosomatischen Klinik, dass ältere Patienten den Kontakt zum Bezugstherapeuten, mit der auch Einzelgespräche geführt werden, noch positiver bewerteten als jüngere. Darüber hinaus schätzen sie Kontakte zu Schwestern oder in der Physiotherapie besonders hoch, bevorzugen also dyadische Kontakte, in denen sie vermutlich rascher Sicherheit, Vertrautheit und Orientierung finden. Peters et al. (2014) fanden in einer größeren Fragebogenerhebung ambulant arbeitender psychologischer Psychotherapeuten Unterschiede im Umgang mit Älteren und Jüngeren, die das oben Geschilderte bestätigen: Den Therapeuten war Freundlichkeit (Beispielfragen: »Mir ist es wichtig, fürsorglich zu sein«, »Ich ermutige die Patientin«, »Ich gebe ihr zu spüren, dass sie gemocht wird«) bei Älteren wichtiger als bei Jüngeren, und sie waren eher bereit, Neutralität (Beispielfragen: »Mir ist es wichtig, den Rahmen einzuhalten«, »Ich beantworte keine persönlichen Fragen«, »Ich drücke meine Gefühle in der Therapie nicht aus«) weniger konsequent einzuhalten. Es zeigte sich also, dass die personalen Grenzen in der Behandlung Älterer durchlässiger waren. Dieser Befund fand sich sowohl bei psychodynamischen als auch bei Verhaltenstherapeuten – dabei ist Letzteren Freundlichkeit ohnehin wichtiger und Ersteren Neutralität – und scheint den oben geschilderten Eindruck aus Fortbildungsveranstaltungen zu bestätigen. Die Autoren ziehen daraus den Schluss, dass Therapeuten in der Therapie Älterer die *personale Distanz* – ein Konzept von Wallach und Strupp (1964) – reduzieren.

Dass dennoch Therapeuten die ihnen entgegengebrachte Wertschätzung durchaus ambivalent erleben, klingt schon in dem obigen Zitat an. Die Formulierung »therapeutisch zu säuseln« bringt doch auch ein Unbehagen zum Ausdruck, etwas zu tun, was nicht den eigenen Vorstellungen entspricht und abweicht vom sonstigen therapeutischen Verhalten. Daraus kann dann auch eine Gegenreaktion folgen, die ja bereits mit der Ablehnung beginnt, Ältere zu behandeln oder aber die Therapie auf eine Kurztherapie zu begrenzen. Therapeuten könnten dadurch zu vermeiden suchen, in diesen professionellen Konflikt um Nähe und Distanz zu geraten, bzw. dem eigenen professionellen Selbstverständnis »untreu« zu werden.

Auch dieses Phänomen einer reduzierten personalen Distanz gilt es zu erkennen und zu reflektieren, keinesfalls von vornherein zu bewerten oder gar zu vermeiden. Zunächst einmal erscheint es wichtig zur Kenntnis zu nehmen, dass ein solches Beziehungsverhalten, wie es ältere Patienten häufiger an den Tag legen, ihren Wünschen nach mehr Anerkennung, Wertschätzung und Generativität entspricht (Lang, 2004). Insofern ist es naheliegend, auf diese Wünsche nach mehr persönlicher Nähe auch einzugehen, sie aber gleichermaßen zu reflektieren, um die professionelle Distanz nicht zu verlieren. Die Anforderung an Therapeuten ist es, beide Seiten im Blick zu haben und einen reflektierten Umgang mit Nähe und Distanz zu finden.

4.6.3 Existenzielle Grenzen und Beziehung

Die beschriebene Nähe-Distanz-Problematik in der Behandlung Älterer dürfte sich noch einmal intensivieren, wenn existenzielle Ängste und Bedrohungen in die Therapie hineingetragen werden (Peters, 2021e). Der Psychoanalytiker Meerlo (1955) hatte bereits in einer der ersten Arbeiten zur Psychotherapie Älterer auf eine *Intensivierung der Übertragung* bei Älteren hingewiesen. Was damit gemeint sein könnte, hat Plotkin (2000) in Interviews mit Psychoanalytikern herausgearbeitet. Die Befragten schilderten, sich von älteren Patienten mehr geschätzt zu fühlen als von jüngeren, auch berichteten sie selbstkritisch, immer wieder ihre analytische Aufgabe zugunsten einer beschützenden zu vernachlässigen. Es waren eine Reihe von Beobachtungen, die das Gefühl schufen, sich auf eine persönlichere und emotionalere Art und Weise involviert zu fühlen. Eine solch »positive Verstrickung« entstand offenbar besonders bei körperlich fragilen Älteren, also dann, wenn existenzielle Bedrohungen und Ängste, die zumeist mit Todesängsten verbunden waren, im Spiel waren. Dies war dann der Fall, wenn einschneidende Verluste eingetreten waren, ein vom Leben abschneidendes körperliches Gebrechen vorlag, das ohne Aussicht auf Besserung sich womöglich progredient entwickelte und das Näherrücken des Sterbens unabwendbar schien.

Folgt man den Überlegungen Yaloms (1989), erhöhen existenzielle Ängste den Wunsch nach mächtigen Imagines, die dann auf Therapeuten projiziert werden; Yalom hatte vom Therapeuten als *letztem Retter* gesprochen, der vor Todesängsten und Ohnmachtsgefühlen schützen soll. Noch weiter gehen die Überlegungen von De M'Uzan (2013), der davon ausgeht, dass der nahende Tod zu einer Überbesetzung der Liebesobjekte und einer Identitätsdiffusion zwischen Patient und Therapeut führt, unbewusst von dem Wunsch getragen, der Analytiker könne die narzisstische Wunde der Sterblichkeit wieder schließen. Allerdings dürfte dieses Bestreben nur bei einer vermutlich kleineren Gruppe von Patienten zu beobachten sein, andere ziehen sich eher zurück und lösen allmählich die Verbindung zum Leben.

Unbestritten ist, dass existenzielle Bedrohungen Therapeuten vor besondere Herausforderungen stellen. Yalom (1989) weist darauf hin, dass sie in dieser Situation auf eine Art und Weise gefordert sind, die eine authentische Haltung erforderlich macht. Selbsterfahrung ist notwendige Voraussetzung, damit umgehen zu können.

Fallvignette

Eine 88-jährige Patientin, ohne nähere Angehörige, hatte schon vor Jahren bei dem Therapeuten eine Therapie absolviert. Als sie an einer fortgeschrittenen Krebserkrankung litt, wandte sie sich erneut an ihn. In dieser Situation suchte sie Hilfe, aber v. a. Sicherheit in einer vertrauten Beziehung. Sie berichtete, dass sie nachts aufgewacht und völlig verwirrt gewesen sei; sie hatte den Notrufknopf gedrückt, so dass bald Hilfe kam. Im Krankenhaus wurde ein epileptischer Anfall diagnostiziert sowie eine beginnende Demenz, ohne dass diese Diagnose näher begründet wurde. Es war eher eine »Notdiagnose«, die ihren verwirrten Zustand beschreiben sollte. Doch nach diesem Vorfall fiel es ihr sehr schwer, allein in ihrer Wohnung zu sein, die sie noch während der ersten Therapie als Eigentumswohnung erworben hatte und die sie sehr liebte. Eines Tages kam sie in schon fast hypomanischer Stimmung zum Gespräch und teilte mit, dass sie nun im Hospiz lebe. In überschwänglichen Worten schilderte sie die Vorzüge des Hospizes. Sie war sehr erleichtert, der immer schwerer auszuhaltenden Wohnsituation entronnen zu sein. Im Hospiz war nicht die Todesangst, wohl aber die Angst vor dem Sterben, d. h. vor dem alleine sterben müssen, verflogen. Alle negativen Gefühle schienen verschwunden zu sein, die Mentalisierungsfähigkeit war stark herabgesetzt. Sie war erleichtert, auch weiterhin zur Therapie kommen zu können, und froh über das Angebot im Hospiz, auch eine aufsuchende Therapie erhalten zu können, wenn es ihr selbst nicht mehr möglich sei zu kommen. Eine Woche später verstarb die Patientin.

Grundsätzlich stellt sich die Frage des Umgangs mit solchen Situationen, für die es keine technischen Regeln geben kann. Vielmehr geht es um die Entwicklung einer Reflexionskompetenz, die es ermöglicht, eine situationsangepasste und patientengerechte Form des Umgangs zu finden, bei der aber auch der Therapeut selbst sich als authentisch erleben kann.

4.6.4 Langsamkeit und Kontemplation

Ich habe bereits weiter vorn darauf hingewiesen, dass Therapeuten in der Psychotherapie Älterer langsamer vorgehen sollten (▶ Kap. 4.4.4), doch stellt sich die Frage nach den Gründen und den Konsequenzen. Langsamkeit im Alter bringt wie kaum eine andere Veränderung die Ambivalenz dieses Lebensabschnittes zum Ausdruck. Zum einen ist sie durch die körperlichen und kognitiven Veränderungen erzwungen und somit Folge des biologischen Alterns. Das *Slowing with age*-Phänomen (Salthouse, 1996) gilt als die umfassendste neuropsychologische Veränderung im Alter (▶ Kap.1.1), und Studien bestätigen eine Verlangsamung des Denkens in dieser Zeit (von Krause, Radev & Voss, 2022). Doch gleichzeitig stellt die Verlangsamung eine Chance dar, kann sie doch Anstoß sein, eine neue Lebensqualität jenseits der immer weiteren Beschleunigung des modernen Lebens zu finden (Rosa, 2017). Die zunächst erzwungene, dann aber angenommene Langsamkeit des Alters kann als Gegenentwurf zu der immer weiteren Beschleunigung des globalen, postmodernen Lebens verstanden werden (Peters, 2017c). Sie vermag in ganz unterschiedlichen Momenten eine eigene Lebensqualität hervorzubringen, sind doch etwa die intensive Betrachtung der Natur, das genussvolle Essen, das sorgfältige Nachdenken und das intensive Gespräch auf Langsamkeit angewiesen. Nicht zuletzt ist auch Würde immer von Langsamkeit getragen (Peters, 2002a).

Langsamkeit des Denkens weist zudem eine Nähe zur *Kontemplation* auf, also dem Anschauen und geistigen Betrachten, die gewissermaßen eine Alternative zum diskursiven Bemühen um Erkenntnis darstellen. Insofern steht sie auch im Gegensatz zur äußeren Aktivität des tätigen Lebens. Die *Vita Contemplativa* und die *Vita Activa* bilden nach Hannah Arendt (2020/1960) zwei gleichwertige Elemente des menschlichen Daseins. Diese Gleichwertigkeit wird in der gegenwärtigen Gerontologie zugunsten des *aktiven Alters*, das ganz in den Vordergrund gerückt ist, vernachlässigt. Die Psychotherapie Älterer sollte aber diese Seite menschlichen Lebens als potentielle Ressource des Alters wiederentdecken und in die therapeutische Arbeit einbeziehen.

Fallvignette

Der 87-jährige Patient hatte sich zunehmend in einem reduzierteren Leben eingerichtet, war aber voller Dankbarkeit dafür. So schilderte er immer wieder, wie befriedigend es für ihn sei, morgens am Frühstückstisch zu sitzen und in die Natur zu schauen, etwa auf die große Kastanie des Nachbarn. Auch die Spaziergänge in dem umliegenden Wald, die er unternahm, nachdem das Fahrradfahren nicht mehr möglich war, schien er weiterhin zu genießen. So schilderte er einmal, wie er den Geruch des Waldes aufgenommen hatte, ganz nah an einem kleinen Bach, der dahinplätscherte, und den vielen Pflanzen an seinem Ufer. Dieses Bild weckte in ihm die Phantasie, hier im grünen Gras zu liegen und zu sterben. Diese hatte nichts Ängstigendes, sondern strahlte eine wohltuende Ruhe aus. In der Therapie konnten Patient und Therapeut dieses Bild eine ganze Weile auf sich wirken lassen.

Es handelt sich um eine Dimension in der Therapie älterer Menschen, die eine modifizierte, weniger zielorientierte therapeutische Haltung erfordert. Aasen und Fonagy (2015) sprechen von *reflexiver Kontemplation*, die geeignet erscheint, Momente der Langsamkeit entstehen und unmittelbar erfahrbar werden zu lassen. Dies kann vermutlich weniger diskursiv als vielmehr imaginativ und assoziativ im Rahmen einer symmetrischen Begegnung erfolgen. Erfahrenen Therapeuten fällt es i. d. R. leichter, von formalen Therapieparametern und -vorgaben abzusehen und sich auf eine unmittelbarere und authentische Begegnung mit Patienten einzulassen, wie die Studien zur Entwicklung von Therapeuten gezeigt haben (Dorociak et al., 2017). Es gelingt ihnen eher, »Nicht-Wissen« zu akzeptieren bzw. zusammen mit dem Patienten die Ambiguität des Lebens auszuhalten, was Råbu und McLeod (2018) als klinische Weisheit bezeichnen. Langjährige therapeutische Erfahrungen befördern eine solche Haltung, die wiederum mit Entwicklungen im Alter konvergieren, etwa der Abnahme von Extraversion und der Zunahme von Introversion (Specht, Egloss & Schmukle, 2011). Auch dadurch erklärt sich die häufig bessere Passung von älteren Patienten und älteren Therapeuten, andererseits aber auch die größere Distanz zwischen älteren Patienten und jüngeren Therapeuten, dürften diese doch Zeit anders erleben und schneller und zielorientierter arbeiten (▶ Kap. 4.6.1).

4.7 Differenzielles Altern und Individualisierung der Therapie

Die Gruppe älterer Patienten ist äußerst heterogen, wächst doch die Unterschiedlichkeit von Menschen mit zunehmendem Alter weiter an, weil sich Ungleichheit im Lebenslauf kumuliert und zu einer großen Heterogenität etwa im sozialen und gesundheitlichen Bereich führt (Simonson & Vogel, 2019). Auf drei therapierelevante Merkmale soll hier besonders eingegangen werden, nämlich die Bindungsorientierung, die Unterschiede zwischen Frauen und Männern und die zwischen jungen und alten Alten bzw. drittem und viertem Alter.

4.7.1 Bindungsorientierung

Die Bedeutung der Bindungstheorie für das Verständnis des Alters wurde bereits weiter vorn diskutiert (▶ Kap. 3.4.2). Daraus lassen sich auch differenzielle Überlegungen im Hinblick auf die Therapie ableiten, die sich am Konzept der *komplementären Beziehungsgestaltung* orientieren (Sable, 2000, Slade, 2016, Peters, 2019c). Bei einem unsicheren Bindungsstil interveniert der Therapeut zunächst konkordant, um ein Arbeitsbündnis zu schaffen, im Verlauf ist es jedoch erforderlich, stärker komplementär zu intervenieren (Daniel, 2006):

1. Sicher gebundene Ältere – auch wenn diese in der Psychotherapie unterrepräsentiert sind – erzählen aus eigenem Antrieb und müssen dazu nicht aufgefordert werden. Sie erinnern positive wie negative Erlebnisse, können diese in ausreichender Weise elaborieren und reflektieren und dabei eine breite Palette von Affekten zulassen.
2. Unsicher-ambivalent gebundene ältere Patienten, die in der Psychotherapie überrepräsentiert sind, neigen zu affektbetonten Narrativen, ohne dass diese in ausreichendem Maße mentalisiert werden; dies gilt auch für lebensgeschichtliche Erinnerungen. Hier ist es zunächst erforderlich, dass sich Therapeuten als sicheres Bindungsobjekt anbieten, um die Affekte zu »metabolisieren«, d. h. sie zunächst einmal zu tolerieren und zu »entschärfen«. Eher kognitiv orientierte rekonstruktive und strukturierende Interventionen sollten schließlich dazu anregen, kohärentere Erzählungen zu konstruieren.
3. Unsicher-vermeidend gebundene Ältere versuchen eine tiefere Auseinandersetzung mit ihrem eigenen Leben und ihrer eigenen Lebensgeschichte zu umgehen. Vielmehr neigen sie zu unspezifischen, übergeneralisierten oder auf den äußeren Ablauf reduzierte Narrative, auch im Hinblick auf Erinnerungen an

lebensgeschichtliche Ereignisse. Bei ihnen gilt es, ihr Interesse für das eigene Innere und die eigene Lebensgeschichte zu wecken und diese zu elaborieren. Ziel ist es, mehr Erzählungen zu generieren, diese mit Affekten zu füllen und damit die deaktivierende Strategie dieser Patienten abzuschwächen. Dabei dürfte das affektbezogene Fragen besonders hilfreich sein.

Bei einem unsicheren Bindungsstil ist es Ziel, dieses mehr in Richtung einer sicheren Bindung zu entwickeln und damit auch die Mentalisierungsfähigkeit zu verbessern und den Umgang mit den Zumutungen des Alters zu erleichtern.

4.7.2 Ältere Frauen, ältere Männer

In der Gruppe älterer Patienten dominieren noch stärker als in anderen Altersgruppen die Frauen gegenüber Männern, auch wenn sich dieser Unterschied zuletzt leicht abgeschwächt hat (Peters et al., 2024a). Insbesondere in der Gruppe Hochaltriger sind Männer weiterhin stark unterrepräsentiert. Um auch sie zu einer Psychotherapie zu motivieren und sie in einen Prozess zu involvieren, sind therapeutische Modifikationen angezeigt (Peters, 2020c). So sollte der Umstand berücksichtigt werden, dass Männer eine weniger tiefe therapeutische Beziehung bevorzugen, die ihnen mehr emotionale Distanz, Selbstverantwortung und Selbstständigkeit belässt (Ogrodniczuk, 2006). Die männlichen Eigenarten sollten stärker wahrgenommen und akzeptiert werden, auch wenn sie bei älteren Männern noch mehr traditionellen Rollenmustern entsprechen, die der Therapeut vielleicht nicht teilt. Dazu könnte etwa die bei vielen Männern zu beobachtende Tendenz zählen, die Zuneigung zu anderen weniger in Worten als in Taten zum Ausdruck zu bringen, aber auch die Fähigkeit, Probleme logisch anzugehen sowie ihre Bereitschaft, bei der Lösung von Problemen Risiken einzugehen und dennoch Ruhe zu bewahren. So hat sich inzwischen gezeigt, dass älteren Männern, die Pflegeaufgaben wahrnehmen, beispielsweise ihre Ehefrau pflegen, diese Eigenarten durchaus zugutekommen und ihr eher funktionales Verständnis dieser Rolle durchaus Vorteile hat. Dies alles positiv zu konnotieren, trägt zur Entwicklung einer tragfähigen Arbeitsbeziehung zu älteren männlichen Patienten bei (Cochran & Rabinowitz, 1996).

Ogrodniczuk (2006) zieht aus zwei empirischen Untersuchungen, in denen der Fokus v. a. auf den Einfluss der Geschlechtervariable in der Psychotherapie gerichtet war – allerdings bei jüngeren Patienten – den Schluss, dass Männer zwar eine distanziertere therapeutische Beziehung bevorzugen, dann jedoch eher von einer interpretativen, emotionsfokussierten Therapie, Frauen jedoch mehr von einer supportiven Psychotherapie profitieren (Ogrodniczuk, Piper, Joyce & McCallum, 2001). Es scheint also notwendig zu sein, sich zunächst kongruent zu den Eigenarten des Patienten zu verhalten, doch im Laufe der Therapie mehr und mehr eine dazu komplementäre Haltung einzunehmen. Bezogen auf Männer und Frauen würde dies bedeuten, bei Männern stärker auf die Gefühlswahrnehmung und -äußerung zu fokussieren, diese zu validieren, zu explorieren und dem Prinzip Antwort zu folgen, bei Frauen jedoch mehr auf die äußeren Probleme zu fokussieren, um sie bei deren Lösung zu unterstützen. Allerdings sollte hier nicht von vornherein ein traditionelles Rollenverhalten unterstellt werden, zumal dieses bei nachrückenden Kohorten vermutlich schwächer ausgeprägt ist, sondern von der Analyse der individuellen Stärken und Schwächen des Patienten ausgegangen werden. Das therapeutische Verhalten sollte an dem ausgerichtet sein, was bislang nicht zum Repertoire der Copingstrategien zählt, weniger an dem, was der Patient ohnehin kann.

4.7.3 Drittes und viertes Alter

Eingangs wurde auf den Unterschied zwischen jüngeren Alten und Hochaltrigen eingegangen (▶ Kap. 1.1.2). Letztere sind weiterhin in der Therapie extrem unterrepräsentiert, und über die psychotherapeutischen Möglichkeiten bei Hochaltrigen ist bisher relativ wenig bekannt (Kessler, 2021).

Peters und Becker (2025b) haben jüngst erste Ergebnisse vorgestellt, die hochaltrige Menschen in der ambulanten Psychotherapie charakterisieren. Im Hinblick auf die Mentalisierungsfähigkeit zeigten sich in der *Mentalization Modes Scales* (MMS), einem von Gagliardini und Colli (2019) entwickelten Fremdeinschätzungsverfahrens für Therapeuten, in zwei von fünf Skalen Unterschiede zwischen jüngeren Alten (65 bis 70 Jahre) und Hochaltrigen (>75 Jahre). In der Skala *Gutes Mentalisieren* wird die Fähigkeit erfasst, mentale Zustände kohärent zu beschreiben und um ein Verständnis des eigenen und des Verhaltens anderer bemüht zu sein. In dieser Skala wiesen die Hochaltrigen signifikant geringere Werte als die jüngeren Alten auf. Ein signifikanter Unterschied trat ebenfalls in der Skala *intrusives Pseudomentalisieren* auf. Diese Skala beschreibt eine Form des Hypermentalisierens, das die Beeinflussung und Manipulation anderer zum Ziel hat. Da diese Skala Korrelationen zu histrionischem Verhalten und Narzissmus aufweist (Gagliardini & Colli, 2019), könnte man vermuten, dass die jüngeren Älteren nach ihrem Ausscheiden aus dem Beruf mit der Frage der Aufrechterhaltung sozialer Wertschätzung und Anerkennung, also der Stabilisierung des eigenen Narzissmus beschäftigt sind (Peters, 1998). Bei den Hochaltrigen hingegen könnte man vermuten, dass sie diese Anforderung überwunden haben und der persönliche Narzissmus nicht mehr im Vordergrund steht bzw. sich die im hohen Alter zunehmende Introvertiertheit bemerkbar macht (Peters & Becker, 2025b). Man könnte vermuten, dass sie sich mit ihrem Alter arrangiert haben und dadurch authentischer wirken, was möglicherweise auch eine positive Wirkung auf Therapeuten hat.

Im Erleben und Verhalten der Therapeuten fanden sich außer in der Skala *Affirmation* keine Unterschiede. Affirmation beschreibt die Bereitschaft, sich den Älteren gegenüber zugewandt und warmherzig zu verhalten. Dieses Ergebnis ergänzt bereits weiter vorn berichtete Befunde, wonach Therapeuten Älteren gegenüber Freundlichkeit wichtiger und Neutralität unwichtiger war als bei Jüngeren (▶ Kap. 4.6.2) (Peters et al., 2014). Zieht man nun die stärkere Neigung zu einem affirmativen Verhalten bei Hochaltrigen hinzu, scheint es, dass das veränderte therapeutische Verhalten, dass generell bei Älteren gehäuft zu beobachten ist, bei Hochaltrigen noch einmal stärker auftritt. Therapeuten scheinen bei Hochaltrigen ihr Verhalten – ob geplant und reflektiert oder intuitiv – noch deutlicher als bei älteren Patienten ohnehin zu modifizieren.

Diese ersten Befunde bestätigen die Vermutung, der zufolge sich Patienten im vierten noch einmal von denen im dritten Lebensalter unterscheiden. Auch ist davon auszugehen, dass sich Defizite in mehreren der in diesem Buch behandelten mentalisierungsrelevanten Dimensionen im hohen Alter noch einmal verstärken. Dennoch sind die Unterschiede nicht allein auf die Dimension Alter zurückzuführen. Die Unterschiedlichkeit der Menschen im Alter findet sich auch bei den Hochaltrigen, selbst wenn hier der Anteil derer mit deutlicheren Einschränkungen sichtbar zunimmt.

5 Therapieformen und Behandlungssettings

Während bislang allgemeine Therapieprinzipien formuliert sowie die Besonderheiten herausgearbeitet wurden, die die Therapie Älterer charakterisieren, soll es im Weiteren um unterschiedliche therapeutische Ansätze und Settings gehen, in denen diese Prinzipien zum Tragen kommen. Auch dabei geht es darum herauszuarbeiten, wie diese jeweils auf die Besonderheiten Älterer zugeschnitten werden können.

5.1 Ambulante Einzeltherapie

Zweifellos dominiert in der Alterspsychotherapie das einzeltherapeutische Setting, was vorrangig mit den Vorlieben der Älteren selbst zu tun hat. Vermutlich erhoffen sie sich, hier einen Ort zu finden, an dem sie sich sicher und in ihrer Individualität gesehen fühlen können. Aber auch Therapeuten bevorzugen offenbar dieses Setting, bietet sich ihnen hier doch die Möglichkeit, sich auf die individuellen Eigenarten der Patienten einzustellen und ihnen in einer entwicklungsfördernden Grundhaltung zu begegnen. Die Neigungen auf beiden Seiten scheinen sich zu ergänzen, so dass eine gute Grundlage für die Entwicklung einer tragfähigen therapeutischen Beziehung und einen konstruktiven Therapieprozesses besteht.

Gleichzeitig fördert die »intime« Situation der Einzeltherapie jedoch auch Wünsche nach Nähe auf Seiten älterer Patienten, so dass sich die weiter vorn beschriebene Dynamik von Nähe und Distanz hier in besonderer Weise entfalten kann. Und auch Therapeuten können in diesem Setting in der bereits beschriebenen Weise involviert werden, so dass sie in ihrer altersspezifischen Beziehungskompetenz herausgefordert sind (▶ Kap. 4.6.2) (Peters, 2021 f). Diese Beziehungsintensität kann auch die Beendigung der Therapie zu einer besonderen Aufgabe werden lassen, wie die von Plotkin (2000) durchgeführte Befragung von Psychoanalytikern bestätigte (▶ Kap. 4.6.3). Diese berichteten durchweg, dass es ihnen bei älteren Patienten schwerer falle, die Therapie zu beenden. Häufig bestehe Ungewissheit über den weiteren Weg des Patienten, so dass auch Schuldgefühle ins Spiel kämen, wenn das Ende der Therapie näher rücke. Hinzu komme, dass manche Ältere die therapeutische Beziehung zumindest partiell als Realbeziehung erlebten, was zusätzlich die Trennung erschwere. Weinberg (1989, zit. nach Schachter, Kächele & Schachter, 2014) sieht in der Rolle des Therapeuten auch einen »Gesandten der Freundschaft«, also jemanden, der positive soziale Interaktionen ermöglicht, wie sie ansonsten Freundschaften ausmachen.

Zweifellos hängt die Bedeutung der therapeutischen Beziehung auch von der jeweiligen Lebenssituation des Patienten ab. Viele Ältere kommen nach Verlusten in die Psychotherapie, besonders Partnerverlusten; erwachsene Kinder sind wenig verfügbar oder erreichbar, und Einsamkeit ist ein Schicksal vieler älterer Menschen. Damit einhergehen können nicht nur Wünsche, diese Einsamkeit durch freundschaftliche Gefühle zum Therapeuten zu durchbrechen, auch das Ende der Therapie kann vor diesem Hintergrund eine besondere Bedeutung erlangen. Somit ist es erforderlich, dieses frühzeitig zu thematisieren, aber auch »*Post Treatment*«-*Kontakte* zuzulassen, wie Schachtner et al. (2014) vorschlagen, die Patienten sporadisch auch nach Therapieende in Anspruch nehmen können[10]. Dies könne auch deswegen hilfreich sein, weil Ältere häufiger nach Beendigung der Therapie erneut mit negativen Lebensereignissen konfrontiert sind, die den Therapieerfolg gefährden können (Forstmeier, Köberl, Schmitt & Peters, 2018). Solche Begegnungen könnten auch dazu genutzt werden, das innere Bild des Therapeuten zu bekräftigen, damit dieses weiterhin als haltgebendes inneres Objekt zur Verfügung stehe, oder aber, wenn erforderlich, seine Idealisierung zu reduzieren.

5.2 Aufsuchende Psychotherapie

Eine mit zunehmendem Alter anwachsende Gruppe älterer Menschen ist nicht mehr in der Lage, selbständig eine psychotherapeutische Praxis aufzusuchen. Etwa 15 % der über 80-Jährigen berichten von Problemen, einen Treppenabsatz allein bewältigen zu können, 25 % von Schwierigkeiten, mehrere Treppenabsätze zu bewältigen, und mehr als 10 % geben an, Probleme zu haben, mehr als einen Kilometer zu Fuß zu laufen (Menning & Hoffmann, 2009). In noch stärkerem Maße liegen Mobilitätseinschränkungen bei Pflegebedürftigen vor. All diese Menschen haben kaum Zugang zur Psychotherapie, obwohl bei ihnen die Prävalenz psychischer Störungen besonders hoch ist.

Allein eine zugehende Psychotherapie könnte das Versorgungsdefizit bei dieser Gruppe beheben. Doch bisher besteht kaum Bereitschaft bei Psychotherapeuten, Patienten auch in ihrem häuslichen Lebensumfeld oder im Pflegeheim aufzusuchen. In einer Befragung zeigte sich, dass lediglich 14 % mindestens einmal einen Patienten zu Hause und nur 3,9 % im Pflegeheim aufgesucht haben (Peters, Becker, Jeschke & Peters, 2023). Die weitere Auswertung machte deutlich, dass nur dann, wenn ein Patient in einer schon laufenden Behandlung gebrechlich oder pflegebedürftig wird und die Praxis nicht mehr aufsuchen kann, Therapeuten zu einem Wechsel des Behandlungssettings bereit sind. Dies bedeutet aber auch, dass aus

---

10 Dies ist durch Einführung einer Abrechnungsziffer für Nachgespräche erleichtert worden.

einer schon bestehenden Mobilitätseinschränkung oder Pflegebedürftigkeit heraus keine Psychotherapie zustande kommt.

Zweifelsohne stellt die aufsuchende Psychotherapie besondere Anforderungen an Therapeuten, zumal auch die finanziellen und rechtlichen Grundlagen immer noch nicht völlig geklärt sind. Sich auf die häusliche Situation des Patienten einzustellen, erfordert eine besondere Reflexionskompetenz, kommen doch normalerweise unbekannte Parameter ins Spiel, etwa die Frage, wie man sich als »Gast« verhält, ob man die Einladung zum Kaffee annimmt u. a. (Lindner & Sandner, 2015). Aber auch hier könnte ein ressourcenorientiertes, mentalisierungsbasiertes Vorgehen Anregungen geben und als Orientierung dienen. Die alltagssprachliche, bewusstseinsnahe Gesprächsführung könnte sich leichter in die Alltagsumgebung einfügen und dazu geeignet sein, den älteren Patienten in seinem alltäglichen Leben zu erreichen bzw. »abzuholen«.

In der aufsuchenden Psychotherapie spitzt sich eine Frage zu, die sich auch in der ambulanten Therapie mit Älteren stellen kann, nämlich die nach einer *Cure-* oder *Care-Perspektive*. Die Cure-Perspektive beschreibt das »heilende« Paradigma, d. h. die Konzentration auf die Linderung der Symptome bzw. die Verbesserung einer bestimmten Störung. Dies kann unter Umständen bei betagten bzw. pflegebedürftigen Älteren an Grenzen kommen, so dass ein »pflegendes« Paradigma angemessener ist. Eine solche »Care«-Haltung ist ganzheitlicher ausgerichtet und zielt darauf ab, die allgemeine Lebensqualität der Patienten und ihre psychische Stabilität zu verbessern (Apesoa-Varano, Barker & Hinton, 2011), d. h. sie hat eher einen begleitenden Charakter, so wie es in einer aufsuchenden Therapie häufiger der Fall sein dürfte.

5.3 Gruppentherapie

5.3.1 Gruppentherapie mit Älteren

Gruppentherapie wurde in der Vergangenheit von Älteren eher skeptisch betrachtet, was u. a. auf kohortenspezifische Erfahrungen zurückzuführen war, hatten sie doch früh in ihrem Leben zumeist strenge und nach festen Regeln geführte Gruppen erlebt, in denen es verpönt war, innere Befindlichkeiten vor fremden Menschen preiszugeben. Während diese Haltung bei Hochaltrigen noch eine Rolle spielen dürfte, bringen nachrückende Kohorten andere gruppenbezogene Erfahrungen mit, die sie aufgeschlossener sein lassen für die Teilnahme an Gruppentherapien. Damit aber sind besondere Chancen verbunden (Peters, 1995):

1. *Wiederherstellung eines Zugehörigkeitsgefühls:* Zu einer Gruppe zu gehören vermittelt ein Gefühl von Resonanz und trägt damit zur Widerherstellung eines narzisstischen Gleichgewichts und zur Reduktion von Einsamkeitsgefühlen bei.

2. *Bearbeitung intergenerativer Beziehungen:* In einer altersgemischten Gruppe bietet sich die Chance der Bearbeitung von Konflikten in intergenerativen Beziehungen, also etwa die zu den eigenen Kindern. Allerdings ist zu beachten, dass dies durch ein konfliktvermeidendes Verhalten der Älteren erschwert sein kann. Unbedingt vermieden werden sollte eine Minderheitenposition, d. h. es sollten mindestens zwei oder mehr Ältere an einer altersgemischten Gruppe teilnehmen.
3. *Förderung intragenerativer Beziehungen:* Insbesondere in altershomogenen Gruppen können die Teilnehmer die Bedeutung von Kontakten zu Gleichaltrigen erkennen und somit dieser Dimension ihres sozialen Lebens mehr Beachtung schenken. Dabei ist zu bedenken, dass zur Lebenszufriedenheit im Alter Gleichaltrigenkontakte zumeist mehr beitragen als Kontakte zu den eigenen Kindern (Lee & Ishii-Kuntz, 1987)
4. *Förderung des inneren Anpassungsprozesses:* Auch im Hinblick auf die Auseinandersetzung mit dem Älterwerden kann eine Gruppe wichtige Anregungen geben, den *Trauer-Befreiungs-Prozess*, den Pollok (1977) als wesentlich für ein erfolgreiches Altern betrachtet hatte, zu unterstützen. Auch kann eine Gruppe die Möglichkeit bieten, neue Lebensoptionen kennenzulernen und die Identifikation mit Gleichaltrigen anzuregen, was zur Identitätsentwicklung beitragen kann.

5.3.2 Mentalisierungsbasierte Therapie (MBT-G)

Gruppentherapie in der mentalisierungsbasierten Therapie unterscheidet sich von der in der Psychodynamischen Psychotherapie und wird als besonders wirksam angesehen, weil sowohl selbstreflexive wie auch interpersonelle Kompetenzen gefördert werden können. Im Unterschied zur Psychodynamischen Gruppentherapie folgt sie einem strukturierten Vorgehen (Taubner, Fonagy & Batemean, 2019):

1. Zusammenfassung der letzten Gruppensitzung durch den Gruppenleiter.
2. Eingangsrunde, bei der alle Gruppenteilnehmer berichten, welche Themen für sie aktuell relevant oder schwierig sind.
3. Festlegung des Themas, auf das in der Sitzung fokussiert werden soll.
4. Die auf dieses Thema bezogenen Narrative der Teilnehmer werden in dem mentalisierungsorientierten Gruppengespräch bearbeitet. Der Gruppentherapeut achtet darauf, den Fokus beizubehalten und den Mentalisierungsprozess zu fördern.

In der MBT-G kommen zusätzlich zu den bereits weiter vorn geschilderten Interventionstechniken weitere zur Anwendung. So achtet der Therapeut darauf, schweigsame Gruppenteilnehmer einzubeziehen, indem er etwa deren Beobachtungen erfragt. Wird die Emotionalität in der Gruppe zu stark, kann er ein Thema parken, um es später wieder aufzugreifen. Gerät ein Gruppenteilnehmer unter zu großen Druck, kann er diesen unterstützen. Insgesamt nimmt der Therapeut also eine aktive Rolle ein.

Bisher liegen keine Berichte über MBT-G bei älteren Patienten vor. Ältere sind jedoch von einer eher unstrukturiert verlaufenden psychodynamischen Gruppe oft überfordert. Sie können beispielsweise ihr empathisches Sich-Einlassen manchmal nicht ausreichend steuern (▶ Kap. 2.2.2) oder weisen Defizite in komplexeren ToM-Prozessen (ToM zweiter Ordnung; »A denkt, was B denkt, was C denkt«) auf. Das strukturierte Vorgehen in der MBT-G hat für sie Vorteile, weil der Therapeut mehr Orientierung bietet und leichter steuernd eingreifen kann. Dann können Ältere von der selbstreflexiven und interaktiven Komponente der Gruppe profitieren und ihre Bindungssicherheit erhöhen sowie die Mentalisierungsfähigkeit verbessern.

5.3.3 ToM-Training in der Gruppe

Von einer italienischen Arbeitsgruppe wurde ein Training für gesunde ältere Menschen entwickelt, das zu einer ressourcenorientierten Gruppentherapie für Ältere weiterentwickelt werden könnte. Dieses Training zielt darauf ab, ToM-Fähigkeiten der Gruppenteilnehmer zu verbessern (*conversation-based ToM training*) (Lecce et al., 2015). Es umfasst kurze Erzählungen (›mental state narratives‹), die Grundlage des Gruppengesprächs sind, in dem auf das mentale Befinden der beteiligten Personen fokussiert wird, d. h. es wird immer wieder danach gefragt, was die beteiligten Personen gedacht und gefühlt haben und was wohl ihre Intentionen waren. Damit wird das Ziel verfolgt, die mentalen Fähigkeiten der Gruppenteilnehmer zu verbessern, d. h. es geht um eine Förderung des *mental state talk* sowie dessen Übertragung auf den Alltag. Um ToM noch stärker als multidimensionale Fähigkeit zu berücksichtigen, erweiterten Cavallini, Bianco und Bottiroli (2015) das Training um weitere Materialien und Modalitäten (Geschichten, Videosequenzen, Bilder etc.). Bei diesen Erweiterungen wurde besonders darauf geachtet, die Dynamik sozialer Situationen zu verdeutlichen, um den Teilnehmern bewusst zu machen, dass mentale Zustände vorübergehend sind und sich im Laufe der Zeit ändern können.

In einer ersten Untersuchung mit gesunden älteren Menschen wurden eine Trainingsgruppe mit einer sozialen Kontaktgruppe, in der allgemein über Fragen des Alters gesprochen wurde, und einer Gruppe, die im Gespräch auf physische bzw. äußere Aspekte fokussierte, verglichen (Lecce et al., 2015). In den Ergebnissen zeigten allein die Teilnehmer der ToM-Gruppe signifikante Verbesserungen in mentalen Fähigkeiten, die mit unterschiedlichen Methoden gemessen wurden; beispielsweise verwendeten die Teilnehmer der Trainingsgruppe am Ende des Trainings häufiger mentale Begriffe. In einer weiteren Evaluationsstudie war besonders bemerkenswert, dass hinsichtlich der Verbesserung der ToM-Fähigkeiten kein Unterschied zwischen jüngeren (60–69 Jahre) und älteren Alten (70–85 Jahre) bestand, obwohl im Allgemeinen von einer sich verringernden Plastizität des Gehirns mit zunehmendem Alter ausgegangen wird (Rosi, Cavallini, Bottiroli, Bianco & Lecce, 2016). Schließlich konnte in einer weiteren Studie festgestellt werden, dass ein Transfer über die unmittelbaren Trainingsziele hinaus auf metakognitive Fähigkeiten stattfindet, d. h. dass die Erkenntnis wuchs, dass die eigenen Kognitionen nicht mit der Realität identisch sind (Cavallini et al., 2015).

In einer neueren Studie wurde das Programm in einem Heim mit pflegebedürftigen Älteren (Durchschnittsalter 82,7 Jahre) erprobt, und auch in dieser Gruppe betagter Älterer zeigten sich Verbesserungen in ToM-Leistungen. Zudem konnte ein Rückgang der exzessiven Interpretation mentaler Zustände anderer (*Hypermentalisieren*), wie sie etwa bei paranoiden Entwicklungen zu beobachten ist, festgestellt werden. Da letztere häufig Anlass für schwierige Interaktionen mit dem Pflegepersonal und Mitbewohnern sind, wird eine Verbesserung des sozialen Miteinanders vermutet, was allerdings nicht genauer erfasst wurde (Cavallini et al. 2020). Die Autoren interpretieren ihre Ergebnisse als Beleg dafür, dass das Programm älteren Menschen hilft, ihr Bewusstsein dafür zu schärfen, dass andere nicht die gleiche Sichtweise auf eine Situation haben müssen wie man selbst und die Bereitschaft vergrößert, diesen Unterschied zu reflektieren. Auch fördere es die Sensibilität dafür, dass mentale Faktoren soziales Verhalten steuern. Beides aber kann als wesentliche Grundlage für die Gestaltung zwischenmenschlicher Beziehungen und sozialer Integration betrachtet werden. Dieses Trainingsprogramm in einem klinischen Kontext anzuwenden, würde allerdings eine Überarbeitung bzw. die Einbeziehung weiterer, eher klinischer Variablen erfordern.

5.3.4 Mindfulness-Based Cognitive Therapy (MBCT)

Im klinischen Kontext wurden das *Autogene Training* oder die *progressive Muskelentspannung* auch bei älteren Patienten schon länger mit gutem Erfolg angewandt (Hirsch, 1993). In neuerer Zeit haben die damit verbundenen Konzepte der *Achtsamkeit* bzw. der *Mindfulness* einen noch größeren Stellenwert in der Psychotherapie erlangt. Weiter vorn in diesem Buch wurde bereits über positive Ergebnisse im Hinblick auf die Fähigkeit Älterer, eine achtsamkeitsbasierte Haltung einzunehmen, berichtet (▶ Kap. 2.7.1) (Shook et al., 2017). Dementsprechend liegt es nahe, diese Fähigkeit auch therapeutisch zu nutzen, was etwa in dem von Kabat-Zinn entwickelten *Mindful-Stress-Reduction-Training* geschieht, das von Gallegos, Hoerger, Talbot, Moynihan und Duberstein (2013) erfolgreich auch bei Älteren durchgeführt wurde. Die Therapie besteht aus verschiedenen formellen und informellen Meditationspraktiken, einschließlich geführter Körperscans, Sitz- und Gehmeditationen, achtsamer Bewegung, 3-Minuten-Atmungspausen und konzentrierter Achtsamkeit auf alltägliche Aktivitäten. Die ersten Sitzungen beinhalten geführte Meditationen, die die Aufmerksamkeit auf die Atmung oder auf Körperempfindungen richten. Später liegt der Schwerpunkt darauf, eine eigenständige Praxis zu entwickeln und mentale Ereignisse und damit verbundene Gedanken und Emotionen, die zuvor vielleicht vermieden wurden, zu registrieren, aber nicht zu bewerten. Hausaufgaben sind ein wesentlicher Bestandteil der Behandlung, und die Patienten werden ermutigt, täglich 45 Minuten mit Achtsamkeitsübungen zu verbringen. Die Therapie zielt darauf ab, flexibler auf mentale Ereignisse – positive wie negative – zu reagieren, d. h. sie nicht gleich zu beseitigen oder zu verändern, sondern sie zu akzeptieren.

Zweifellos ist es auch möglich, einzelne Elemente der achtsamkeitsbasierten Psychotherapie in eine Einzel- oder Gruppentherapie einzubauen, wenn dies für einzelne Patienten oder die Gruppe sinnvoll und hilfreich erscheint.

So kann eine eingangs durchgeführte Atemübung dazu verhelfen, einen entspannteren Zustand herbeizuführen. Andere Übungen kann der Therapeut für die Zeit zwischen den Sitzungen vorschlagen, etwa die, eine bestimmte Strecke, die man regelmäßig zurücklegt, nun in der doppelten Zeit zurückzulegen und genauer auf das eigene Empfinden und die Umgebung zu achten. Ein solches Training kann die Achtsamkeit und Langsamkeit fördern.

Eine Metaanalyse von Evaluationsstudien, die mit Älteren durchgeführt wurden, berichtet von positiven Ergebnissen im Hinblick auf die Verbesserung von depressiven und Angstsymptomen, die Reduktion von Stress und eine bessere kognitive Kontrolle im Sinne einer verbesserten Affektregulation (Kishita et al., 2017).

5.4 Stationäre Therapie

Bei zahlreichen älteren Patienten mit einer multiplen Symptomatik bzw. hoher Komorbidität insbesondere auch im Hinblick auf körperliche Erkrankungen ist eine stationäre Psychotherapie mit einem multimodalen Behandlungsansatz indiziert, die in psychosomatischen oder psychiatrischen Kliniken stattfinden kann (Peters, 2018b). Ein effektives, wissenschaftlich fundiertes Behandlungskonzept zeichnet sich dabei nicht allein durch das Aneinanderfügen unterschiedlicher Behandlungselemente aus. Vielmehr bedarf es eines Rahmens, der eine innere Verbindung herstellt und diese Elemente miteinander verknüpft. Erst dadurch kann mehr als eine additive Wirkung, also ein synergetischer Effekt erzeugt werden, der nachhaltige Veränderungen hervorzubringen vermag. Dadurch unterscheidet sich ein stationäres Konzept in besonderer Weise von einer ambulanten Behandlung. Im Hinblick auf die Konzipierung eines solchen Rahmens können die Konzepte Bindung und Mentalisierung wichtige Leitlinien sein.

5.4.1 Struktur- und Mentalisierungsförderung in der Stationären Therapie

Angesichts der anfänglichen Fremdheit älterer Patienten in einer Klinik und der damit einhergehenden Unsicherheit, sollte das Ziel zunächst darin bestehen, die Station als »*sicheren Ort*« zu konzipieren und erfahrbar zu machen (Peters, 2021 g). Voraussetzung dafür ist die Schaffung transparenter Abläufe sowie die Bereitstellung altersgerechter Informationen. Eine wichtige Funktion als *Bindungsobjekte* fällt auch dem Pflegepersonal zu, das durch eine persönliche Ansprache ein positives Erleben der neuen Umgebung zu befördern vermag. Die Grundhaltung aller beteiligten Behandler sollte der »*kollaborativen Kommunikation*« (Wallin, 2016) entsprechen, was bedeutet, ansprechbar, offen und zuverlässig zu agieren und damit ein Gefühl von Sicherheit und Zuversicht zu vermitteln. Auf der Grundlage eines solchen Beziehungsangebotes kann das therapeutische Team eine validierende, supportive und mentalisierungsfördernde Gesprächshaltung einnehmen, d. h. Fragen stellen, die die Selbstreflexion anregen und dazu auffordern, das eigene Erleben genauer zu erkunden. Da die Station eine zeitlich begrenzte Lebenswelt der Patienten darstellt, erscheint es auch hier angemessen, den Dialog an der Alltagssprache zu orientieren, was insbesondere auch die Gespräche des Pflegepersonals mit den Patienten betrifft.

Somit bietet die stationäre Psychotherapie zahlreiche Gelegenheiten der Förderung der psychischen Struktur und von Mentalisierungsfähigkeiten. Da ein stationärer Raum auch immer ein Möglichkeitsraum ist, bieten sich ebenso Gelegenheiten, Neues auszuprobieren und Ressourcen zu aktivieren. Es ist davon auszugehen, dass verschiedene Therapiebausteine auf unterschiedliche Art und Weise zu diesem Prozess beizutragen vermögen. Neben der Einzel- und Gruppentherapie kommt dabei den kreativtherapeutischen Angeboten wie Musik- oder Kunsttherapie eine besondere Bedeutung zu. Diese werden gelegentlich als Möglichkeiten des *äußeren Mentalisierens* bezeichnet, weil sie Inneres mithilfe eines anderen Mediums und unter einer anderen Perspektive in der Außenwelt darzustellen vermögen (Bales & Bateman, 2015). Auch Physio- und Bewegungstherapie sowie die Körperwahrnehmung haben eine ähnliche Bedeutung. Ebenso können entspannungs- und achtsamkeitsbasierte Angebote positive Effekte hervorrufen. So konnten Mascaro, Rilling, Tenzin und Raison (2013) an Erwachsenen mittleren Alters positive Effekte eines meditationsbasierten Trainings in sozial-emotionalen (Mitgefühl) wie sozial-kognitiven Bereichen (Perspektivenübernahme) nachweisen. Diese gehen vermutlich auf die verbesserte Konzentrationsfähigkeit und die hinzu gewonnene Gelassenheit zurück. Nicht zuletzt kommt den Angeboten zur körperlichen Aktivität eine große Bedeutung zu, sind doch dessen vielfältige positive Effekte inzwischen hinlänglich bekannt. Der alterssensible präfrontale Cortex weist die größte Sensitivität für positive Auswirkungen aerobischer Fitness auf (Mayr, 2012).

Nicht nur die einzelnen Therapiebausteine sind von Bedeutung, sondern auch der therapeutische Raum bzw. die therapeutische Gemeinschaft, in der mentale Prozesse und Ressourcen gefördert und eine *mental state talk* initiiert werden kann. Wichtig in diesem Zusammenhang ist insbesondere die Arbeit von Park, Gutchess, Meade und Stine-Morrow (2007), die sich mit nicht-traditionellen Methoden der Förderung von Gedächtnisleistungen und anderen kognitiven Fähigkeiten befassen. Die Autoren zeigen, dass neue Situationen besser als repetitives Verhalten geeignet sind, produktive Prozesse in Gang zu setzen und neue neuronale Pfade zu bahnen (▶ Kap. 4.5). Der stationäre Rahmen schafft ein solches Anregungsmilieu, das Patienten in umfassender Weise aktiviert, vor neue Herausforderungen stellt und zu einem *vitalen Engagement* beiträgt (Peters, 2018c). Zahlreiche Studien, die sich mit den Möglichkeiten zur Verbesserung kognitiver Funktionen befassen (Hertzog et al., 2009), bestätigen diese Sicht. Körperliche und kognitive Aktivitäten, das engagierte Beteiligtsein, sich neuen Situationen stellen, sich mit anderen Menschen auseinandersetzen und sich in sie hineinversetzen (Perspektivenübernahme), all das schafft ein Anregungsmilieu, die sich auf das psychische Befinden und mentale Fähigkeiten positiv auswirkt.

5.4.2 Altersheterogene oder altershomogene Stationen?

Dem Thema Alter wird bei der Gestaltung stationärer Behandlungsangebote bisher nur wenig Bedeutung beigemessen. Dabei bietet der stationäre Rahmen – sei es in einer psychosomatischen oder gerontopsychiatrischen Klinik – eine besonders günstige Gelegenheit, die Auseinandersetzung mit dem Alter zu fördern. Im Hinblick darauf ist zunächst die klinische Rahmensetzung bzw. das Konzept der therapeutischen Gemeinschaft von besonderer Bedeutung. Die meisten psychosomatischen Kliniken, die Ältere behandeln, bevorzugen *altersheterogene* stationäre klinische Einheiten, dennoch haben *altershomogene Einheiten* besondere Vorteile (▶ Tab. 5.1).

Tab. 5.1: Altersheterogene und -homogene Stationen

altershomogenes Konzept	altersheterogenes Konzept
• geschützte Entwicklungsräume schaffen • alltägliche Kommunikationsnetze sind stark altershomogen, erleichtert Integration • mehr thematische Berührungspunkte • fokussiert auf intragenerative Kontakte, die im Alter wichtig sind • macht Altersthemen sichtbar • erleichtert Entwicklung einer Altersidentität • Gemeinsamkeiten erleichtern Entwicklung von Gruppenkohäsion • erleichtert Teambildung, motiviertes und fachkompetentes Personal • erleichtert altersspezifische Supervision und Fortbildung • erleichtert Implementierung psychoedukativer bzw. geragogischer Angebote	• fördert Inklusion und reduziert Gefahr von Ausgrenzung und Stigmatisierung • fördert Bearbeitung intergenerativer Konflikte (»umgekehrte Übertragung«) • fördert intergeneratives Lernen • fördert Entwicklung von Generativität als Ressource des Alters

Tab. 5.1 macht deutlich, dass in altershomogenen Einheiten zahlreiche Elemente das Thema Alter »ins Spiel« bringen können. Bereits die Tatsache, einer solchen Station zugewiesen zu werden, konfrontiert die Patienten mit dem Altersthema, das dann über den Behandlungsverlauf auf unterschiedliche Art und Weise präsent bleibt, wodurch das explizite Mentalisieren von Alterserfahrungen insbesondere in der therapeutischen Gemeinschaft gefördert wird. Reagieren Patienten darauf häufig bei der Aufnahme irritiert, lernen sie diese Erfahrung zumeist rasch schätzen und bewerten das Zusammensein mit Gleichaltrigen am Ende der Behandlung überwiegend sehr positiv (Peters, 2018d) (s. u.). In abschließenden Entlassungsgesprächen wurde hervorgehoben, wie wichtig es gewesen sei, mit den Mitpatienten

über so viele Themen ins Gespräch gekommen zu sein, was durch die vergleichbaren Lebensaufgaben, die die meisten zu bewältigen hätten, möglich gewesen sei. Insgesamt schienen die Patienten eine größere Offenheit gegenüber ihrem Älterwerden gewonnen zu haben und dieses besser zu akzeptieren.

5.4.3 Psychoedukativ-geragogische Gruppe

Um eine Auseinandersetzung mit dem Alter anzuregen, bedarf es aber zusätzlich einer psychoedukativ-geragogischen Gruppe. In *psychoedukativen Gruppen* geht es darum, den Patienten die Idee des Mentalisierens nahezubringen und sie zu ermuntern, diese Art des Sich-Auseinandersetzens zu erproben und zu üben (Taubner et al., 2019). *Geragogik* hingegen meint die Vermittlung von Wissen über das Alter, das das Älterwerden zu erleichtern vermag (Nuevo et al., 2009). In der Gruppe werden mentalisierungsbasierte und pädagogische Überlegungen kombiniert, so dass sie sich gegenseitig ergänzen können. Die nachfolgend beschriebene Gruppe trug den Namen *Das Älterwerden erkennen, annehmen und gestalten* und wurde 1x wöchentlich für die Dauer von 45 Minuten als offene Gruppe durchgeführt[11].

In der ersten Sitzung wurde die Frage gestellt, wie es die Teilnehmer erleben, auf einer Station nur mit Gleichaltrigen zu sein. Über dieses erste Erleben wurde ein Austausch angeregt, wobei bereits unterschiedliche Sichtweisen zum Ausdruck gebracht wurden. Viele waren befremdet, doch einige sahen auch Vorteile darin, was bereits andere Perspektiven anregte. Im Verlauf dieses Gesprächs wurden die Gründe für die Wahl dieses Konzeptes dargelegt. Es wurde darauf hingewiesen, dass mit dem Älterwerden zahlreiche zu bewältigende Aufgaben verbunden sind, die häufig auch im Zusammenhang mit ihren Erkrankungen stünden. Deshalb sei es sinnvoll, diese Aufgaben des Alters auch zu thematisieren, sie besser zu verstehen und verschiedene Perspektiven und Lösungswege kennenzulernen. Da die älteren Patienten vor ähnlichen oder gleichen Aufgaben stünden, erleichtere eine Gruppe Gleichaltriger den Austausch darüber.

Themen der Gruppe: In einem Zyklus von 7 bis 8 Sitzungen wurden u. a. folgende altersbezogene Themen besprochen.

- *Wie alt fühle ich mich?* Auf einem vorgefertigten Bogen sollte jeder Teilnehmer eintragen, wie alt er ist, wie alt er gern wäre, wie alt er sich fühlt, und für wie alt er von anderen zumeist eingeschätzt wird. Damit sollte das Konzept »alt« ›»verflüssigt« werden und ein Gefühl dafür entstehen, das das Alterserleben höchst subjektiv ist und verschiedene Facetten umfassen kann.
- *Mein letzter Arbeitstag:* Manche waren bereits aus dem Beruf ausgeschieden, anderen stand dieser Schritt noch bevor. Das Ausscheiden aus dem Beruf ist in unserer Kultur weniger ritualisiert als andere Übergänge im Leben. Um einen Identitätswandel zu erleichtern, erscheint es aber hilfreich, diesen Schritt auch sichtbar und erlebbar zu machen. Die Teilnehmer wurden aufgefordert, darüber

---

11 Diese Gruppe habe ich selbst auf der von mir in der Zeit von 2009 und 2017 geleiteten altersspezifischen Station in der Klinik am Hainberg in Bad Hersfeld durchgeführt.

Phantasien zu entwickeln und schließlich auf die Frage zugespitzt, was sie sich für den letzten Arbeitstag wünschten.

- *Wie stelle ich mir mein nachberufliches Leben vor?* Durch Informationen über das Erleben des Ausscheidens und den Prozess der Anpassung wurde das Reflektieren der Teilnehmer angeregt.
- *Warum Bewegung wichtig ist:* Zunächst wurden Informationen zur Bedeutung von Bewegung besonders im Alter vorgestellt. Zumeist stand im Gespräch die Frage im Vordergrund, warum es so schwierig ist, eine stabile Motivation hierfür aufrechtzuerhalten und was vielleicht helfen könnte.
- *Habe ich Angst vor Demenz?* Demenzangst ist besonders bei den jüngeren Älteren häufig stark ausgeprägt. Danach gefragt schilderten Teilnehmer regelmäßig, wie ihnen schon einmal die Angst davor in die Glieder gefahren sei, wenn ihnen etwa ein Missgeschick passiert sei. Einige in der Gruppe hatten sich bereits testen lassen. Informationen über normale kognitive Veränderungen können helfen, diese richtig einzuordnen und von Demenz zu unterscheiden.

Bei den meisten Themen bestand das Vorgehen darin, zunächst in einem etwa 10-minütigen Impulsreferat das Thema zu beschreiben und dessen Bedeutung darzulegen. Dabei war wichtig, auf empirisch gesichertes Wissen zurückzugreifen, dieses aber nicht nur in gut verständlichen Worten, sondern auch möglichst anregend und mit alltäglichen Beispielen untermauert darzulegen. So habe ich beim Thema »Bewegung und Sport« Joschka Fischer als Beispiel gewählt, wie er in seinen vierziger Jahren die Sportschuhe schnürte und lief und lief, fast wie Forrest Gump bis ans Ende der Welt, wie er dann aber offenbar die Lust verlor und die Schuhe an den Nagel hängte, wonach jeder sehen konnte, wie er immer fülliger und unbeweglicher wurde. Damit gab er ein bekanntes Negativbeispiel ab, bildete aber gleichzeitig ein exemplarisches Beispiel für die normale statistische Kurve im Hinblick auf die Regelmäßigkeit sportlicher Aktivitäten. Nach diesem einführenden Teil wurde nach den persönlichen Erfahrungen und Einstellungen gefragt und diese reflektiert. Oft entstand der Eindruck, dass das Gespräch nach Beendigung der Gruppe fortgeführt wurde.

5.5 Paartherapie

Ältere Paare stehen am Ende des Berufslebens und im weiteren Verlauf des Altersprozesses vor erheblichen Anpassungserfordernissen. Dass dies i.d.R. gelingt, zeigen Studien, die eine im Alter wieder zunehmende Zufriedenheit mit der Paarbeziehung und eine abnehmende Konflikthaftigkeit gefunden haben (Iveniuk, Waite, Laumann, McClintock & Tiedt, 2014). Allerdings hängt das Gelingen dieses Prozesses von verschiedenen Faktoren ab, nicht zuletzt auch von den in diesem Buch behandelten Dimensionen psychosozialen Funktionierens, besonders von der Fähigkeit zur gemeinsamen Affektregulation und emotionalen Perspektivenübernahme, wie Weber und Hülür (2020) zeigen konnten, sowie der Fähigkeit, mit den Eigenarten des Partners bzw. der Partnerin umzugehen. Diese Fähigkeiten tragen wesentlich dazu bei, dass die *Koregulation* des Miteinanders gelingt. Bezüglich ToM scheint es so zu sein, dass jüngere Menschen die Emotionen ihres Partners korrekter einschätzen als ältere Menschen, aber nur, wenn diese anwesend sind. In Abwesenheit der Partner können Ältere die Emotionen ihres Partners bzw. ihrer Partnerin besser vorhersagen und dabei offenbar auf die langjährigen gemeinsamen Erfahrungen zurückgreifen. Nach zumeist mehreren Jahrzehnten weiß man, wie der oder die andere denkt und fühlt, und das ist eine der Grundlagen des Gefühls von Gemeinsamkeit und Vertrauen. Doch damit ist auch die Gefahr verbunden, das in langjährigen Beziehungen vieles ritualisiert und implizit geworden ist, also gar nicht mehr die Ebene expliziten Mentalisierens erreicht, was aber erforderlich ist, wenn Neuanpassungen etwa nach der Berentung erforderlich werden. Das ist auch die Chance, in einer veränderten Lebenssituation die Beziehung neu zu beleben.

Eine besondere Herausforderung für ältere Paare resultiert auch aus ungleichzeitigen Alternsprozessen. Wenn beispielsweise einer der Partner vorzeitig altert oder hilfsbedürftig wird, kann es von großem Vorteil sein, mit dem Denken und Fühlen des Partners vertraut zu sein, um abschätzen zu können, wie er die neue Situation erlebt. Dann lassen sich rasch angepasste Formen des Umgangs und neue Routinen entwickeln. Aber ebenso kann die bisherige Form des Miteinanders und der Beziehungsroutine dysfunktional werden, so dass explizites Mentalisieren und eine neue Perspektivenübernahme erforderlich werden, um die veränderte Situation gemeinsam bewältigen zu können. Hier könnte man das Konzept der *Koevulation* von Willi heranziehen (vgl. Riehl-Emde, 2014) und auf das Alter übertragen, auch wenn sich die Entwicklungsziele dabei unterscheiden werden. Wenn etwa der eine Partner Defizite des anderen kompensieren muss, dann können neue Formen des Verstehens und der Kommunikation erforderlich werden (Riehl-Emde, 2014). Ressourcen- und mentalisierungsbezogene Überlegungen können dabei vermutlich eine große Hilfe sein und ein neues Miteinander anstoßen.

5.6 Angehörigenarbeit

Angehörigenberatung kann besonders bei psychisch erkrankten Hochaltrigen eine wichtige Hilfestellung sein. Sie betrifft Ehepartner oder noch häufiger Kinder oder Schwiegerkinder, die Aufgaben in der Betreuung oder Pflege des Patienten übernommen haben. Das Ausmaß der Belastung ist in diesen Fällen besonders hoch, wobei auch dabei struktur- und mentalisierungsbezogene Überlegungen zum Tragen kommen können.

In der Angehörigenberatung, die nicht nur in Beratungsstellen stattfindet, sondern auch in Kliniken, spielen die Konflikte älterer Patienten mit ihren betagten Eltern(teilen) eine wesentliche Rolle. Das folgende Beispiel verdeutlicht einen solchen Konflikt.

Fallvignette

In die stationäre Behandlung einer 90-jährigen Patientin wurde ihre Tochter in mehreren Gesprächen einbezogen, hatte sich doch eine deutliche Spannung zwischen beiden gezeigt. Die Tochter war 67 Jahre alt und ehemalige Kindergartenleiterin. Obwohl sie fast 100 km entfernt lebte, fuhr sie regelmäßig zur Mutter und kümmerte sich um sie, die anderen Geschwister hatten sich sehr zurückgezogen. Die Beziehung zur Mutter war immer schwierig gewesen, die bessere Beziehung hatte zum Vater bestanden, der 2 Jahre zuvor verstorben war. Auf dem landwirtschaftlichen Hof hatte die Arbeit im Vordergrund gestanden, sie als Älteste hatte früh mitzuarbeiten, und wenn es schwierig war, suchte sie bei den Tieren Zuflucht; Tiere waren ihr im Leben immer wichtig geblieben.

Wenn sie jetzt zur Mutter fuhr, gingen sie häufiger ins Café. Doch nun war sie wegen anderer Verpflichtungen länger nicht zu ihr gefahren, was die Mutter sehr verärgert hatte. Sie sei immer ungehaltener geworden, habe ihr vorgeworfen, dass sie nicht einmal ein eigenes Haus besitze, und alle ihre Männer seien Taugenichtse gewesen. Sie schien dabei gar nicht zu registrieren, dass sie in einem Café saßen und andere vielleicht mithören könnten. Sie möge mit der Mutter kaum mehr in die Öffentlichkeit gehen, weil sie Angst habe, es könnten wieder peinliche Situationen entstehen. Die Mutter habe auch früher schon häufiger über andere »hergezogen«, doch im Alter schien sich diese Neigung zu verstärken und zu verselbständigen.

Die reduzierte Inhibitionsfähigkeit ließ bei der älteren Dame in dem Fallbeispiel stereotype Auffassungen zum Vorschein kommen, aufkommende Eifersuchtsgefühle und die eingeschränkte Affektregulation trugen ebenso zu der »unangenehmen« Situation bei. Auch dass sie ähnliche Äußerungen auch in der Öffentlichkeit tat, kann auf die altersbedingen Veränderungen zurückgeführt werden, wird doch bei Hochaltrigen manchmal weniger zwischen öffentlich und privat unterschieden (▶ Kap. 2.6.1). Zwar spielte in den Gesprächen mit der Tochter die lebenslang schwierige Beziehung zur Mutter eine Rolle, aber es ging auch darum, ihr die altersbedingten Veränderungen zu erläutern. Dies bedeutete allerdings auch, die Hoffnung aufgeben zu müssen, von der Mutter doch noch mehr mütterliche Zuwendung zu erfahren, als es in ihrer Kindheit der Fall gewesen war. Die Erläuterungen zu den altersbedingten Veränderungen machten ihr sogleich klar, dass diese Hoffnung eine Illusion war, und ließen einen anderen Blick auf die Mutter zu, der sie gelassener sein ließ und ihr den Umgang mit ihr erleichterte. Dass Wissen um Struktur- und Mentalisierungsdefizite kann in solchen Fällen hilfreich sein, um das Verhalten hochaltriger Menschen verständlicher zu machen und somit den Umgang mit ihnen zu erleichtern.

Angehörigenberatung umfasst sowohl Fragen des Umgangs mit betagten alten Menschen als auch soziale Fragen, die sich etwa aus einer Betreuungsverfügung ergeben. Als Beispiel sei etwa die häufig so zentrale und schwierige Frage des weiteren Wohnens erwähnt, wozu Peters (2018e) einen Leitfaden zur Gesprächsführung entwickelt hat. Dieser zielt darauf ab, eingangs im Vordergrund stehende Abwehrreflexe zu akzeptieren, jedoch die Hintergründe transparenter zu machen, um dadurch mehr Offenheit zu fördern. Dazu gehören etwa die persönliche Wohngeschichte und das Erleben vorheriger Wohnungswechsel, oder das positive

Erinnern früherer Wohnungswechsel, das als Ressource genutzt werden kann. Erst danach sollten die in der aktuellen Situation relevanten Vorstellungen bezüglich eines zukünftigen Wohnens in den Fokus rücken. Ziel ist die allmähliche Entwicklung expliziten Mentalisierens eines hochemotionalen und bedrohlichen Themas.

6 Evaluation

Inzwischen belegt eine Reihe von Evaluationsstudien die Wirksamkeit einer psychotherapeutischen Behandlung Älterer. Eine neuere Untersuchung von Saunders, Buckman, Leibowitz, Cape und Pilling (2021) mit einer sehr großen Stichprobe von Patienten, die in öffentlichen Gesundheitseinrichtungen in England behandelt wurden, zeichnet sich durch eine sorgfältige Auswertung aus (z. B. Adjustierung von Mittelwerten, insbesondere im Hinblick auf chronische Erkrankungen). Es wurde nicht zwischen unterschiedlichen Therapieansätzen unterschieden, überwiegend kam kognitive Verhaltenstherapie oder psychologische Beratung zum Einsatz. Obwohl die Älteren im Durchschnitt eine kürzere Therapie erhielten, waren die Behandlungsergebnisse der über 65-Jährigen besser als die der 18- bis 64-Jährigen, wobei allerdings zu berücksichtigen ist, dass die Symptombelastung der älteren Patienten zu Beginn der Behandlung geringer war als die der jüngeren. Die Verbesserung zeigte sich in der Anzahl der Patienten, die am Ende die klinischen Kriterien für eine Diagnose nicht mehr erfüllte, in der reduzierten Symptombelastung am Ende der Behandlung und der Drop-out-Rate, die ebenfalls bei den Älteren niedriger lag. Chronische Erkrankungen, die bei Älteren häufiger auftreten, hatten nur einen moderaten Einfluss auf das Behandlungsergebnis. Dass die Älteren in dieser Studie bessere Ergebnisse aufwiesen als in anderen, führen die Autoren darauf zurück, dass die Therapien individuell angepasst und flexibler gestaltet wurden.

Auch wenn somit die grundsätzliche Frage, ob ältere Menschen erfolgreich psychotherapeutisch behandelt werden können, in dieser, aber auch zahlreichen anderen Studien positiv beantwortet werden kann, bleibt doch die Frage, ob dies für die Psychodynamische Therapie ebenso gilt wie für die Verhaltenstherapie. In einem Cochrane Review fanden Wilson, Mottram und Vassilas (2008) zur Behandlung älterer, depressiver Patienten in der Symptombesserung keinen Unterschied zwischen kognitiver Verhaltenstherapie und Psychodynamischer Psychotherapie. Zur Behandlung mit kognitiver Verhaltenstherapie konnten zahlreiche Studien herangezogen werden (Pinquart, Duberstein & Lyness, 2007, Gühne, Luppa, König, Hautzinger & Riedel-Heller, 2014), ebenso zur Mindfulness cognitive therapy (Kishita et al.,2017) und zur Lebensrückblicktherapie (Forstmeier & Maercker, 2024). Die Aussage zur Psychodynamischen Psychotherapie stützte sich hingegen lediglich auf drei Studien, wodurch das Forschungsdefizit dokumentiert wird. Eine neuere Untersuchung von Roseborough, Luptak, McLeod und Bradshaw (2013) bestätigte allerdings die Effektivität der Psychodynamischen Psychotherapie Älterer. Mithilfe eines klinischen Fragebogens, der die Symptomschwere, interpersonelle Probleme und soziale Rollenfunktionen erfasste, wurde eine

Stichprobe von über 100 60- bis 89-Jährigen untersucht und mit einer größeren altersgemischten Stichprobe verglichen. Die Effektstärke bei der Gruppe der Älteren betrug d = .80, die der altersgemischten Vergleichsgruppe nur d = .60, d. h. hier zeigt sich ein ähnliches Ergebnis wie in der Studie von Saunders et al., (2021), nämlich ein besseres Abschneiden der Älteren im Vergleich zu Jüngeren. Die Effektstärke lag etwa in der Höhe der von Pinquart et al., (2007) berechneten Effektstärke für die Verhaltenstherapie mit Älteren. Eine neuere Übersicht von Cuijpers, Karyotaki, Reijnders und Huibers (2018) kommt zu dem Schluss einer mittleren Effektstärke bei einer Psychodynamischen Therapie mit älteren depressiven Patienten, die allerdings hier wiederum unterhalb des Wertes für die kognitive Verhaltenstherapie liegt. Insgesamt reicht die Anzahl der Studien zur Behandlung Älterer mit Psychodynamischer Psychotherapie nicht aus, um zu einer endgültigen Einschätzung gelangen zu können. Vor allem fehlen auch Studien, die den Prozess genauer in den Blick nehmen würden, um etwa Hinweise darauf zu finden, welche therapeutischen Parameter wie wirken.

Doch wie steht es um die in diesem Buch im Vordergrund stehende mentalisierungs- und strukturbezogene Psychotherapie? Was Letztere betrifft, so weist Rudolf (2020) in der Neuauflage seines Standardwerkes darauf hin, dass Evaluationsstudien zur strukturbezogenen Psychotherapie bisher nicht durchgeführt worden seien. Etwas besser sieht es bei der mentalisierungsbasierten Psychotherapie aus, die Ergebnisse sind jedoch nicht einheitlich. Während die Bedeutung der Mentalisierung als Moderatorvariable gut belegt scheint, d. h. die Verbesserung der Mentalisierungsfähigkeit den Therapieerfolg vorherzusagen vermag, sind die Ergebnisse zur Verbesserung der Mentalisierungsfähigkeit selbst uneinheitlich (Malda-Castillo, Browne & Perez-Algortam, 2019, Lüdemann et al., 2021). Allerdings wurde bisher fast ausschließlich die *Reflection functioning scale* als Untersuchungsinstrument eingesetzt, was möglicherweise das Konzept zu sehr einschränkt.

Diesen Studien ist gemeinsam, dass ältere Patienten nicht eingeschlossen waren und insofern auch hier ein großes Forschungsdefizit besteht. Eine Sonderstellung nimmt diesbezüglich die *Hersfelder Katamnesestudie* ein, in der die Behandlungsergebnisse in einer psychosomatischen Klinik anhand einer großen Stichprobe überprüft wurden. In dieser Studie waren auch über 60-Jährige einbezogen, allerdings nicht in einer so großen Anzahl, dass eine eigene Auswertung für diese Gruppe möglich gewesen wäre. Auch handelte es sich ganz überwiegend um jüngere Ältere zwischen 60 und 70 Jahren, nur wenige waren älter als 70. Dennoch kann es als positiver Hinweis gesehen werden, dass die Altersvariable keinen Zusammenhang zur Symptombesserung aufwies, d. h. ältere Patienten ebenso gute Ergebnisse im Bereich mittlerer bis großer Effektstärken in der Symptombesserung erzielten wie jüngere Patienten (Peters, Budde, Jeising, Lindner & Schulz, 2022a). Das Besondere dieser Studie ist, dass erstmals das Mentalisierungskonzept in einer Evaluationsstudie in einer psychosomatischen Klinik einbezogen wurde. Als Erhebungsinstrument wurde der MZQ (*Mentalization questionaire*, Hausberg et al., 2012) eingesetzt, ein Screeninginstrument zur Selbsteinschätzung der selbstbezogenen Mentalisierungsfähigkeit. Die Ergebnisse bestätigen die Bedeutung dieser Variablen, die Mentalisierungsfähigkeit selbst verbesserte sich in der durchschnittlich nur 5-wöchigen Behandlung im Bereich kleiner Effektstärken, die aber zur Katamnese hin noch weiter anstiegen. Wichtiger noch erscheint, dass diese Verbesserung in der Mentalisierungsfähigkeit, also die Differenz zwischen Aufnahme und Entlassung, der beste Prädiktor im Hinblick auf die Symptombesserung in der Katamnese war (Peters, Budde, Jeising, Lindner & Schulz, 2022b). Auch hier hatte die Altersvariable keinen Einfluss, d. h. bei älteren Patienten finden sich die gleichen Veränderungen bzw. Zusammenhänge wie bei jüngeren Patienten. Somit lassen sich diese Ergebnisse als erste Hinweise deuten, dass auch bei älteren Patienten die Behandlung in einer psychosomatischen Rehabilitationsklinik mit einer Verbesserung der Mentalisierungsfähigkeit verbunden ist.

7 Aus- und Fortbildung

Das Thema Alter und Alterspsychotherapie ist bisher in der Aus- und Fortbildung von Psychotherapeuten nur von untergeordneter Bedeutung, und auch in dem neuen Studiengang Psychotherapie dürfte sich daran nichts grundlegend ändern (Becker, Wilz, Risch, Kessler & Forstmeier, 2021). Dabei könnte sich durch ein rechtzeitiges Vertrautwerden mit dem Altersthema die Bereitschaft der zumeist eher skeptischen jüngeren Kolleginnen und Kollegen erhöhen, sich auf diese Patientengruppe einzulassen (Peters et al., 2024 b, 2024 c).

Die *Guidelines for Psychological Practice With Older Adults*, die die *American Psychological Association* im Jahre 2014 vorgelegt hat, bieten eine differenzierte Grundlage für Aus- und Fortbildung in Alterspsychotherapie. Neben der Erweiterung des Wissens über Altersprozesse sowie altersspezifische Interventionsformen wird in den Richtlinien der Aspekt der Bewusstmachung der stereotypen Wahrnehmung alter Menschen und ihrer Folgen besonders hervorgehoben. Es wird darauf hingewiesen, welch bedeutsame Rolle die Einstellung der Therapeuten spielt, und daraus die Notwendigkeit abgeleitet, diese zu überprüfen, damit sie ›blind spots‹ zu erkennen vermögen (American Psychological Association, 2014).

In Anlehnung an diese Richtlinien hat das von mir (zusammen mit meiner Kollegin Christiane Schrader) geleitete *Institut für Alterspsychotherapie und Angewandte Gerontologie* über viele Jahre Fortbildungskurse durchgeführt und dabei ein differenziertes und umfassendes Curriculum zugrunde gelegt[12]. Tab. 7.1 listet die berücksichtigten Kenntnisbereiche auf (Peters & Schrader, 2022). Dabei wurden auch die in diesem Buch behandelten Themen berücksichtigt.

Es geht demnach um eine umfassende wissenschaftliche, klinisch-therapeutische und persönliche Auseinandersetzung mit einem komplexen Thema, um den Anforderungen, die sich in der Therapie Älterer stellen, gerecht werden zu können. Dazu gehört der Erwerb von Kenntnissen und Wissen, um ein umfassendes Verständnis dessen zu entwickeln, was Alter bedeutet und was sich in dieser Zeit verändert.

---

12 Die Kurse wurden in Hamburg mit der dortigen Psychotherapeutenkammer (2011–2016), in Schloss Hofen (Österreich) (2008 bis 2020), in Wien 2021–2022 und in Berlin zusammen mit der dortigen Psychotherapeutenkammer (2009–2024) sowie vereinzelt an einigen anderen Orten durchgeführt.

Tab. 7.1: Inhalte der Fortbildung des Instituts für Alterspsychotherapie und Angewandte Gerontologie (Peters & Schrader, 2021)

I. Gerontologische Grundlagen

gesellschaftliche Dimension des Alters, gegenwärtiger Wandel des Alters, Kohortenwandel, Altersbilder, Altersidentität

II. Entwicklungspsychologische Grundlagen

Psychologie der Lebensspanne, Psychoanalytische Entwicklungspsychologie, Bindungstheorie, Entwicklungsdimensionen (soziale Kognition, Mentalisierung, Neuropsychologie, Körper, Sexualität u. a.) und Entwicklungsbereiche (Altern von Männern und Frauen, Paare, Beziehung erwachsene Kinder – alte Eltern), existenzielle Dimension

III. Allgemeine Aspekte der Psychotherapie Älterer

Inanspruchnahmeverhalten, Motivation, Ressourcenaktivierung, Entwicklung der therapeutischen Beziehung (einschließlich der Nähe-Distanz-Dynamik), Erstgespräch und Diagnostik, Testpsychologie, Versorgungsstrukturen für Ältere, Evaluation

IV. Zugangswege zum/zur älteren PatientIn

Psychodynamische Psychotherapie (einschließlich Übertragung und Gegenübertragung), mentalisierungsbasierte und strukturbezogene Therapie, Verhaltenstherapie (Einzel- und Gruppentherapie), Lebensrückblicktherapie, kognitives Training, stationäre Therapie, zugehende Therapie.

V. Krankheitsbilder im Alter

Depressionen, Angststörungen, Demenzerkrankungen (einschl. leichte kognitive Beeinträchtigung), Suizid und Suizidalität, Persönlichkeitsstörungen sowie Traumafolgestörungen, Theorie sekundärer Strukturdefizite

VI. Spezifische Aufgaben und Anwendungsfelder

»Kriegskindheit« (einschl. Flucht und Vertreibung), Hilfen für pflegende Angehörige, Wohnen im Alter u. a.

VII. Klinische Übungen und Supervision

Anhand kurzer Fallvignetten wird der Umgang mit schwierigen Therapiesituationen diskutiert, in Supervisionen Fälle ausführlich reflektiert.

VIII. Themenzentrierte Selbstreflexion

eigenes Altersbild, Erfahrungen mit älteren Menschen, Vorbilder für das eigene Alter u. a.

Der Umgang mit älteren Patienten stellt nicht selten eine besondere Herausforderung dar, wie auch dieses Buch deutlich gemacht hat. Daraus lässt sich die Notwendigkeit des Erwerbs einer altersspezifischen Reflexionskompetenz ableiten, die durch die Diskussion von kurzen Fallvignetten und von Supervision erworben werden kann. Da dabei auch die Person des Therapeuten involviert ist, geht es im Rahmen von Selbstreflexionseinheiten um die emotionale Auseinandersetzung mit dem Thema: Welche Erfahrungen habe ich mit älteren Menschen, wie begegne ich ihnen in meinem Alltag? Wo stehe ich selbst im Lebenslauf, welche Erfahrungen mit älteren Menschen haben mich geprägt, taugen meine eigenen Großeltern oder alten Eltern als Vorbilder, welches Bild habe ich von meinem eigenen Alter, welche Wünsche und Ängste treiben mich um?

Dass der Erwerb einer alterspsychotherapeutischen Kompetenz sinnvoll ist und die Einstellung zu älteren Patienten verbessert, konnten Hinrichsen und McMeniman (2002) zeigen. Eigene Ergebnisse lassen erkennen, dass alterspsychotherapeutische Kompetenz positiv mit der Anzahl Älterer in der eigenen Praxis zusammenhängt (Peters et al., 2024). Bei der Evaluation einer Beratung bzw. Fortbildung eines Teams (N = 10), um dieses bei der Einrichtung eines gerontopsychosomatischen Schwerpunktes zu unterstützen, zeigte sich nach nur 7 ganztägigen Fortbildungen, die sich über ein Jahr erstreckten, eine positive Veränderung des Altersbildes und eine gewachsene Bereitschaft, ältere Patienten zu behandeln (Peters, Forstmeier & Schmitt, 2019).

Kritisch bleibt anzumerken, dass die Fortbildungskurse ganz überwiegend von älteren Kolleginnen und Kollegen wahrgenommen wurden, jüngere nahmen nur ganz vereinzelt daran teil. Doch jüngere Therapeuten können sich nicht immer aussuchen, mit welchen Patienten sie arbeiten möchten, und in Kliniken kommen sie häufig nicht umhin, auch ältere Patienten zu behandeln. Darauf sind sie aber kaum vorbereitet, so dass es dringend erforderlich ist, das Thema Alterspsychotherapie sowohl in das Studium wie auch in der Psychotherapieausbildung zu integrieren.

8 Überlegungen zum gelingenden Alter

In diesem Buch habe ich mich mit der Psychotherapie älterer Menschen beschäftigt und immer wieder darauf hingewiesen, dass eine solche Therapie auch die Auseinandersetzung mit dem Alter umfassen sollte. Auch wenn das Alter selbst im Grunde keine erklärende Variable, sondern nur eine kalendarische Angabe ist, so ist das Älterwerden doch ein tiefgreifender Prozess, der in alle anderen Themen hineinwirkt und diesen eine besondere Färbung verleiht. Und immer wieder stößt man auf die Frage danach, was denn ein gutes oder gelingendes Altern ist. Sie zieht sich im Hintergrund durch die Therapie und beschäftigt und verbindet beide, also Patient und Therapeut, mehr oder weniger gleichermaßen.

Was also ist gutes oder gelingendes Altern? Philosophie und Gerontologie haben sich von Beginn an mit dieser Frage auseinandergesetzt, ohne eine endgültige Antwort zu finden (Rentsch & Vollmann, 2012, Rosenmayr, 2007, Kruse & Wahl, 2009, Kruse, 2017). Eine solche ist auch nicht zu erwarten, kann es doch immer nur Annäherungen geben, Schritte hin zu einem tieferen Verständnis dessen, was Alter ausmacht. Das sagt schon etwas über das Alter aus, das sich uns nie vollständig zu erschließen vermag. Rosenmayr (1990) zufolge hat das damit zu tun, dass wir Zeit nicht wirklich begreifen können, diese aber dennoch im fortschreitenden Alter immer spürbarer wird, während der Tod, der sich uns ebenso entzieht, immer näher rückt. Nicht zuletzt stellt diese existenzielle Situation eine besondere Herausforderung nicht nur für die Patienten selbst, sondern auch für Psychotherapeuten dar.

Es liegt nahe, angesichts dessen die Philosophie, insbesondere die Existenzphilosophie, als eine wichtige Dimension in die Alterspsychotherapie einzubeziehen. Deren Vertreter sind nicht müde geworden, auf die sinnstiftende Wirkung des Todes hinzuweisen, wie etwa Seneca, der schrieb:»Niemand erfreut sich des wahren Geschmacks am Leben, außer derjenige, der bereit und willens ist, es zu verlassen«. Oder viele Jahrhunderte später Heidegger: »Das Bewusstsein des Todes holt uns aus dem Zustand des Vergessens des Seins«. Es bleibt also Hoffnung, dass sich im Alter neue sinnstiftende Horizonte öffnen können und wir einen Umgang mit der existenziellen Ungewissheit, die das Alter durchzieht, zu finden vermögen (Rentsch & Vollmann, 2012). Diese Ungewissheit, die sich Therapeuten in der Therapie Älterer früher oder später aufdrängt, schafft ein Gefühl, mit den Patienten irgendwie im gleichen Boot zu sitzen. Dieses können Therapeuten aber nur lenken bzw. mit dem Patienten einen für sie gangbaren Weg finden, wenn sie selbst zu diesen grundlegenden Fragen eine aufgeklärte Haltung einnehmen.

Wie aber sollte eine solche Haltung aussehen, und wie könnte sie gewonnen werden? Der aktuelle positive Altersdiskurs versucht Optimismus zu verbreiten, indem er die heutigen Chancen des Alters überhöht. Doch Optimismus ist ein trügerisches Gefühl, eine Form der Verleugnung, die den Ernst der Lage verschleiere und glauben mache, man habe die Dinge im Griff, so die französische Philosophin Corine Pelluchon (2024). Es gehe aber um Hoffnung, die aber im Gegensatz zu Optimismus die Auseinandersetzung mit Leid und Verzweiflung voraussetze. Pelluchon schreibt:

> »Das größte Missverständnis in Bezug auf die Hoffnung besteht darin, sie mit Optimismus zu verwechseln. Hoffnung ist keine besänftigende Rede, kein Trostpflaster für den Schmerz oder eine Strategie, die darauf abzielt, den guten Willen nicht zu entmutigen und den Schwächsten die Folgen allzu großer Klarheit zu ersparen. Sie ist wie ein drittes Auge und das komplette Gegenteil von Verleugnung. Wie gesagt: Ihre Klarheit rührt daher, dass man das Unmögliche durchquert und das Leid erfahren hat, das ist kennzeichnend für Hoffnung« (S. 61).

Wie aber lässt sich ein solcher Weg beschreiten, wie ein solches Gefühl gewinnen? Ich habe an anderer Stelle das Konzept der *Aneignung des Alters* (Peters, 2008, 2011, 2013) entwickelt, das einen Weg weisen und auch dem in diesem Buch entwickelten Verständnis der Psychotherapie älterer Menschen eine weiter gefasste Perspektive verleihen könnte. Was ist damit gemeint?

Altern bedeutet wohl immer auch eine Erfahrung von Entfremdung, so jedenfalls Jean Amery (1968), der diese eindringlich beschrieben hat. Er führt uns vor Augen, wie dem Alternden der Körper ebenso fremd wird wie die Kultur, die ihn umgibt, und die Zeit, die nicht mehr seine ist und immer mehr zur Vergangenheit wird. Doch entgegenhalten lässt sich dieser pessimistischen Sichtweise das Konzept der Aneignung, wie es etwa die Philosophin Rahel Jaeggi (2005) ausgearbeitet hat. Sie analysiert die polaren Begriffe von Entfremdung und Aneignung und beschäftigt sich mit der Frage, wie das, was einem zunächst widerfährt, zu einem Teil seiner selbst und damit zu etwas Eigenem werden kann. Im Prozess der Aneignung, so Jaeggi (2005), finde eine Durchmischung von Eigenem und Fremden statt, wobei der produktiv-gestaltende Umgang entscheidend sei. Die Aneignung lässt das Angeeignete nicht unverändert, vielmehr gewinnt es eine ganz persönliche Prägung. Aneignung meint eine Art von Verinnerlichung oder Durchdringung, in dem das Angeeignete gleichzeitig geprägt, gestaltet und formiert wird. In gleichem Maße verändert sich auch der Aneignende, sein Denken, sein Fühlen und sein Selbst. In einem Aneignungsprozess verändern sich also beide, das Angeeignete und der Aneignende, wechselseitig. Darin liegt auch ein Spannungsverhältnis zwischen dem Vorgegebenen und dem Gestaltbaren, zwischen Übernahme und Schöpfung, zwischen Souveränität und Gestaltbarkeit. Diese Vorstellung auf das Altern zu übertragen eröffnet die Chance, die Entstehung eines individuellen Alters bzw. Altersidentität nachzuvollziehen.

Es gibt Hinweise darauf, dass Altwerden nicht dauerhaft als etwas erlebt werden muss, das einem zustößt, sondern dass es begleitet ist davon, ein Bewusstsein zu erwerben, es zu verstehen, zu deuten und zu gestalten. So kann es zu einem angeeigneten, oder, wie Rosenmayr (1990) es formuliert, *erlebten Alter* werden. Nur wenn ein solches Bewusstsein erlangt wird, kann die Ambivalenz des Alters ausgehalten werden, ohne die Tatsache zu übergehen, dass die persönliche Beziehung zum Alter immer uneinheitlich und zwiespältig bleibt. Und weiter Rosenmayr:

»Nur wer das knappe Gut Zeit erwirbt, seinem Rhythmus zu folgen versteht, damit ruhefähiger wird, vermag zu den tiefsten eigenen Wünschen und zu gefilterten Bedürfnissen vorzudringen, die ein besonderes Merkmal eines selbst bestimmten angeeigneten Alters sein können« (1990, S.66). Den eigenen Rhythmus finden, das scheint etwas zu sein, das ein angeeignetes Alter besonders ausmacht, denn nur dann kann das Alter, um es mit Hermann Hesse (1972) zu formulieren, seine eigene Atmosphäre und Temperatur sowie seine eigenen Freuden und eigenen Nöte entwickeln. Diesen Prozess der Aneignung des Alters anzustoßen und zu fördern, sollte als Element einer ressourcenorientierten Psychotherapie mit Älteren betrachtet werden.

Literatur

Aasen, E. & Fonagy, P. (2015). Mentalisierungsbasierte Familientherapie. In A. W. Bateman & P. Fonagy (Hrsg.) (2015). *Handbuch Mentalisieren*. Gießen: Psychosozial, 135–159.
Abrams, S. (1978). The genetic point of view: Antecedents and transformations. *J. Am. Psychoanalytic Association*. 25, 417–425.
Aeppli, J. & Lötscher, H. (2016). EDAMA – Ein Rahmenmodell für Reflexion – In: *Beiträge zur Lehrerinnen- und Lehrerbildung*. 34, 1, S. 78–97
Allen, J. G. (2011). Mentalizing suicidal states. In K. Michel & D. A. Jobes (Eds.), *Building a therapeutic alliance with the suicidal patient* (pp. 81–91). American Psychological Association
Allen, J.G., Fonagy, P. & Bateman, A.W. (2011). *Mentalisieren in der psychotherapeutischen Praxis*. Stuttgart: Klett-Cotta.
American Psychological Association. (2014). Guidelines for Psychological Practice With Older Adults. *American Psychologist*, 69(1), 34–65.
Amery, J. (1968). *Über das Altern. Revolte und Resignation*. Stuttgart: Klett-Cotta.
Amrhein, L. & Backes, G. M. (2007). Alter(n)sbilder und Diskurse des Alter(n)s. *Zeitschrift für Gerontologie und Geriatrie*, 2(40), 104–111.
Andreas, S., Schulz, H., Volkert, J., Dehoust, M., Sehner, S., Suling, A., Ausín. B., Canuto. A., Crawford. M., Da Ronch. C., Grassi. L., Hershkovitz. Y., Munoz, M., Quirk. A., Rotenstein, O., Belén Santos-Olmo. A., Shalev, A., Strehle, J., Weber, K., Wegscheider, K., Wittchen, H.U. & Härter, M. (2016). Prevalence of mental disorders in elderly people: the European MentDis_ICF65+ study. *The British Journal of Psychiatry*, 1–7.
Andreoletti, C., Veratti, B. W. & Lachman, M. E. (2006). Age differences in the relationship between anxiety and recall. *Aging and Mental Health*, 10(3), 265–271.
Andreescu, C., Lenze, E. J., Dew, M. A., Begley, A. E., Mulsant, B. H., Dombrovski, A. Y., … & Reynolds, C. F. (2007). Effect of comorbid anxiety on treatment response and relapse risk in late-life depression: controlled study. *The British Journal of Psychiatry*, 190(4), 344–349.
Apesoa Varano, E. C., Barker, J. C., & Hinton, L. (2011). Curing and caring: the work of primary care physicians with dementia patients. *Qualitative Health Research*, 21(11), 1469–1483.
Arbeitskreis OPD (2024). *Operationalisierte Psychodynamische Diagnostik OPD-3. Das Manual für Diagnostik und Therapieplanung*. Bern: Hogrefe.
Arbuckle, T.Y., Gold, D.P. (1993). Aging, Inhibition and Verbosity. *Journal of Gerontology. Psychological Sciences*, 48, 5, 225–232.
Ardelt, M. (2004). Wisdom as expert knowledge system: A critical review of a contemporary operationalization of an ancient concept. *Human development*, 47(5), 257–285.
Arendt, H. (2020). *Vita activa oder Vom tätigen Leben*. Piper ebooks (Erstveröffentlichung 1960).
Assche Van, L., Luyten, P., Bruffaerts, R., Persoons, Ph., van den Ven, L. & Vandenbulcke, M. (2013). Attachment in old age. Theoretical assumptions, empirical findings and implications for clinical practice. *Clin Psychol Rev*, 33, 67–81.
Assmann, A. (Hrsg.) (1990). *Weisheit. Archäologie der literarischen Kommunikation III*. München: Fink Verlag.
Bailey, P. E., Henry, J. D., & Von Hippel, W. (2008). Empathy and social functioning in late adulthood. *Ageing & Mental Health*, 12(4), 499–503.
Bales, D., Bateman, A.W. (2015). Teilsstationäres Setting. In Bateman AW, Fonagy P (Hrsg.). *Handbuch Mentalisieren*. Giessen: Psychosozial, 235–269.

Ballespí, S., Vives, J., Debbané, M., Sharp, C., & Barrantes-Vidal, N. (2018). Beyond diagnosis: mentalization and mental health from a transdiagnostic point of view in adolescents from non-clinical population. *Psychiatry Research*, 270, 755–763.

Baltes, P. B. (1999). Alter und Altern als unvollendete Architektur der Humanontogenese. *Zeitschrift für Gerontologie und Geriatrie*, 32, 433–448.

Baltes, P. B. & Smith, J. (2003). New frontiers in the future of aging: From successful aging of the young old to the dilemmas of the fourth age. *Gerontology*, 49, 123–135.

Bamonti, P. M., Heisel, M. J., Topciu, R. A., Franus, N., Talbot, N. L., & Duberstein, P. R. (2010). Association of alexithymia and depression symptom severity in adults aged 50 years and older. *The American Journal of Geriatric Psychiatry*, 18(1), 51–56

Baron-Cohen, S., Wheelwright, S., Hill, J., Raste, Y., & Plumb, I. (2001). The »Reading the Mind in the Eyes« test revised version: A study with normal adults, and adults with asperger syndrome or high-functioning autism. *Journal of Child Psychology and Psychiatry*, 42(2), 241–251.

Barrett, L. F., Quigley, K. S., Bliss-Moreau, E., & Aronson, K. R. (2004). Interoceptive sensitivity and self-reports of emotional experience. *Journal of personality and social psychology*, 87(5), 684.

Bateman, A. W. & Fonagy, P. (Hrsg.) (2015). *Handbuch Mentalisieren*. Gießen: Psychosozial.

Beadle, J. N., Keady, B., Brown, V., Tranel, D., & Paradiso, S. (2012). Trait empathy as a predictor of individual differences in perceived loneliness. *Psychological reports*, 110(1), 3–15.

Beadle, J.N., Sheehan, A.H., Dahlben, B. & Gutchess, A.H. (2013). Aging, Empathy, and Prosociality. *Journals of Gerontology, Series B. Psychological and Social Sciences*, 70(2), 213–222.

Beadle, J. N., & de la Vega, C. E. (2019). Impact of aging on empathy: Review of psychological and neural mechanisms. *Frontiers in psychiatry*, 10, 331.

Becker, T., Martin, F., Wilz, G., Risch, A. K., Kessler, E.-M. & Forstmeier S (2021). Psychotherapie im höheren Lebensalter in der Psychotherapieausbildung. Eine Bestandsaufnahme. *Zeitschrift für Klinische Psychologie und Psychotherapie*, 49(3), 172–181.

Becker, T., Zimmermann, J., Schauenburg, H., Peters, M. & Forstmeier, S. (2025). Maladaptive interpersonal patterns in older inpatients with depression: A Q-Sort approach based on Operationalized Psychodynamic Diagnosis, *GeroPsych* (im Druck).

Beebe, B., & Lachmann, F. M. (2004). *Säuglingsforschung und die Psychotherapie Erwachsener: Wie interaktive Prozesse entstehen und zu Veränderungen führen*. Klett-Cotta.

Beekman, A. T., Bremmer, M. A., Deeg, D. J., Van Balkom, A. J., Smit, J. H., De Beurs, E., ... & Van Tilburg, W. (1998). Anxiety disorders in later life: a report from the Longitudinal Aging Study Amsterdam. *International journal of geriatric psychiatry*, 13(10), 717–726.

Benecke, C., Vogt, Th., Bock, A., Koschier, A., Peham, D. (2007). *Entwicklung und Validierung eines Fragebogens zur Erfassung von Emotionserleben und Emotionsregulation (EER)*. Unveröffentlichtes Manuskript, Universität Innsbruck. http:/www.uibk.ac.at/psychologie/mitarbeiter/benecke/.

Benecke, C. (2014). Die Bedeutung empirischer Forschung für die Psychoanalyse. *Forum der Psychoanalyse*, 30, 55–67.

Benecke, C. (2014). *Klinische Psychologie und Psychotherapie. Ein integratives Lehrbuch*. Stuttgart: Kohlhammer.

Berger, D.R. & McAdams, D.P. (1999). Life story coherence and its relation to psychological well-being. *Narrativ Inquiry*, 9(1), 69–96

Birditt, K. S., & Fingerman, K. L. (2003). Age and gender differences in adults' descriptions of emotional reactions to interpersonal problems. *The Journals of Gerontology Series B: Psychological Sciences and Social Sciences*, 58(4), 237–245.

Birditt, K. S., Fingerman, K. L., & Almeida, D. M. (2005). Age differences in exposure and reactions to interpersonal tensions: a daily diary study. *Psychology and aging*, 20(2), 330.

Blanchard-Fields, F., Stein, R. & Watson, T.L. (2004). Age Differences in Emotion-Regulation Strategies in Handling Everyday Problems. *Journal of Gerontology B, Psychological Science*, 59, 261–269.

Blanchard-Fields, F. (2007). Everyday problem solving and emotion: An adult developmental perspective. *Current Directions in Psychological Science*, 16(1), 26–31.

Böker, H. (2016), Psychoanalyse und Neurowissenschaften: Zur Entwicklung der Neuropsychoanalyse. In Böker, H., Hartwich, P. & Northoff, G. (Hrsg.). *Neuropsychodynamische Psychiatrie*. Berlin: Springer, 37–59.

Bora, E. & Berk, M. (2016). Theory of mind in major depressive disorder: A meta-analysis. *Journal of affective disorders*, 191, 49–55.

Bolm, T. (2009). *Mentalisierungsbasierte Therapie (MBT)*. Köln: Deutscher Ärzteverlag.

Boothe, B. (2011). *Das Narrativ. Biografisches Erzählen im psychotherapeutischen Prozess*. Stuttgart: Schattauer.

Boothe, B., & Walter, J. (2024). Familiennarrative–Erzählen und Familiendiagnostik. In *Handbuch der Familiendiagnostik*. Berlin, Heidelberg: Springer, 367–389.

Boschann, A., Krähnke, U., Wiegand-Grefe, S., & Kessler, E. M. (2022). How young psychotherapists experience working with older patients. *Journal of Counseling Psychology*, 69(4), 518.

Braam, A. W., Copeland, J. R., Delespaul, P. A., Beekman, A. T., Como, A., Dewey, M., ... & Skoog, I. (2014). Depression, subthreshold depression and comorbid anxiety symptoms in older Europeans: results from the EURODEP concerted action. *Journal of affective disorders*, 155, 266–272.

Brand, M. & Markowitsch, H. J. (2004). Frontalhirn und Gedächtnis im Alter. *NeuroGeriatrie*, 1, 1–11.

Brandstätter, J. & Renner G. (1990). Tenacious goal pursuit and flexible goal adjustment: Explication and age-related anaylsis of assimilative and accommodative stratgeies of coping. *Psychology and Aging*, 5, 59–67.

Brose, A., De Roover, K., Ceulemans, E. & Kuppens, P. (2015). Older adults' affective experiences across 100 days are less variable and less complex than younger adults'. *Psychology and aging*, 30(1), 194.

Brunner, J. (2016). Ressourcenorientierte Psychotherapie. *Psychotherapeut*, 61, 255–270.

Brunner, J. (2017). *Psychotherapie und Neurobiologie*. Stuttgart: Kohlhammer.

Buchheim, A., Viviani, R. & Kessler, H. (2012). Changes in prefrontal-limbic function in major depression after 15 months of long-term psychotherapy. *PloS One* 7:e33745.

Cabanas, E., Illouz, E. (2019). *Das Glücksdiktat. Und wie es unser Leben beherrscht*. Berlin: Suhrkamp.

Carstensen, L. L. (2006). The influence of a sense of time on human development. *Science*, 312(5782), 1913–1915.

Carstensen, L. L., Graff, J., Levenson, R. W., & Gottman, J. M. (1996). Affect in intimate relationships: The developmental course of marriage. In *Handbook of emotion, adult development, and aging* (pp. 227–247). Academic Press.

Carstensen, L. L., Pasupathi, M., Mayr, U., & Nesselroade, J. R. (2000). Emotional experience in everyday life across the adult life span. *Journal of personality and social psychology*, 79(4), 644.

Cavallini, E., Bianco, F. & Bottiroli, S. (2015). Training for generalization in theory of mind: a study with older adults. *Frontiers in Psychology*, 6, 1123.

Cavallini, E., Ceccato, I., Bertoglios, S., Francescani, A., Vigatos, F., Laness, A.B. & Lesse, S. (2020). Can theory of mind of healthy older adults living in a nursing home be improved? A randomized controlled trial. *Aging Clinical and Experimental Research*, 33, 3029–3037.

Ceccota, I., Lecce, S. & Cavallini, E. (2020). Older Adults' Beliefs About their Ability to Understand Others' Mental States. *Journal of Adult Devleopment*, 27, 294–304.

Charlton, R. A., Barrick, T. R., Markus, H. S. & Morris, R. G. (2009). Theory of mind associations with other cognitive functions and brain imaging in normal aging. *Psychol and Aging* 24(2):338

Charles, S. T. (2010). Strength and vulnerability integration: a model of emotional well-being across adulthood. *Psychol Bull*, 136(6), 1068–91.

Charles, S. T. & Carstensen, L. L. (2009). Social and Emotional Aging. *Annual Review of Psychology*, 61, 383–409.

Cheavens, J. S., Rosenthal, M. Z., Banawan, S. F. & Lynch, T. R. (2008). Differences in emotional experience and emotion regulation as a function of age and psychiatric condition. *Aging and Mental Health*, 12(4), 478–87.
Choi-Kain, L. W. & Gunderson, J. G. (2008). Mentalization: Ontogeny, assessment, and application in the treatment of borderline personality disorder. *American Journal of Psychiatry*, 165, 1127–1135.
Cristofori, I., Cohen-Zimerman, S. & Grafman, J. (2019). Executive functions. M.D. ‹Esposito, J.H. Grafman (Eds.) *Handbook of clinical neurology*, Oxford: Elesvier, Vol. 163, 197–219
Christidi, F., Migliaccio, R., Santamaría-García, H., Santangelo, G., & Trojsi, F. (2018). Social cognition dysfunctions in neurodegenerative diseases: neuroanatomical correlates and clinical implications. *Behavioural neurology*, 2018(1), 1849794.
Chrost, M. (2021). Bedeutung der Reflexion im Bildungsbereich am Beispiel der ignatianischen Pädagogik [Znaczenie refleksyjności w przestrzeni edukacyjnej na przykładzie pedagogiki ignacjańskiej]. *Teologia i Moralność*, 16(29), 61–73.
Clarke E.J., Preston M, Raksin J & Bengtson V.L. (1999). Types of Conflicts and Tensions Between Older Parents and Adult Children. *The Gerontologist*, 39(3), 261–270.
Cochran, S. V. & Rabinowitz, F. E. (1996). Men, loss and psychotherapy. *Psychotherapy*, 33, 593–600.
Correro, A. N., Paitel, E. R., Byers, S. J., & Nielson, K. A. (2021). The role of alexithymia in memory and executive functioning across the lifespan. *Cognition and Emotion*, 35(3), 524–539.
Cremerius, J. (1979). Gibt es zwei psychoanalytische Techniken? *Psyche*, 33, 577–599.
Cuijpers, P., Karyotaki, E., Reijnders, M. & Huibers, M. J. (2018). Who benefits from psychotherapies for adult depression? A meta-analytic update of the evidence. *Cognitive Behaviour Therapy*, 47(2), 91–106.
Daniel, S. I. F. (2006). Adult attachment patterns and individual psychotherapy: A review. *Clinical Psychology Review*, 26, 968–984
Daniels, K., Toth, J. & Jacoby, L. (2006). The aging of executive functions. In Craik, F. I. M., Bialystok, E. (Hrsg.), *Lifespan Cognition: Mechanisms of Change* (S. 96–111).
Davis, M. C., Zautra, A. J., & Smith, B. W. (2004). Chronic pain, stress, and the dynamics of affective differentiation. *Journal of personality*, 72(6), 1133–1160
de Frias, C. M. & Whyne, E. (2015). Stress on health-related quality of life in older adults: the protective nature of mindfulness. *Aging and Mental Health*, 19(3), 201–206.
De Shazer, S. (1989). *Wege der erfolgreichen Kurztherapie*. Stuttgart: Klett-Cotta.
de M'Uzan, M. (2013). The work of dying. In: ders. *Death and identity. Being and the psychosexual drama*. Karnac, London (S. 33–46) (Erstveröffentlichung 1977)
Desmyter, F. & De Raedt, R. (2012). The relationship between time perspective and subjective well-being of older adults. *Psychologica Belgica*, 52(1), 19–38.
Dewey, J. (1989). *Die Erneuerung der Philosophie*. Hamburg: Junius
Dodson, C. S., Bawa, S., & Krueger, L. E. (2007). Aging, metamemory, and high-confidence errors: a misrecollection account. *Psychology and Aging*, 22(1), 122.
Dolcos, F., Rice, H. J. & Cabeza, R., (2002). Hemispheric asymmetry and aging: right hemisphere decline or asymmetry reduction. *Neuroscience Biobehavioral Review*, 26:819–825.
Dorociak, K, Rupert P. A, Zahniser E (2017). Work Life, Well-Being, and Self-Care Across the Professional Lifespan of Psychologists. *Professional Psychology: Research and Practice*, 48 (6), 429–437.
Dreer, L. E., Copeland, J. N., & Cheavens, J. S. (2011). Integrating neuropsychological functioning into cognitive behavioral therapy: Implications for older adults. *Cognitive behavior therapy with older adults: Innovations across care settings*, 317–365.
Dutt, A. J. & Wahl, H. W. (2021). Subjektives Alternserleben. *Psychotherapie im Alter*, 15(2), 129–148.
Eckert, J. (2011). Alter Wein in neuen Schläuchen? *Psychotherapeut*, 56, 79–83.
Eagleton, T. (2016). *Hoffnungsvoll, aber nicht optimistisch*. Berlin: Ullstein
Eldesouky, L. & English, T. (2018). Another year older, another year wiser? Emotion regulation strategy selection and flexibility across adulthood. *Psychology and Aging*, 33(4), 572–585.

Erikson, E. H. (1971). *Identität und Lebenszyklus.* Frankfurt: Suhrkamp
Ersner-Hershfield, H., Mikels, J. A., Sullivan, S. J. & Carstensen, L. L. (2008). Poignancy: mixed emotional experience in the face of meaningful endings. *Journal of personality and social psychology, 94*(1), 158.
Fabian, E. (2015). *Die Haben-Seite der Psyche. Psychodynamisches Arbeiten mit Ressourcen.* Stuttgart: Schattauer.
Fiedler, P. (2011). Ressourcenorientierte Psychotherapie. In Frank, R. (Hrsg.). *Therapieziel Wohlbefinden.* Heidelberg: Springer (2. Auflage), 19–33.
Fiedler, P., Rogge, K.E. (1989). Zur Prozessuntersuchung psychotherapeutischer Episoden. *Zeitschrift für Klinische Psychologie,* 18, 45–55.
Filipp, S.-H., Mayer, A.-K. (1999). *Bilder des Alters. Altersstereotype und die Beziehungen zwischen den Generationen.* Stuttgart: Kohlhammer.
Fingerman, K. L. (1996). Sources of tension in the aging mother and adult daughter relationship. *Psychology and Aging, 11*(4), 591.
Firmansyah, D., Mergel, K., Benecke, C., Huber, D., Grimm, I., Klug, G. & Henkel, M. (2021). Deutungen: eine qualitative Studie unmittelbarer Patientenreaktionen. *Forum der Psychoanalyse, 37*(3), 323–336.
Fiske, A., Wetherell, J. L. & Gatz, M. (2009). Depression in older adults. *Annual review of clinical psychology,* 5(1), 363–389.
Floyd, M., Rice, J. & Black, Sh. (2002). Recurrence of Posttraumatic Stress Disorder in Late Life: A Cognitive Aging Perspective. *Journal of Clinical Geropsychology* 8(4): 303–311.
Förstl, H. (2020). Theory of Mind und altersassoziierte Egozentrizität. *Psychotherapie im Alter,* 17(4), 417–431.
Fonagy, P., Target, M. & Allison, L. (2003). Gedächtnis und therapeutische Wirkung. Psyche, 57(9/10), 841–857.
Fonagy, P., Gergely, G., Jurist, E.L. & Target, M (2004). Affektregulierung, Mentalisierung und die Entwicklung des Selbst. Stuttgart: Klett-Cotta.
Fonagy, P., & Allison, E. (2014). The role of mentalizing and epistemic trust in the therapeutic relationship. *Psychotherapy, 51*(3), 372.
Fonagy, P., Bateman, A. W. & Luyten, P. (2015). Einführung und Übersicht. In Bateman AW, Fonagy P (2015). *Handbuch Mentalisieren.* Gießen: Psychosozial, 23–67.
Fonagy, P., Luyten, P., Allison, E. & Campbell C (2018). Reconciling Psychoanalytic Ideas with Attachment Theory. In Cassidy J, Shaver Ph (Eds.) *Handbook of Attachment.* Guilford Press, New York, 780–805.
Ford, C. V, & Sbordone, R. J. (1980). Attitudes of psychiatrists toward elderly patients. *American Journal of Psychiatry,* 137, 571–575.
Forstmeier, S., Uhlendorff, H. & Maercker, A. (2008). Diagnostik von Ressourcen im Alter. *Zeitschrift für Gerontopsychologie & -psychiatrie,* 18(4), 227–257.
Forstmeier S., Köberl A. M., Schmitt, H.-J. & Peters M. (2018). Ergebnisse zur Psychosomatischen Rehabilitation über 70-jähriger Patienten. *Psychotherapie im Alter,* 15(1), 67–87.
Forstmeier, S. & Maercker, A. (2024). *Der Lebensrückblick in Therapie und Beratung: Ansätze der Biografiearbeit, Reminiszenz und Lebensrückblicktherapie.* Heidelberg: Springer (2. Auflage).
Fredrickson, B. L. (1998). What good are positive emotions? *Review of general psychology, 2*(3), 300–319.
Freud, S. (1975). *Die Freudsche psychoanalytische Methode.* Gesammelte Werke Ergänzungsband. Frankfurt a. M.: Fischer (Erstveröffentlichung 2014). Gesammelte Werke Ergänzungsband. Frankfurt a. M. (Fischer), 99–107.
Fürstenau, P. (1994). *Entwicklungsförderung durch Therapie. Grundlagen psychoanalytisch-systemischer Psychotherapie.* München: Pfeiffer.
Fusar-Poli, P., Solmi, M., Brondino, N., Davies, C., Chae, C., Politi, P., ... & McGuire, P. (2019). Transdiagnostic psychiatry: a systematic review. *World Psychiatry, 18*(2), 192–207.
Gagliardini, G., & Colli, A. (2019). Assessing mentalization: Development and preliminary validation of the Modes of Mentalization Scale. *Psychoanalytic Psychology, 36*(3), 249.
Gallegos, A. M., Hoerger, M., Talbot, N. L., Moynihan, J. A., Duberstein, P. R. (2013). Emotional Benefits of Mindfulness-Based Stress Reduction in Older Adults: The Moderating Roles of Age and Depressive Symptom Severity, Aging Ment Health, 17(7): 823–829

Gassmann, D. & Grawe, K. (2006). General change mechanisms: The relation between problem activation and resource activation in successful and unsuccessful therapeutic interactions. *Clinical Psychology & Psychotherapy*, 13(1), 1–11.
Geisler, L. (2007). Das Gespräch mit dem alten Patienten. Reden mit Respekt. *physiopraxis*, 5, 46–48.
Gerok, W. & Brandstätter, J. (1992). Normales, krankhaftes und optimales Altern: Variations- und Modifikationsspielräume. In P.B. Baltes & J. Mittelstraß (Hrsg.). *Zukunft des Alterns und gesellschaftliche Entwicklung*. Berlin: de Gruyter, 356–386.
Gidron, Y. & Alon, S. (2007). Autobiographical memory and depression in the later age: The bump is a turning point. *The International Journal of Aging and Human Development*, 64(1), 1–11.
Gillespie, A. (2007). The social basis of self-reflection. In Valsiner, J. & Rosa, A. (eds.), T*he Cambridge handbook of sociocultural psychology*. Cambridge: Cambridge University Press, (2007): 678–691.
Glück, J. (2023). Wisdom and aging. *Current Opinion in Psychology*, 101742.
Graham, J. E., Christian, L. M., & Kiecolt-Glaser, J. K. (2006). Stress, age, and immune function: toward a lifespan approach. *Journal of behavioral medicine*, 29, 389–400.
Grawe, K. (2004). *Neuropsychotherapie*. Göttingen: Hogrefe.
Greenberg, T. M. (2009). *Psychodynamic Perspectives on Aging and Illness*. New York: Springer.
Grethlein, J. (2024). *Hoffnung: Eine Geschichte der Zuversicht von Homer bis zum Klimawandel*. München: C.H. Beck.
Grimm, G. & Boothe, B. (2007). Glücks- und Unglückserfahrungen im Lebensrückblick alter Menschen. *Psychotherapie im Alter*, 4(2), 63–75
Göckenjan, G. (2000). *Das Alter würdigen: Altersbilder und Bedeutungswandel des Alters*. Frankfurt: Suhrkamp.
Gumz, A., Horstkotte, J. K. & Kästner, D. (2014). Das Werkzeug des psychodynamischen Psychotherapeuten-verbale Interventionstypen aus theoretischer und aus der Praxis abgeleiteter Perspektive. *Zeitschrift für Psychosomatische Medizin und Psychotherapie*, 60(3), 219–237.
Gunzelmann, T. & Brähler, E. (2002). Alexithymia in the elderly general population. *Comprehensive Psychiatry*, 43(1), 74–80.
Gühne, U., Luppa, M., König, H. H., Hautzinger, M. & Riedel-Heller, S. (2014). Ist Psychotherapie bei depressiven Erkrankungen im Alter wirksam? *Psychiatrische Praxis*, 415–423.
Habermas, T. (2005). Autobiografisches Erinnern. In Filipp, S.-H., Staudinger, U. (Hrsg.). *Entwicklungspsychologie des mittleren und höheren Erwachsenenalters*. Göttingen: Hogrefe, 686–715.
Habermas, T., Diel, V. & Welzer, H. (2013). Lifespan trends of autobiographical remembering: episodicity and search for meaning. *Conscious Cogn* 22:1061–1072
Hagelquist, J. O. (2018). *The mentalization guidebook*. Routledge.
Hasher, L., Stoltzfus, F. R., Zacks, R. T. & Rypma, B. (1991). Age and inhibition. *Journal of experimental psychology: Learning, memory, and cognition*, 17(1), 163.
Hausberg, M. Ch., Schulz, H., Piegler, T., Happach, C. G., Klöpper, M., Brütt, A. L., Sammet, I. & Andreas, S. (2012). Is a self-rated instrument appropiate to assess mentalization in patients with mental disorders? Development and first validation of the Mentalization Questionaire (MZQ). *Psychotherapy Research*, 22(6): 699–709.
Hautzinger, M., Leuzinger-Bohleber, M., Fiedler, G., Bahrke, U., Kallenbach-Kaminski, L., Kaufhold, J., … & Beutel, M. (2020). What does the LAC depression study now really reveal? Response to the critical considerations of the methodology. *Psychotherapeut*, 65, 27–31
Heigl-Evers, A., & Heigl, F. (1983). Das interaktionelle Prinzip in der Einzel- und Gruppenpsychotherapie. *Zeitschrift für psychosomatische Medizin und Psychoanalyse*, 1–14.
Heigl-Evers, A. & Nitschke, B. (1995). Das analytische Prinzip »Deutung« und das interaktionelle Prinzip »Antwort«. In Heigl-Evers, A. & Ott, J. (Hrsg.), *Die psychoanalytisch-interaktionelle Methode*. Göttingen: Vandenhoeck & Ruprecht, 53–109.

Helmchen, H., Baltes, M. M., Geiselmann, B., Kanowski, S., Linden, M., Reischies, F. M., ... & Wilms, H. U. (2010). Psychische Erkrankungen im Alter. In Mayer, P.B. & Baltes, P. (hrsg.). *Die Berliner Altersstudie.* Berlin: Akademie-Verlag, 209–243.

Hepper, E. G., Wildschut, T., Sedikides, C., Robertson, S. & Routledge, C. D. (2021). Time capsule: Nostalgia shields psychological wellbeing from limited time horizons. *Emotion, 21*(3), 644–664.

Hermann, M.-L. (2023). *War das schon alles? Babyboomer jenseits der Lebensmitte.* Gießen: Psychosozial.

Hershfield, H. E., Scheibe, S., Sims, T. L., & Carstensen, L. L. (2013). When feeling bad can be good: Mixed emotions benefit physical health across adulthood. *Social psychological and personality science, 4*(1), 54–61.

Hertzog, C. & Hultsch, D. F. (2000). Metacognition in adulthood and old age. In F. I. M. Craik & T. A. Salthouse (Eds.), *The handbook of aging and cognition.* Hillsdale: Lawrence Erlbaum Associates Publishers, 417–466.

Hertzog, Ch., Kramer, A., Wilson, R. & Lindenberger, U. (2009). Enrichment Effects on Adult Cognitive Development. *Psychological Science, 9:* 1–65.

Henry, J. D., Philips, L., Ruffman, T., Bailey, P. (2013). A Meta-Analytic Review of Age Differences in Theory of Mind. *Psychology and Aging,* 28: 826–839.

Hesse, H. (1972). Über das Alter. In: ders. *Eigensinn. Autobiographische Schriften.* Frankfurt: Insel. 203, 223.

Hessel, A., Geyer, M., Gunzelmann, T., Schumacher, J., & Brähler, E. (2003). Somatoforme Beschwerden bei über 60-Jährigen in Deutschland. *Zeitschrift für Gerontologie und Geriatrie, 36*(4), 287–296.

Heuft, G., Kruse, A. & Radebold, H. (2000). *Lehrbuch der Gerontopsychosomatik und Alterspsychotherapie:* München: Reinhardt. (Neuauflage 2006)

Hinrichsen, G.A. & McMeniman, M. (2002). The impact of geropsychology training. *Professional Psychology: Research and Practice, 33*(3), 337–340.

Hippel von, W. & Dunlop, S. M. (2005). Aging, Inhibition, and Social Inappropriateness. *Psychology and Aging* 20(3): 519–523.

Hirsch, R. D. (1993). Anwendungsmöglichkeiten des autogenen Trainings bei psychisch kranken älteren Menschen. In Möller, H. J. & Rohde, A. (Hrsg.), *Psychische Krankheit im Alter.* Berlin: Springer, 428–437.

Hirsch, R. D. (2019). *Das Humor-Buch. Die Kunst des Perspektivenwechsels in Theorie und Praxis.* Stuttgart: Schattauer.

Hoglend, P. (2003). Long-term effects of brief dynamic psychotherapy. *Psychotherapy Research, 13*(3), 271–292.

Holmes, J. (2012). *Sichere Bindung und psychodynamische Therapie.* Stuttgart: Klett-Cotta (englische Originalausgabe Exploring in security. Toward an Attachment informed Psychoanalytic Psychotherapy. 2010. East Sussec: Routledge)

Horn, C. (2000). Wie hatte eine Philosophie des gelingenden Lebens unter Gegenwartsbedingungen auszusehen? *Allgemeine Zeitschrift für Philosophie* 25, 323–345.

Huber, D. & Klug, G. (2017). Ressourcenaktivierung auch in der psychodynamischen Psychotherapie. *Psychotherapeut,* 62(2), 113–120.

Hübner, S. & Peters, M. (2004). Evaluation eines Gedächtnistrainings in der Gerontopsychosomatik: Erste Ergebnisse. In: Möller, H.-J., Hampel, H., Hirsch, R.D., Gutzmann, H., Kortus, R. & Teising, M. (Hrsg.). *Gerontopsychiatrie als interdisziplinäre Aufgabe. Schriftenreihe der Deutschen Gesellschaft für Gerontopsychiatrie und -psychotherapie.* Band 5, Bonn, 389–401.

Imai, T., Telger, K., Wolter, D. & Heuft, G. (2008). Versorgungssituation älterer Menschen hinsichtlich ambulanter Richtlinien-Psychotherapie. *Zeitschrift für Gerontologie und Geriatrie, 41,* 486–496.

Isaacowitz, D. M. (2022). What do we know about aging and emotion regulation? *Perspectives on Psychological Science,* 17(6), 1541–1555.

Isaacowitz, D. M., Toner, K., Goren, D. & Wilson, H. R. (2008). Looking while unhappy: Mood-congruent gaze in young adults, positive gaze in older adults. *Psychological Science, 19*(9), 848–853.

Ivemeyer, D. & Zerfaß, R. (2002). *Demenztests in der Praxis: ein Wegweiser* (p. 166). München: Urban & Fischer.
Iveniuk, J., Waite, L. J., Laumann, E., McClintock, M. K. & Tiedt, A. D. (2014). Marital conflict in older couples: Positivity, personality, and health. *Journal of marriage and family*, 76(1), 130–144.
Jacobi, F., Höfler, M., Strehle, J., Mack, S., Gerschler, A., Scholl, L., ... & Wittchen, H. U. (2014). Psychische Störungen in der Allgemeinbevölkerung. *Der Nervenarzt*, 85(1), 77–87.
Jaeggi R (2005). *Entfremdung. Zur Aktualität eines sozialphilosophischen Problems.* Frankfurt: Campus.
Jain, E. & Labouvie-Vief, G. (2010). Compensatory effects of emotion avoidance in adult development. *Biological Psychology*, 84(3), 497–513.
Jansari, A. & Parkin, A. J. (1996). Things that go bump in your life: explaining the reminiscence bump in autobiographical memory. *Psychology and aging*, 11(1), 85.
Jensen, T. W., Høgenhaug, S. S., Kjølbye, M. & Bloch, M. S. (2021). Mentalizing bodies: Explicit mentalizing without words in psychotherapy. *Frontiers in Psychology*, 12, 577702.
John, O. P. & Gross, J. J. (2004). Healthy and unhealthy emotion regulation: Personality processes, individual differences, and life span development. *Journal of personality*, 72(6), 1301–1334
Johnson, A. A., Shokhirev, M. N., Shoshitaishvili, B. (2019). Revamping the evooutionary theories of aging. *Ageing Research Review*, 55, 100947
Kappes, C., Streubel, B., Droste, K. L. & Folta-Schoofs, K. (2017). Linking the positivity effect in attention with affective outcomes: Age group differences and the role of arousal. *Frontiers in psychology*, 8, 1877.
Kempermann, G. (2008). Altern ist auch adulte Neurogenese: Neue Nervenzellen für alternde Gehirne. In Staudinger, U.M. & Häfner, H. (Hrsg.). *Was ist Altern(n)?. Neue Antworten auf eine scheinbar einfache Frage.* Berlin: Springer, 47–57.
Kennedy, Q., Mather, M. & Carstensen, L. L. (2004). The role of motivation in the age-related positivity effect in autobiographical memory. *Psychological science*, 15(3), 208–214.
Kessler, E. M. (2014). Psychotherapie mit sehr alten Menschen. Überlegungen aus Sicht der Lebensspannenpsychologie. *Psychotherapie im Alter*, 11, 145–161.
Kessler, E. M. (2021). *Psychotherapeutisches Arbeiten mit alten und sehr alten Menschen*. Stuttgart: Kohlhammer.
Kessler, E.-M. & Staudinger, U. M. (2010). Emotional resilience and beyond: A synthesis of findings from lifespan psychology and psychopathology. *New Frontiers of Resilient Aging: Life-Strengths and Well-Being in Late Life*, 258–282.
Kessler, E. M. & Bowen, C. E. (2015). Images of aging in the psychotherapeutic context. *GeroPsych*, 28(2), 47–55.
Kessler, E.-M., Peters, M. (2017). Befindet sich die Alterspsychotherapie im Aufbruch – Anmerkungen zur Entwicklung und zum aktuellen Stand. *Psychotherapie im Alter*, 14(1), 7–17.
Kessler, E. M., Agines, S. & Bowen, C. E. (2015). Attitudes towards seeking mental health services among older adults: Personal and contextual correlates. *Aging and Mental Health*, 19(2), 182–191.
Khalsa, S. S., Rudrauf, D. & Tranel, D. (2009). Interoceptive awareness declines with age. *Psychophysiology*, 46(6), 1130–1136.
Khanjani, Z., Jeddi, E. M., Hekmati, I., Khalilzade, S. & Nia, M. E. (2015). Comparison of Cognitive Empathy, Emotional Empathy and Social Functioning in Different Age Groups. *Australian Psychologist*, 50: 80–85.
Kishita, N., Takei, Y. & Stewart, I. (2017). A meta-analysis of third wave mindfulness-based cognitive behavioral therapies for older people. *International journal of geriatric psychiatry*, 32(12), 1352–1361.
Knox, J. (2016). Epistemic mistrust: A crucial aspect of mentalization in people with a history of abuse? *British Journal of Psychotherapy*, 32(2), 226–236.
Köber, C., Kuhn, M. M., Peters, I. & Habermas, T. (2019). Mentalizing oneself: Detecting reflective functioning in life narratives. *Attachment & Human Development*, 21(4), 313–331.
Kornadt, A. E., Kessler, E. M., Wurm, S., Bowen, C. E., Gabrian, M., & Klusmann, V. (2020). Views on ageing: A lifespan perspective. *European Journal of Ageing*, 17, 387–401.

Krause von, M., Radev, St. T. & Voss, A. (2022). Mental speed is high until age 60 as revealed by analysis of over a million participants, *Nature human behavior*, 6(5), 700–708.

Kray, J. & Lindenberger, U. (2007). Kognitive Funktionen. In Brandstädter, J. & Lindenberger, U. (Hrsg.). *Entwicklungspsychologie der Lebensspanne: Ein Lehrbuch*. Kohlhammer, 194–220.

Krueger, R. F. & Eaton, N. R. (2015). Transdiagnostic factors of mental disorders. *World Psychiatry*, 14(1), 27.

Kruse, A. (2017). *Lebensphase hohes Alter*. Berlin: Springer.

Kruse, A. & Wahl, H.-W. (2009). *Zukunft Altern: Individuelle und gesellschaftliche Weichenstellungen*. Heidelberg: Spektrum Akademischer Verlag.

Kunzmann, U., Rohr, M., Wieck, C., Wrosch, C. & Kappes, C. (2017). Speaking About Feelings: Further Evidence for Multidirectional Age Differences in Anger and Sadness. *Psychology and Aging* 32(1), 93–103.

Kunzmann, U. & Wrosch, C. (2018). Comment: The emotion–health link: Perspectives from a lifespan theory of discrete emotions. *Emotion Review*, 10(1), 59–61.

Labouvie-Vief, G. (2003). Dynamic Integration: Affect, Cognition, and the Self in Adulthood. *Current direction in Psychological Science*, 201–206.

Labouvie-Vief, G. (2015). *Integrating emotions and cognition throughout the lifespan*. New York, NY: Springer.

Labouvie-Vief, G. & Medler, M. (2002). Affect optimization and affect complexity: modes and styles of regulation in adulthood. *Psychology and aging*, 17(4), 571.

Labouvie-Vief, G., Grühn, D. & Studer, J. (2010). Dynamic Integration of Emotion and Cognition: Equilibrium Regulation in Development and Aging. In Lamb, M. & Freund, A. (Eds.). *The Handbook of Life-Span Development: Social and Emotional Development*, Vol 2. New Jersey: John Wiley & Sons, 79–115.

Lacewing, M. (2014). Psychodynamic psychotherapy, insight, and therapeutic action. *Clinical Psychology: Science and Practice*, 21(2), 154.

Lang, F. R. (2004). Soziale Einbindung und Generativitat im Alter. In: Kruse, A. & Martin, M. (Hg). *Enzyklopädie der Gerontologie*. Bern: Huber, 362–373.

Lang, F. R. & Carstensen, L. L. (1994). Close Emotional Relationships in Late Life: Further support for Proactive Aging in the Social Domain. *Psychology and Aging*, 9(2), 315–324.

Laslett, P. (1995). *Das dritte Alter: Historische Soziologie des Alterns*. Juventa-Verlag.

Lawton, M. P. (2001). Emotion in later life. *Current directions in psychological science*, 10(4), 120–123.

Leahy, F., Ridout, N., Mushtaq, F. & Holland, C. (2018). Improving specific autobiographical memory in older adults: impacts on mood, social problem solving, and functional limitations. *Aging, Neuropsychology, and Cognition*, 25(5), 695–723.

Lecce, S., Bottiroli, S., Bianco, F., Rosi, A. & Cavallini, E. (2015). Training older adults on Theory of Mind (ToM): Transfer on metamemory. *Archives of Gerontology and Geriatrics* 60(1), 217–226.

Lecce, S., Ceccato, I. & Cavallini, E. (2019). Theory of mind, mental state talk and social relationships in aging: The case of friendship. *Aging & Mental Health*, 23(9), 1105–1112.

Lederman, S., & Shefler, G. (2023). Psychotherapy with older adults: Ageism and the therapeutic process. *Psychotherapy Research*, 33(3), 350–361.

Lee, G. R. & Ishii-Kuntz, M. (1987). Social interaction, loneliness, and emotional well-being among the elderly. *Research on aging*, 9(4), 459–482.

Lee, H. S., Brennan, P. F. & Daly, B. J. (2001). Relationship of empathy to appraisal, depression, life satisfaction, and physical health in informal caregivers of older adults. *Research in nursing & health*, 24(1), 44–56.

Lefkowitz, E. S. & Fingerman, K. L. (2003). Positive and negative emotional feelings and behaviors in mother-daughter ties in late life. *Journal of Family Psychology*, 17(4), 607.

Leibovich, L., Wachtel, P. L., Nof, A. & Zilcha-Mano, S. (2020). »Take a sad song and make it better«: What makes an interpretation growth facilitating for the patient? *Psychotherapy*, 57(3), 400.

Leichsenring, F., Steinert, Ch. & Crits-Christoph, P. (2013). On Mechanisms of Change in Psychodynamic Therapy. *Zeitschrift für Psychosomatische Medizin und Psychotherapie*, 64, 16–22

Leichsenring, F., Salzer, S., Beutel, M. E., Herpertz, S., Hiller, W., Hoyer, J., ... & Leibing, E. (2014). Long-term outcome of psychodynamic therapy and cognitive-behavioral therapy in social anxiety disorder. *American Journal of Psychiatry*, 171(10), 1074–1082.

Leichsenring, F., Luyten, P., Hilsenroth, M. J., Abbass, A., Barber, J. P., Keefe, J. R., ... & Steinert, C. (2015). Psychodynamic therapy meets evidence-based medicine: a systematic review using updated criteria. *The Lancet Psychiatry*, 2(7), 648–660.

Leichsenring, F., Abbass, A., Heim, N., Keefe, J. R., Luyten, P., Rabung, S. & Steinert, C. (2022). Empirically supported psychodynamic psychotherapy for common mental disorders–An update applying revised criteria: systematic review protocol. *Frontiers in psychiatry*, 13, 976885.

Leventahl, E. A., Hansell, St., Leventhal, H. & Galss, D. C. (1996). Negative Affect and Self-Report of Physical Symptoms: Two Longitudinal Studies of Older Adults. *Health Psychology*, 15(3), 193–199.

Levenson, R. W., Carstensen, L. L., Friesen, W. V. & Ekman, P. (1991). Emotion, physiology, and expression in old age. *Psychology and Aging*, 6(1), 28–35.

Levy, B.R. (2009). Stereotype Embodiment: A Psychosocial Approach to Aging. *Current Directions in Psychological Science*, 18, 332–336.

Levy, B.R., Pilver, C.E. & Pietrzak, R. (2014). Lower prevalence of psychiatric conditions when negative age stereotypes are resisted. *Social Science & Medicine*, 119, 170–174

Lindeman, M. & Lipsanen, J. (2017). Mentalizing: Seeking the Underlying Dimensions. *International Journal of Psychological Studies*, 9(1), 1–23.

Linden, M. & Mossakowski, A. (2022). Kurzmanual für Weisheitstherapie in Gruppen. *Psychosoz Med Rehab*, 118, 45–56.

Lindenberger, U., Smith, J., Mayer, K. U. & Baltes, P. B. (2010). *Die Berliner Altersstudie*. Akademie Verlag.

Lindner, R. (2009). Die innere Leblosigkeit berühren—Der Körper in der Psychotherapie alter Menschen. *Psychotherapie*, 14(2), 258–265.

Lindner, R. & Sandner, M. (2015). Psychotherapie auf der Couch des Patienten. *Psychotherapie, Psychosomatik, Medizinische Psychologie*, 65 (06), 204–212.

Lindner, R., Fricke, R. & Peters, M. (2021). Was Therapeuten in der Therapie älterer Patienten erleben. Eine qualitative Studie. *Psychotherapie im Alter*, 2, 223–241.

Lövdén, M., Bäckman, L., Lindenberger, U., Schaefer, S. & Schmiedek, F. (2010). A theoretical framework for the study of adult cognitive plasticity. *Psychological bulletin*, 136(4), 659.

Lüdemann, J., Rabung, S. & Andreas, S. (2021). Systematic review on mentalization as key factor in psychotherapy. *International Journal of Environmental Research and Public Health*, 18(17), 9161

Luong, G., Charles, S. T. & Fingerman, K. L. (2011). Better with age: Social relationships across adulthood. *Journal of social and personal relationships*, 28(1), 9–23.

Luyten, P., Van Houdenhove, B., Lemma, A., Target, M. & Fonagy, P. (2012). A mentalization-based approach to the understanding and treatment of functional somatic disorders. *Psychoanalytic Psychotherapy*, 26(2), 121–140.

Luyten, P. & Fonagy, P. (2015). The neurobiology of mentalizing. *Personality Disorders: Theory, Research, and Treatment*, 6(4), 366.

Luyten, P, Malcorps, S, Fonagy, P. & Ensink, K (2019). Assessment of mentalizing. In: A. Bateman & P. Fonagy (Eds.), Handbook of mentalizing in mental health practice (2nd ed.). Washington, DC: American Psychiatric Association Publishing, 37–63.

Mace, G., Gansler, D. A., Savak, M. K., Gabris, C. M., Arean, P. A. Raue, P. J. & Alexopoulos, G. S. (2017) Therapeutic Relationship in the Treatment of Geriatric Depression with Executive Dysfunction. *Journal of Affective Disorder*, 214, 130–137.

Mackin, R. S., Nelson, J. C., Delucchi, K., Raue, P., Byers, A., Barnes, D., ... & Arean, P. A. (2014). Cognitive outcomes after psychotherapeutic interventions for major depression in older adults with executive dysfunction. *The American Journal of Geriatric Psychiatry*, 22(12), 1496–1503.

MacPherson, S. E., Phillips, L.H. & Della Sala, S. (2002). Age, executive function and social decision making: a dorsolateral prefrontal theory of cognitive aging. *Psychology and aging*, 17, 598.

Mahlo, L., & Windsor, T. D. (2021). Older and more mindful? Age differences in mindfulness components and well-being. *Aging & Mental Health*, 25(7), 1320–1331.

Mahne, K., Wolff, J. K., Simonson, J. & Tesch-Römer, C. (2017). *Altern im Wandel: Zwei Jahrzehnte Deutscher Alterssurvey (DEAS)*. Springer Nature.

Magai, C., Hunziker, J., Mesias, W. & Culver, L. (2000). Adult attachment styles and emotional biases. *International Journal of Behavioral Development*, 24, 301–309

Malda-Castillo, J., Browne, C. & Perez-Algortam, G. (2019): Mentalization-based- treatment and its evidence-base status: A systematic literature review. *Psychological Psychotherapy*, 92(4), 465–498.

Markowitsch, H. J. & Welzer, H. (2005). *Das autobiographische Gedächtnis: hirnorganische Grundlagen und biosoziale Entwicklung*. Stuttgart: Klett-Cotta.

Mather, M. & Carstensen, L. L. (2005). Aging and motivated cognition: The positivity effect in attention and memory. *Trends in cognitive sciences*, 9(10), 496–502.

Madoglou, A., Gkinopoulos, T., Xanthopoulos, P. & Kalamaras, D. (2017). Representations of autobiographical nostalgic memories: Generational effect, gender, nostalgia proneness and communication of nostalgic experiences. *Journal of Integrated Social Sciences*, 7(1), 60–88.

Marcia, J.E. (1966). Development and Validation of Ego-Identity Status. *Journal of Personality and Social Psychology*, 3(5), 551–558.

Mahlo, L., & Windsor, T. D. (2021). Older and more mindful? Age differences in mindfulness components and well-being. *Aging & Mental Health*, 25(7), 1320–1331.

Mascaro, J. S., Rilling, J. K., Tenzin Negi, L. & Raison, C. L. (2013). Compassion meditation enhances empathic accuracy and related neural activity. *Social cognitive and affective neuroscience*, 8(1), 48–55.

Mattila, A. K., Salminen, J. K., Nummi, T. & Joukamaa, M. (2006). Age is strongly associated with alexithymia in the general population. *Journal of psychosomatic research*, 61(5), 629–635.

Mayer, K. U., Baltes, P. B., Baltes, M. (1994). Wissen über das Altern(n): Eine Zwischenbilanz der Berliner Altersstudie. In KU Mayer u. PB Balters (Hrsg.). *Die Berliner Altersstudie*. Berlin: Akademie-Verlag, 599–635.

Mayr, U. (2012). *Normales kognitives Altern* (pp. 777–788). Springer Berlin Heidelberg.

McAdams, D. P. & Aubin, St. (Hrsg.) (1998). *Generativity and adult development*. Washington: American Psychological Association.

McCarthy, G. & Davies, S. (2003). Some implications of attachment theory for understanding psychological functioning in old age: an illustration from the long-term psychological effects of World War Two. *Clinical Psychology & Psychotherapy: An International Journal of Theory & Practice*, 10(3), 144–155.

Meerlo, J. (1955). Transference and Resistance in Geriatric Psychotherapy. *Psychoanalytic Review* 42, 72–82.

Mendes, W.B. (2010). Weakened links between mind and body in older age: The case for maturational dualism in the experience of emotion. *Emotion Review*, 2(3), 240–44.

Menning S. & Hoffmann, E. (2009). Funktionale Gesundheit und Pflegebedürftigkeit. In Bohm, K., Tesch-Romer, C. & Ziese Th. (Hrsg.), *Gesundheit und Krankheit im Alter* (S. 62–79). Berlin: Robert-Koch-Institut.

Minkler, M., Fuller-Thomson, E., Miller, D. & Driver, D. (1997). Depression in grandparents raising grandchildren: Results of a national longitudinal study. *Archives of Family Medicine*, 6(5), 445.

Molton, I. R. & Terrill, A. L. (2014). Overview of persistent pain in older adults. *American Psychologist*, 69(2), 197.

Monticelli, M., Zeppa, P., Mammi, M., Penner, F. & Melcarne, A. (2021). Where we mentalize: Main cortical areas involved in mentalization. *Frontiers in Neurology*, 12, 712532

Moran, J.M. (2013). Lifespan development: The effects of typical aging on theory of mind. *Behavioral Brain Research* 237: 32–40.

Morgan, T. A., Chelminski, I., Young, D., Dalrymple, K. & Zimmerman, M. (2013). Differences between older and younger adults with borderline personality disorder on clinical presentation and impairment. *Journal of Psychiatric Research*, 47(10), 1507–1513.
Mroczek, D. K. & Almeida, D. M. (2004). The effect of daily stress, personality, and age on daily negative affect. *Journal of personality*, 72(2), 355–378.
Mullet, E., Houdbine, A., Laumonier, S. & Girad, M. (1998). ›Forgivingness‹: *Factor Structure in a Sample of Young, Middle-Aged and Elderly Adults.* European Psychologist 3(4): 289–297.
Munder, T., Rugenstein, K. & Gumz, A. (2017). Ressourcenorientierung in der psychodynamischen Therapie. *Psychotherapeut*, 63(3), 218–225.
Munder, T., Karcher, A., Yadikar, Ö., Szeles, T. & Gumz, A. (2019). Focusing on patients' existing resources and strengths in cognitive-behavioral therapy and psychodynamic therapy: A systematic review and meta-analysis. *Zeitschrift für Psychosomatische Medizin und Psychotherapie*, 65(2), 144–161.
Nelson, E. A. & Dannefer, D. (1992). Aged heterogeneity: Fact or fiction? The fate of diversity in gerontological research. *The Gerontologist*, 32(1), 17–23.
Neumann, E., Naumann-Lenzen, M. (Hrsg). (2017). *Psychodynamisches Denken und Handeln in der Psychotherapie.* Gießen: Psychosozial.
Nguyen, L., Murphy, K. & Andrews, G. (2019). Cognitive and neural plasticity in old age: A systematic review of evidence from executive functions cognitive training. *Ageing research reviews*, 53, 100912.
Nicholson, N. R. (2012). A review of social isolation: an important but underassessed condition in older adults. *The journal of primary prevention*, 33, 137–152.
Noice, H. & Noice, T. (2006). A theatrical intervention to improve cognition in intact residents of long term care facilities. *Clinical Gerontologist*, 29(3), 59–76.
Nolen-Hoeksma, S. (2011). Gender and age differences in emotion regulation strategies and their relationship to depressive symptoms. *Personality and Individual Differences*, 51(6), 704–708.
Nühlen-Graab, M. (1990). *Philosophische Grundlagen der Gerontologie.* Heidelberg: Quelle & Meyer.
Nuevo, R., Wetherell, J. L., Montorio, I., Ruiz, M. A. & Cabrera, I. (2009). Knowledge about aging and worry in older adults: Testing the mediating role of intolerance of uncertainty. *Aging and Mental Health*, 13(1), 135–141.
Ogrodniczuk, J. S., Piper, W. E., Joyce, A. S., & McCallum, M. (1999). Transference interpretations in short-term dynamic psychotherapy. *Journal of Nervous and Mental Disease*, 187, 571–578.
Ogrodniczuk, J.S., Piper, W.E., Joyce, A.S. & McCallum, M. (2001). Effect of patient gender on outcome in two forms of dynamically-oriented psychotherapy. *Journal of Psychotherapy Practice and Research*, 10, 69–78.
Ogrodniczuk, J.S. (2006). Men, women, and their outcome in psychotherapy. *Psychotherapy research*, 16(4), 453–462.
Oh, J., Chopik, W. J., Konrath, S. & Grimm, K. J. (2020). Longitudinal changes in empathy across the life span in six samples of human development. *Social Psychological and Personality Science*, 11(2), 244–253.
Orlinsky, D. E., & Rønnestad, M. H. (2015). Psychotherapists growing older: A study of senior practitioners. *Journal of clinical psychology*, 71(11), 1128–1138.
Ono, M., Devilly, G.J. & Shum, D.H. (2016). A meta-analytic review of overgeneral memory: The role of trauma history, mood, and the presence of posttraumatic stress disorder. *Psychological trauma: theory, research, practice, and policy*, 8(2), 157
Palgi, Y. (2015). Predictors of the new criteria for probable PTSD among older adults. *Psychiatric Research*, 230, 777–782.
Palgi, Y., Shrira, A., & Shmotkin, D. (2016). Aging with trauma across the lifetime and experiencing trauma in old age: Vulnerability and resilience interwinded. In Cherry, K. E. (Ed.), *Traumatic stress and long-term recovery: Coping with disasters and other negative life events.* Heidelberg: Springer, 293–308.
Palmer, E.C., David, A.S. & Fleming, St.M. (2014). Effects of age on metacognitive efficiency. *Consciousness and Cognition*, 28, 151–160.

Pancheri, L. (1998). Interpretation and change in psychoanalysis: What is left of classical interpretation. *Journal of European Psychoanalysis*, 6, 3–18.
Paradiso, S., Vaidya, J. G., McCormick, L. M., Jones, A. & Robinson, R. G. (2008). Aging and alexithymia: association with reduced right rostral cingulate volume. *The American Journal of Geriatric Psychiatry*, 16(9), 760–769.
Pardini, M. & Nichelli, P. F. (2009). Age-Related Decline in Mentalizing Skills Across Adult Life Span. *Experimental Aging Research*, 35(1), 98–106.
Park, D. C., Gutchess, A. H., Meade, M. L., Stine-Morrow, E. (2007). Improving cognitive function in older adults: Nontraditional approaches. *Journal of Gerontology: Psychological Sciences*, 62B (Special Issues), 45–52.
Pasini, A., Delle Chiaie, R., Seripa, S. & Ciani, N. (1992). Alexithymia as related to sex, age, and educational level: results of the Toronto Alexithymia Scale in 417 normal subjects. *Comprehensive psychiatry*, 33(1), 42–46.
Patterson, T.L., Smith, L.W., Smith, T.L., Yager, J. & Grant I. (1992). Symptoms of illness in late adulthood are related to childhood social deprivation and misfortune in men but not women. *Journal of Bahvavioral Medicine* 15, 113–125.
Paulhus, D. L. & Lim, D. T. (1994). Arousal and evaluative extremity in social judgments: A dynamic complexity model. *European journal of social psychology*, 24(1), 89–99.
Pelluchon, C. (2024). *Die Durchquerung des Unmöglichen. Hoffnung in Zeiten der Klimakatastrophe.* München: C.H. Beck
Peters, M. (1995). Entwicklungspsychologische Aspekte eines stationären gruppenpsychotherapeutischen Konzeptes für Patienten in der zweiten Lebenshälfte. *Gruppenpsychotherapie und Gruppendynamik*, 31, 358–372.
Peters, M. (1998). Narzißtische Konflikte bei Patienten im höheren Lebensalter. *Forum der Psychoanalyse*, 14, 241–257.
Peters, M. (2002a). Aktives Altern oder die ›Entdeckung der Langsamkeit‹. In: Peters, M. & Kipp, J. (Hrsg.). *Zwischen Abschied und Neubeginn. Entwicklungskrisen im Alter.* Giessen: Psychosozial-Verlag, 87–103.
Peters, M. (2004). *Klinische Entwicklungspsychologie des Alters.* Göttingen: Vandenhoeck & Ruprecht.
Peters, M. (2006). *Psychosoziale Beratung und Psychotherapie Älterer.* Göttingen: Vandenhoeck & Ruprecht.
Peters, M. (2008). *Die gewonnenen Jahre.* Göttingen: Vandenhoeck & Ruprecht (Neuveröffentlichung 2017, Gießen: Psychosozial.)
Peters, M. (2011). *Leben in begrenzter Zeit. Beratung älterer Menschen.* Göttingen: Vandenhoeck & Ruprecht.
Peters, M. (2013). Alter und Identität in Zeiten der Postmoderne. *Psychotherapie im Alter*, 10(3), 309–323.
Peters, M. (2014a). Hat die Alterspsychotherapie ein spezifisches thematisches Profil? *Psychotherapie im Alter*, 11(3), 379–391.
Peters, M. (2014b). Strukturbezogene Psychotherapie mit hochaltrigen Patienten. *Psychotherapie im Alter*, 11(2), 163–175.
Peters, M. (2017a). Strukturbezogene Psychotherapie Älterer – Theoretischer Hintergrund und klinische Praxis. *Psychotherapie im Alter*, 14(1), 35–51.
Peters, M. (2017b). Zur Ambivalenz des Alterns in der Postmoderne. In: Schnoor, H. (Hrsg.), *Psychosoziale Entwicklung in der Postmoderne. Psychoanalytische Perspektiven.* Gießen: Psychosozial, 231–241.
Peters, M. (2017c). *Psychotherapie im Alter.* PSYCHODYNAMIK KOMPAKT: Göttingen: Vandenhoeck & Ruprecht.
Peters, M. (2018a). *Flucht und Vertreibung in der Psychotherapie Älterer.* Stuttgart: Klett-Cotta.
Peters, M. (2018b). Ältere Patienten in psychosomatischen Kliniken. Grundlagen, Entwicklung, Perspektiven. *Psychotherapie im Alter*, 15(1), 9–27.
Peters, M. (2018c). Neuropsychologische Aspekte der stationären psychosomatischen Behandlung älterer Patienten. *Psychotherapie im Alter*, 15(1), 55–67.
Peters, M. (2018d). Altershomogen oder -heterogen? Überlegungen und Befunde zur stationären Behandlung Älterer. *Psychotherapie im Alter*, 15(1), 87–103.

Peters, M. (2018e). *Übergang ins Pflegeheim: Was sollte in einem Gespräch berücksichtigt werden?* (unveröffentlichtes Manuskript).
Peters, M. (2019a). »Time is on my side« – 68 und die Folgen. *Psychotherapie im Alter*, 16(3), 2019, 237–247.
Peters, M. (2019b). Ist die Alterspsychotherapie eine narrative Psychotherapie? *Psychotherapeut*, 64 (5), 401–407.
Peters, M. (2019c). Bindung und Alter. Entwicklungspsychologische Grundlagen und klinische Anwendung. *Psychodynamische Psychotherapie* 18: 193–211.
Peters, M. (2019d). Übertragung und Gegenübertragung in der Psychotherapie Älterer. *Ärztliche Psychotherapie*, 14, 78–83.
Peters, M. (2020a). Theory of Mind (ToM) und psychodynamische Psychotherapie im Alter. *Psychotherapie im Alter*, 17(4), 445–461.
Peters, M. (2020b). Empathie im Alter – Eine vernachlässigte Dimension in der Therapie älterer Menschen. *Psychotherapie im Alter* 17(4), 477–493.
Peters, M. (2020c). Psychotherapie mit älteren Männern. *Psychotherapie im Dialog*, 21, 72–76.
Peters, M. (2021a). Psychische Erkrankungen im Alter – Empirische Befunde zur Theorie sekundärer Strukturdefizite. *Zeitschrift für Psychosomatische Medizin und Psychotherapie*, 67, 451–467.
Peters, M. (2021b). Mentalisierungsbasierte Psychotherapie im höheren Lebensalter. *Psychodynamische Psychotherapie*, 20(3), 220–233.
Peters, M. (2021c). Trauma and Mentalization Ability in Older Patients. An Empirical Contribution to the Effect of Trauma in Old Age. *GeroPsych*, 34(4), 189–201.
Peters, M. (2021d). Psychotherapie Älterer – Eine besondere Herausforderung für Therapeuten? *Psychotherapie im Alter*, 2, 137–151.
Peters, M. (2021e). Überlegungen zur Beziehungsdynamik in der Therapie Älterer – Die Dialektik zwischen Nähe und Distanz. *Psychotherapie im Alter*, 18(2), 151–164.
Peters, M. (2021 f). Psychotherapie Älterer – Eine besondere Herausforderung für Therapeuten? *Psychotherapie im Alter*, 18(2), 137–151.
Peters, M. (2021 g). Mentalisierungsorientierte stationäre Psychotherapie mit älteren Patienten. *Schmerz & Geriatrie*, 3(2), 8–12.
Peters, M. (2022a). Soziale Kognitionen im Alter – Grundlagen und Möglichkeiten einer altersadaptierten Psychotherapie. *Die Psychotherapie*, 67, 509–516.
Peters, M. (2022b). Paranoide Störungen im höheren Lebensalter. Neuere Entwicklungen in Forschung und Therapie. Psychotherapie im Alter. 19(2), 151–165.
Peters, M. (2022c). Ältere Patienten in der Psychosomatischen Klinik – Gesundheit, Bindung und Mentalisierung. *Psychotherapie, Psychosomatik, Medizinische Psychologie*, 72, 1–11.
Peters, M. (2022d). Trauma and attachment in older patients with common mental disorders. *GeroPsych*, 36(1), 11–21.
Peters, M. (2023a). Körperliche Krankheit bei älteren PatientInnen in der Psychosomatischen Klinik. Psychotherapie, Psychosomatik, Medizinische Psychologie, 73(11), 45–464.
Peters, M. (2023b). »Age-discrepant« – Ein Problem für die therapeutische Beziehung? In: Strauß, B., Spitzer, C. (Hrsg.), *Psychotherapeuten und das Altern*. Heidelberg: Springer-Verlag, 153–167.
Peters, M. (2023c). Altersbilder bei älteren Patienten mit psychischen Erkrankungen – Zur Bedeutung von Bindung und Mentalisierung. *Zeitschrift für Psychosomatische Medizin und Psychotherapie*, 69, 6–20.
Peters, M. (2024a). Plädoyer für eine empirische Öffnung. *Psychotherapie im Alter*, 21(3), 317–320.
Peters, M. (2024b). Nur eine Randnotiz oder doch mehr? Zur sinkenden Lebenserwartung in Deutschland. *Psychotherapie im Alter*, 21(4), 451–453.
Peters, M. (2024c). Die zwanghafte Persönlichkeitsstörung im Alter. Ein übersehenes Krankheitsbild. *Psychotherapie im Alter*, 21(4), 409–424.
Peters, M. (2024d). Theory of Mind und gesundheitsbezogene Lebensqualität im Alter. *Psychotherapie im Alter*, 21(1), 2024, 93–107.

Peters, M. (2025). Emotionserleben und Emotionsregulation bei älteren Menschen mit und ohne psychische Erkrankungen. *Psychotherapie, Psychosomatik, Medizinische Psychologie*, 75, 247–254.

Peters, M. & Hübner, S. (2002). Stationäre Gerontopsychosomatik: Lehren aus einer Praxisstudie. Gutzmann, H., Hirsch, R.D., Teising, M. & Kortus, R. (Hrsg.), *Die Gerontopsychiatrie und ihre Nachbardisziplinen*. Bonn: Schriftenreihe der Deutschen Gesellschaft für Gerontopsychiatrie und -psychotherapie, 333–346.

Peters, M., Jeschke, K. & Peters L (2013). Ältere Patienten in der psychotherapeutischen Praxis – Ergebnisse einer Befragung von Psychotherapeuten. *Psychotherapie, Psychosomatik, Medizinische Psychologie*, 11, 439–445.

Peters, M., Lindner, J., Jeschke, K. & Peters L (2014) Therapeutischer Stil und therapeutisches Verhalten in der Behandlung älterer Patienten. *Psychotherapeut*. 63, 439–445.

Peters, M., Forstmeier, S. & Schmitt, H.-J. (2019). Evaluation der Entwicklungsberatung in einem gerontopsychosomatischen Schwerpunkt (unveröffentlicht).

Peters, M. & Schulz, H. (2022a). Theory-of-mind abilities in older patients with common mental disorders – a cross-sectional study. Aging & Mental Health, 26:8, 1661–1668.

Peters, M. & Schulz, H. (2022b). Comparing mentalizing abilities in older adults with and without common mental disorders. *Psychopathology*, 55(3), 235–243.

Peters, M. & Schulz, H. (2022c). Attachment Orientation in Older Patients with Common Mental Disorders: A Cross-Sectional Study. *Journal of Gerontology & Geriatric Medicine*, 8,123.

Peters, M., Budde, A., Jeising, A., Lindner, J. & Schulz, H. (2022a): Behandlungsergebnisse in der Psychosomatischen Rehabilitation – Die Hersfelder Katamnesestudie. *Die Rehabilitation*, 61(4), 240–249.

Peters, M., Budde, A., Lindner, J. & Schulz, H. (2022b). Mentalisierungsfähigkeit und Behandlungserfolg in der Psychosomatischen Rehabilitation, *Zeitschrift für Psychosomatische Medizin und Psychotherapie*, 68, 397–413.

Peters, M. & Schrader, Ch. (2022). Das Institut für Alterspsychotherapie und Angewandte Gerontologie. Ein Erbe Hartmut Radebolds. *Psychotherapie im Alter*, 4, 485–491.

Peters, M., Becker, T., Jeschke, K. & Peters L (2023). Aufsuchende Psychotherapie bei älteren Patient*innen – Erste empirische Befunde. *Psychotherapeutenjournal*, 2, 114–121.

Peters, M., Becker, T. & Jeschke, K. (2024a). Ältere PatientInnen in der psychotherapeutischen Praxis – Eine Replikationsstudie. *Psychotherapie*, 69(2), 122–128.

Peters, M., Becker, T. & Jeschke, K. (2024b). Unterscheidet sich der therapeutische Stil in altershomogenen und altersheterogenen therapeutischen Dyaden? *Zeitschrift für Psychosomatische Medizin und Psychotherapie*, 69, 77–93.

Peters, M., Becker, T. & Jeschke K (2024c). Klinische Urteilsbildung und Beziehungskompetenz in der Psychotherapie älterer PatientInnen. *Psychotherapie, Psychosomatik, Medizinische Psychologie*. 74, 103–111.

Peters, M. & Schulz H (2024). Zur klinischen Bedeutung reduzierter Exekutivfunktionen bei älteren Patient:innen mit psychischen Erkrankungen. *Zeitschrift für Psychosomatische Medizin und Psychotherapie*. 69, 48–62.

Peters, M. & Becker, T. (2025a). Mentalisierungsfähigkeit älterer PatientInnen mit psychischen Erkrankungen – Fremdeinschätzungen durch PsychotherapeutInnen. *Zeitschrift für Psychosomatische Medizin und Psychotherapie* (im Druck).

Peters, M. & Becker, T. (2025b). Hochaltrige in der Psychotherapie – Wie unterscheiden sich PatientInnen im dritten und vierten Alter? (unveröffentlicht).

Peters, M & Peters, L. (2025). Psychische Erkrankungen im Alter – Warum wir eine neue Sicht brauchen. *Psychiatrische Praxis*, 52, 171–175.

Petzold, H.G., Horn, E. & Müller, L. (2011). *Hochaltrigkeit: Herausforderung für persönliche Lebensführung und biopsychosoziale Arbeit*. Wiesbaden: VS Verlag für Sozialwissenschaften.

Pfluger, V., Rohner, S. L., Eising, C. M., Maercker, A. & Thoma, M. V. (2022). Internalizing Mental Health Disorders and Emotion Regulation: A Comparative and Mediational Study of Older Adults With and Without a History of Complex Trauma Exposure. *Frontiers in Psychology*, 13, 820345.

Phillips, L. H., Henry, J. D., Hosie, J. A. & Milne, A. B. (2006). Age, anger regulation and well-being. *Aging and Mental Health*, 10(3), 250–256.

Phillips, L. H., Bull, R., Allen, R., Insch, P., Burr, K. & Ogg, W. (2011). Lifespan aging and belief reasoning: Influences of executive function and social cue decoding. *Cognition*, 120(2): 236–247.

Pinquart, M., Duberstein, P. R. & Lyness, J. M. (2007). Effects of psychotherapy and other behavioral interventions on clinically depressed older adults. *Aging and Mental Health*, 11, 645–657.

Plessner, H. (2003). *Conditio Humana. Gesammelte Schriften VIII*. 1. Auflage, Frankfurt: Suhrkamp.

Plotkin, F. (2000). Treatment of the Older Adult: The Impact on the Psychoanalyst. *Journal of America Psychoanalytic Association*. 48, 1591–1616.

Polak, A. R., Witteveen, A. B., Reitsma, J. B. & Olff, M. (2012). The role of executive function in posttraumatic stress disorder: A systematic review. *Journal of affective disorders*, 141, 11–21.

Pollock, G. H. (1977). The mourning process and creative organizational change. *Journal of the American Psychoanalytic Association*, 25(1), 3–34.

Pratt, M. W., Diessner, R., Pratt, A., Hunsberger, B. & Pancer, S. M. (1996). Moral and social reasoning and perspective taking in later life: A longitudinal study. *Psychology and Aging*, 11(1), 66–73.

Preckel, K., Kranske, P., Singer, T. (2018). On the interaction of social affect and cognition: empathy, compassionand theory of mind. *Current Opinions in Behavioural Sciences*, 1(9), 1–6.

Pushkar, D., Basevitz, P., Arbuckle, T., Nohara-LeClair, M., Lapidus, S. & Peled, M. (2000). Social behavior and off-target verbosity in elderly people. *Psychology and aging*, 15(2), 361.

Råbu, M., & McLeod, J. (2018). Wisdom in professional knowledge: Why it can be valuable to listen to the voices of senior psychotherapists. *Psychotherapy Research*, 28(5), 776–792.

Radebold, H. (1992). *Psychodynamik und Psychotherapie über 60-Jähriger*. Berlin: Springer.

Radebold, H. (1994). Freuds Ansichten über die Behandelbarkeit Älterer. *Zeitschrift für psychoanalytische Theorie und Praxis*. 9, 247–259.

Radebold, H. (2004). Für alle im Altersbereich Tätigen stellt sich die Aufgabe, historisch zu denken. *Psychotherapie im Alter*, 3, 5–11.

Radebold, H. (2006). *Die dunklen Schatten unserer Vergangenheit*. Stuttgart: Klett-Cotta.

Radebold, H., Bechtler, H. & Pina, I. (1981). *Therapeutische Arbeit mit älteren Menschen (Teil I–III)*. Freiburg: Lambertus. (2. Aufl. 1984, 3. Aufl. 1989).

Radvansky, G. A., Copeland, D. E. & Von Hippel, W. (2010). Stereotype activation, inhibition, and aging. *Journal of experimental social psychology*, 46(1), 51–60.

Rakoczy, H., Wandt, R., Thomas, S., Nowak, J. & Kunzmann, U. (2018). Theory of mind and wisdom: The development of different forms of perspective-taking in late adulthood. *British Journal of Psychology*, 109(1), 6–24

Raz, N. & Nagel, I. E. (2007). Der Einfluss des Hirnalterungsprozesses auf die Kognition: Eine Integration struktureller und funktioneller Forschungsergebnisse. In Branstätter, J. & Lindneberger, U. (Hrsg.), *Entwicklungspsychologie der Lebensspanne*. Stuttgart: Kohlhammer, 97–130.

Ready, R. E. & Santorelli, G. D. (2016). Emotion regulation and memory: Differential associations in younger and midlife/older adults. *Experimental Aging Research*, 42(3), 264–278.

Reckwitz A. (2024). *Verlust. Ein Grundproblem der Moderne*. Berlin: Suhrkamp.

Reddemann, L., Kindermann, L.-S. & Leve, V. (2013). *Imagination als heilsame Kraft im Alter*. Stuttgart: Klett-Cotta.

Reed, A. E. & Carstensen, L. L. (2012). The theory behind the age-related positivity effect. *Frontiers in psychology*, 3, 339.

Rentsch, Th. & Vollmann, M. (2012). *Gutes Leben im Alter. Die philosophischen Grundlagen*. Stuttgart: Reclam.

Riehl-Emde, A. (2014). *Wenn alte Liebe doch mal rostet: Paarberatung und Paartherapie für Ältere*. Stuttgart: Kohlhammer.

Roese, N. J., Epstude, K. A. I., Fessel, F., Morrison, M., Smallman, R., Summerville, A., ... & Segerstrom, S. (2009). Repetitive regret, depression, and anxiety: Findings from a nationally representative survey. Journal of Social and Clinical Psychology, 28(6), 671–688.
Rogers, C. R. (1977). Therapeut und Klient. München: Kindler.
Rook, K. S. (2015). Social networks in later life: Weighing positive and negative effects on health and well-being. Current directions in psychological science, 24(1), 45–51
Rosenmayr, L. (1990). *Die Kräfte des Alters.* Wien: Edition Atelier.
Rosenmayr, L. (2007). *Schöpferisch Altern. Eine Philosophie des Lebens.* Berlin: LitVerlag.
Römmler, A. (2022). Hormone und Alter. In *Präventionsmedizin und Anti-Aging-Medizin* (pp. 141–166). Berlin, Heidelberg: Springer.
Rosa, H. (2017). *Beschleunigung: die Veränderung der Zeitstrukturen in der Moderne.* Suhrkamp.
Roseborough, D. J., Luptak, M., McLeod, J. & Bradshaw, W. (2013). Effectiveness of psychodynamic psychotherapy with older adults: A longitudinal study. *Clinical Gerontologist, 36(1),* 1–16
Rösing, I. (2006). Weisheit. Meterware, Maßschneiderung, Mißbrauch. Kröning: Asanger.
Rosi, A., Cavallini, E., Bottiroli, S., Bianco, F. & Lecce S (2016). Promotion theory of mind in older adults: does age play a role? Aging & Mental Health, 20(1), 22–28.
Rottländer, P. (2020). *Mentalisieren mit Paaren* (Mentalisieren in Klinik und Praxis, Bd. 5) (Vol. 4). Stuttgart: Klett-Cotta.
Rudolf, G. (2014). *Psychodynamische Psychotherapie: Die Arbeit an Konflikt, Struktur und Trauma.* Stuttgart: Schattauer.
Rudolf, G. (2015). *Wie Menschen sind. Eine Anthropologie aus psychotherapeutischer Sicht.* Stuttgart: Schattauer.
Rudolf, G. (2019). *Psychodynamisch denken-tiefenpsychologisch handeln: Praxis der tiefenpsychologisch fundierten Psychotherapie.* Stuttgart: Klett-Cotta.
Rudolf, G. (2020). *Strukturbezogene Psychotherapie* (2. Auflage). Stuttgart: Schattauer.
Rudolf, G. & Henningsen, P (Hrsg.). (2017). *Psychotherapeutische Medizin und Psychosomatik. Ein einführendes Lehrbuch auf psychodynamischer Grundlage.* Stuttgart: Schattauer.
Rüegger, H. (2006). *Das eigene Sterben.* Göttingen: Vandenhoeck & Ruprecht.
Ruffman, T., Murray, J., Halberstadt, J., & Taumoepeau, M. (2010). Verbosity and emotion recognition in older adults. *Psychology and Aging,* 25(2), 492.
Sable, P. (2000). *Attachment and Adult Psychotherapy.* Northvale: Jason Aronson.
Salthouse, T. A. (1996). The processing-speed theory of adult age differences in cognition. Psychological review, 103(3), 403.
Sandell, R. (2012). Über den Wert des doppelten Blicks. *Forum der Psychoanalyse,* 28(2), 165–178).
Santorelli, G. D. & Ready, R. E. (2015). Alexithymia and executive function in younger and older adults. *The Clinical Neuropsychologist,* 29(7), 938–955.
Saunders, R., Buckman, J. E., Leibowitz, J., Cape, J. & Pilling, S. (2021). Trends in depression & anxiety symptom severity among mental health service attendees during the COVID-19 pandemic. *Journal of affective disorders,* 289, 105–109.
Scarlett, L., Baikie, E., & Chan, S. W. (2019). Fear of falling and emotional regulation in older adults. Aging & mental health, 23(12), 1684–1690
Schachtner, C. & Schachtner, C. (1988). *Störfall Alter: für ein Recht auf Eigen-Sinn.* S. Fischer.
Schachter, J., Kächele, H. & Schachter, J. S. (2014). Psychotherapeutic/psychoanalytic treatment of the elderly. *Psychodynamic Psychiatry,* 42(1), 51–63.
Schiepek, G. (Ed.). (2018). *Neurobiologie der Psychotherapie* (2. Auflage). Stuttgart: Klett-Cotta.
Schierock, M., & Strauß, B. (2023). Altern ist nichts für Feiglinge. *Die Psychotherapie, 68(3),* 209–220.
Schirda, B., Valentine, T. R., Aldao, A. & Prakash, R. S. (2016). Age-related differences in emotion regulation strategies: Examining the role of contextual factors. *Developmental psychology,* 52(9), 1370.
Schmid, W. (2014). *Gelassenheit. Was wir gewinnen, wenn wir älter werden.* Berlin: Insel.
Schore, J. R., Schore, A. N. (2008). Modern Attachment Theory: The Central Role of Affect Regulation in Development and Treatment. *Clinical Social Work,* 36, 9–20

Schrader, C. (2020). Körper und Körpererleben im Alter. *Psychodynamische Psychotherapie*, 4, 405–415.

Schreiter, S., Pijnenborg, G. H. M. & Aan Het Rot, M. (2013). Empathy in adults with clinical or subclinical depressive symptoms. *Journal of affective disorders*, 150(1), 1–16.

Schultz-Venrath, U. (2013). *Lehrbuch Mentalisieren*. Stuttgart: Klett-Cotta.

Schulz-Venrath, U. (2021). *Mentalisieren des Körpers*. Stuttgart: Kohlhammer.

Schultz-Venrath, U. & Döring, P. (2011). Wie psychoanalytisch ist das Mentalisierungsmodell? Playing With or Without Reality of Science. *Journal für Psychoanalyse*, 7–27.

Schwarzer, N.-H., Nolte, T., Kirsch, H. & Gingelmaier, St. (2021). Mentalisierung und selbstregulative Fähigkeiten bei nichtklinischen Probanden. *Präv Gesundheitsf* 17, 240–248.

Sennett, R. (1998). *Der flexible Mensch*. Berlin: Berlin-Verlag.

Shook, N. J., Ford, C., Strough, J., Delaney, R. & Barker, D. (2017). In the moment and feeling good: Age differences in mindfulness and positive affect. *Translational Issues in Psychological Science*, 3(4), 338.

Sharp, C. & Bevington, D. (2022). *Mentalizing in Psychotherapy*. New York: The Guilford Press.

Shmotkin, D., Dyal, N. & Lomranz, J. (1992). Motivations and Attitudes of Clinical Psychologists regarding Treatment of the Elderly. *Educational Geronotology*, 18, 177–192.

Silbereisen, R. K. & Schulz, W. (1977). Prüfung der Testgüte einer »Empathie-Skala«. *Diagnostica* 23(1), 79–87.

Simonson, J. & Vogel, C. (2019). Aspekte sozialer Ungleichheit im Alter. In: Hank, K., Wagner, M. & Zank, S. (Hrsg.). *Alternsforschung. Handbuch für Wissenschaft und Studium*. Baden-Baden: Nomos, 171–199.

Skirbekk, V., Stonawski, M., Bonsang, E. & Staudinger, U. M. (2013). The Flynn effect and population aging. *Intelligence*, 41(3), 169–177.

Slade, A. (2016). Attachment and adult psychotherapy. Theory, research and practice. In: Cassidy, J. & Shaver, Ph. (Hg). *Handbook of attachment*. New York: Guilford Press, 759–780.

Smeets, T., Dziobak, I. & Wolf, O.T. (2009). Social cognition under stress: Differentiell effects of stress-induced cortisol elevations in healthy young men and women. *Hormones and Behavior*, 55, 507–513.

Snyder, H. R. (2013). Major depressive disorder is associated with broad impairments on neuropsychological measures of executive function: a meta-analysis and review. *Psychological Bulletin*, 139, 81–132.

Specht, J., Egloss, B. & Schmukle, S.C. (2011). Stability and change of personality across the life course: the impact of age and major life events on mean-level and rank-order stability of the Big Five. *Journal of personality and social psychology*, 101 (4), 862

Sperber, D., Clément, F., Heintz, C., Mascaro, O., Mercier, H., Origgi, G. & Wilson, D. (2010). Epistemic vigilance. *Mind & language*, 25(4), 359–393.

Spreng, R. N., Mar, R. A. & Kim, A. S. N. (2008). The Common Neural Basis of Autobiographical Memory, Prospection, Navigation, Theory of Mind, and the Default Mode: A Quantitative Meta-analysis. *Journal of Cognitive Neuroscience*, 21(3), 489–510.

Statistisches Bundesamt (Hrsg.). (2025). https://de.statista.com/statistik/daten/studie/1112579/umfrage/bevoelkerung-in-deutschland-nach-altersgruppen/

Staudinger, U.M. (2000). Viele Gründe sprechen dagegen, und trotzdem geht es vielen Menschen gut: Das Paradox des subjektiven Wohlbefindens. *Psychologische Rundschau*, 51(4), 185–197

Staudinger, U. M. & Baltes, P. B. (1996). Weisheit als Gegenstand psychologischer Forschung. *Psychologische Rundschau*, 47, 57–77.

Staudinger, U. M. & Greve, W. (2001). *Resilienz im Alter. Personale, gesundheitliche und Umweltressourcen im Alter: Expertisen zum Dritten Altenbericht der Bundesregierung*—Band I, 95–144.

Steinert, C., Munder, T., Rabung, S., Hoyer, J. & Leichsenring, F. (2017). Psychodynamic therapy: as efficacious as other empirically supported treatments? A meta-analysis testing equivalence of outcomes. *American Journal of Psychiatry*, 174(10), 943–953.

Steinhaben-Thiessen, E. & Borchelt, M. (1994). Morbidität, Medikation und Funktionalität im Alter. In KU Mayer u. PB Balters (Hrsg.). *Die Berliner Altersstudie*. Berlin: Akademie-Verlag, 151–185.

Stern, D.N. (2005). »*Der Gegenwartsmoment*« – *Veränderungsprozesse in Psychoanalyse, Psychotherapie und Alltag*. Frankfurt: Brandes & Apsel.
Stietz, J., Jauk, E., Krach, S. & Kanske, P. (2019). Dissociating empathy from perspective-taking: Evidence from intra-and inter-individual differences research. *Frontiers in psychiatry*, 10, 126
Straub, J. (1998.) Geschichten erzählen, Geschichte bilden. Grundzüge einer narrativen Psychologie historischer Sinnbildung. In: Straub, J. (Hrsg.). *Erzählung, Identität und historisches Bewusstsein*. Frankfurt: Suhrkamp, 81–169.
Sullivan, S. & Ruffman, T. (2004). Social understanding: How does it fare with advancing years? *British Journal of Psychology*, 95, 1–18.
Sullivan, S. & Ruffman, T. (2004). Emotion Recognition Deficits in the Elderly. *Intern. J. Neuroscience*, 114, 403–432.
Sulz, S. K. (2021). *Mentalisierungsfördernde Verhaltenstherapie*. Gießen: Psychosozial.
Tassone, D., Reed, A. E. & Carstensen, L. L. (2019). Time may heal wounds: Aging and life regrets. *Psychology and Aging*, 34(6), 862.
Taubner, S., Fonagy, P. & Batemean, A.W. (2019). *Mentalisierungsbasierte Therapie*. Göttingen: Hogrefe.
Taylor, H. O., Taylor, R. J., Nguyen, A. W. & Chatters, L. (2018). Social isolation, depression, and psychological distress among older adults. *Journal of aging and health*, 30(2), 229–246.
Thimm, C. (2000). *Alter – Sprache – Geschlecht*. Frankfurt: Campus.
Töpfer, N.F. (2024). Psychoanalytische Beiträge zur Psychotherapie im höheren Lebensalter. *Die Psychotherapie*, 1–8.
Uchino, B. N., Holt-Lunstad, J., Bloor, L. E. & Campo, R. A. (2005). Aging and cardiovascular reactivity to stress: longitudinal evidence for changes in stress reactivity. *Psychology and Aging*, 20(1), 134.
Uchino, B. N. & Rook, K. S. (2020). Emotions, relationships, health and illness into old age. *Maturitas*, 139, 42–48.
Van Alphen, S. V., Van Dijk, S. D. M., Videler, A. C., Rossi, G., Dierckx, E., Bouckaert, F. & Voshaar, R. O. (2015) Personality disorders in older adults. Emerging research issues. *Current psychiatry reports*, 17, 1–7.
Van Assche, L., Luyten, P., Bruffaerts, R., Persoons, P., Van de Ven, L., & Vandenbulcke, M. (2013). Attachment in old age: Theoretical assumptions, empirical findings and implications for clinical practice. *Clinical psychology review*, 33(1), 67–81.
Varkal, M. D., Yalvac, D., Tufan, F., Turan, S., Cengiz, M. & Emul, M. (2013) Metacognitive differences between elderly and adult outpatients with generalized anxiety disorder. *European Geriatric Medicine*, 4(3), 150–3.
Von der Stein, B. (2023). *Ältere Menschen in der Psychotherapie*. Gießen: Psychosozial.
Von Sydow, K. (1994). *Die Lust auf Liebe bei älteren Menschen* (2. Auflage). München: ernst Reinhardt.
Wagner, H. (1959). *Philosophie und Reflexion* (3. Auflage). München, Basel. 1980.
Wahl, H.-W. (2024a). *Positive Alterspsychologie. Die Stärken der zweiten Lebenshälfte*. Weinheim: Beltz Juventa.
Wahl, H.-W. (2024b). Etablierte Befunde der Psychologischen Alternsforschung und Psychotherapie im Alter: Eine notwendige Liaison. *Psychotherapie im Alter*, 21(1), 31–51.
Walker, S. & Richardson, D. R. (1998). Aggression strategies among older adults: Delivered but not seen. *Aggression and Violent Behavior*, 3(3), 287–294.
Wallach, M. S. & Strupp, H. H. (1964). Dimensions of psychotherapists' activity. *Jornal of Consulting Psychology*, 28, 120–125.
Wallin, D. J. (2016). *Bindung und Veränderung in der therapeutischen Beziehung*. Lichtenau: Probst-Verlag (Original: Attachment in Psychotherapy. Guiford-Press, 2007).
Walzak, L. C. & Thornton, W. L. (2018). The role of illness burden in theory of mind performance among older adults. *Experimental Aging Research*, 44(5), 427–442.
Weber, E. & Hülür, G. (2020). Emotionale Perspektivenübernahme bei älteren Paaren. *Psychotherapie im Alter*, 17(4), 431–444.
Webster, J. D. & Ma, X. (2013). A balanced time perspective in adulthood: Well-being and developmental effects. *Canadian Journal on Aging*, 32(4), 433–442.

Weinberg, H. (1989). Clinical aspects of friendliness and friendship. *Contemporary Psychoanalysis*, 25, 357–370.
Wentura, D., Dräger, D. & Brandtstädter, J. (1997). Alternsstereotype im frühen und höheren Erwachsenenalter: Analyse akkommodativer Veränderungen anhand einer Satzpriming-Technik. *Zeitschrift für Sozialpsychologie*, 28(1–2), 109–128.
Will, H. (2018). Wie ungesättigte Deutungen entstehen: Wie ungesättigte Deutungen entstehen. *Psyche*, 72(5):374–396.
Williams, J.M.G., Barnhofer, T., Crane, C., Herman, D., Raes, F., Watkins, E. & Dalgleish, T. (2007). Autobiographical memory specificity and emotional disorder. *Psychological bulletin*, 133(1), 122.
Willutzki, U. & Teismann, T. (2013). *Ressourcenaktivierung in der Psychotherapie*. Göttingen: Hogrefe.
Wilson, R. S., Krueger, K. R., Gu, L., Bienias, J. L., de Leon, C. F. M. & Evans, D. A. (2005). Neuroticism, extraversion, and mortality in a defined population of older persons. *Psychosomatic medicine*, 67(6), 841–845.
Wilson, K., Mottram, P. G. & Vassilas, C. (2008). Psychotherapeutic treatments for older depressed people. *Cochrane Database of Systematic Reviews*, (1).
Wilson, F. C. L. & Gregory, J. D. (2018). Overgeneral autobiographical memory and depression in older adults: a systematic review. *Aging and Mental Health*, 22(5), 575–586.
Wilson, R. S., Bienias, J. L., Mendes de Leon, C. F., Evans, D. A. & Bennett, D. A. (2003). Negative affect and mortality in older persons. *American Journal of Epidemiology*, 158(9), 827–835.
Winnicott, D.W. (1993). *Reifungsprozesse und fördernde Umwelt*. Frankfurt: Fischer (Erstveröffentlichung 1965).
Wöller, W. (2013). *Trauma und Persönlichkeitsstörung* (2. Auflage). Stuttgart: Schattauer.
Wöller, W. (2022). *Psychodynamische Psychotherapie: Lehrbuch der ressourcenorientierten Praxis*. Stuttgart: Klett-Cotta.
Wolter-Henseler, D. K. (1996). Gerontopsychiatrie in der Gemeinde: Bedarfsermittlung und Realisierungsmöglichkeiten für ein gerontopsychiatrisches Zentrum am Beispiel Solingen; Gutachten im Auftrag der Alten-Stiftung der Stadt-Sparkasse Solingen. KDA.
Woodward, K. (1991). Aging and its discontents. Freud and other fictions. Indianapolis: India University Press.
Woodward, R. & Pachana, N. A. (2009). Attitudes towards psychological treatment among older Australians. Australian Psychologist, 44(2), 86–93.
Wunner, Ch., Reichhart, C., Strauss, B. & Söllner, W. (2018). Einfluss einer psychosomatischen Behandlung für Ältere auf Kognition und Lebensqualität. Zeitschrift für Gerontologie und Geriatrie, 51, 314–321.
Wurm, S. (2023). *Gesund Älterwerden. Wünsche, Fakten, Möglichkeiten*. Stuttgart: Kohlhammer.
Wurm, S. & Huxhold, O. (2012). Sozialer Wandel und individuelle Entwicklung von Altersbildern. Individuelle und Kulturelle Altersbilder: Expertisen zum Sechsten Altenbericht der Bundesregierung, 27–69.
Wurm, S. & Benyamini, Y. (2014). Optimism buffers the detrimental effect of negative self-perceptions of ageing on physical and mental health. Psychology and Health, 29(7), 832–848.
Wuttke-Linnemann, A., Nater, U. M., Ehlert, U. & Ditzen, B. (2019). Sex-specific effects of music listening on couples' stress in everyday life. Scientific reports, 9(1), 4880.
Zelazo, P. D., Carlson, S. M. (2012). Hot and cool executive function in childhood and adolescence: Development and plasticity. *Child development perspectives*, 6, 354–360.
Zerwas, F. K. & Ford, B. Q. (2021). The paradox of pursuing happiness. *Current Opinion in Behavioral Sciences*, 39, 106–112.
Zivian, M. T., Larsen, W., Gekoski, W., Knox, V. J. & Hatchette, V. (1994). Psychotherapy for the elderly: Public opinion. *Psychotherapy: Theory, Research, Practice, Training*, 31(3), 492.
Yalom, I. D. (1989). *Existenzielle Psychotherapie*. Köln: Edition Humanistische Psychologie.

Yochim, B. P., Mueller, A. E. & Segal, D. L. (2013). Late life anxiety is associated with decreased memory and executive functioning in community dwelling older adults. *Journal of anxiety disorders*, 27, 567–575.